杨思卓老师应 WOGC- UNSDGs（World Organiztion of Governanve & Competitiv-enss for the UNSDGs，联合国可持续发展目标治理与竞争力国际组织）之邀在联合国金色大厅演讲（2017 年 3 月）

杨思卓老师和林海老师应邀参加世界联合大学—哈佛大学第三代领导力学术研讨会（2017 年 3 月）

杨思卓老师应邀参加世界联合大学与仁川大学学术交流活动（2017 年 11 月）

杨思卓老师与“中商国际九段私董会”企业家研习社优秀毕业生合影（（2017 年 10月））

好课讲到联合国
思卓私房课系列

职业培训师的8堂私房课

杨思卓
林　海
著

浙江工商大学出版社
ZHEJIANG GONGSHANG UNIVERSITY PRESS

图书在版编目（CIP）数据

职业培训师的8堂私房课：修订升级版/杨思卓，林海著．—杭州：浙江工商大学出版社，2019.1
ISBN 978-7-5178-2973-7

Ⅰ．①职… Ⅱ．①杨… ②林… Ⅲ．①企业管理—职工培训 Ⅳ．① F272.921

中国版本图书馆 CIP 数据核字 (2018) 第 227193 号

职业培训师的8堂私房课：修订升级版
杨思卓　林　海　著

责任编辑　谭娟娟
封面设计　新艺书文化
责任印刷　陶　波
出版发行　浙江工商大学出版社
　　　　　（杭州市教工路198号　邮政编码310012）
　　　　　（E-mail:zjgsupress@163.com）
　　　　　（网址:http://www.zjgsupress.com）
电　　话　0571-88904980　88831806（传真）
排　　版　程海林
印　　刷　北京万博诚印刷有限公司
开　　本　787mm × 1092mm　1/16
印　　张　22.75
字　　数　247千
版 印 次　2019年1月第1版　2019年1月第1次印刷
书　　号　ISBN 978-7-5178-2973-7
定　　价　68.00元

目 录 Contents

第六章　活用方法，效果倍增

序 Foreword

为师有道且有效

我做了18年的教育和培训工作，从深圳市管理干部培训中心到北京大学，从给首富讲课到给首长、市长讲课；2014年，我的课程版权收入达到了1000万元；2017年，受联合国可持续发展目标治理与竞争力国际组织邀请，我把课程讲进了哈佛大学和联合国金色大厅。

我现在讲课，常听到“从来没听过这么好的课”这样的赞誉。对于这个评价，其实我已经习以为常。能让我欣喜的是这样的认同：思卓老师不但培养了“帅”——一群优秀的企业家，还培养了“师”——一批优秀的培训师。

这次与我合写这本书的林海老师，就是其中的一个代表。她是从学习我的PTT（Professional Trainer Training，职业培训师培训）课程开始走上教育培训这条路的，现在我们亦师亦友。她那种精益求精的功夫，已经化为良师风范。在北京大学为老师们上培训课，看到同行们对林老师由衷的钦佩与称赞，我有一种感觉，叫“欣喜如师”。

我讲了18年的课，做了130期的PTT班，培养了4代培训师，这期间也走了很多弯路。可以说，假如从头来过，可能只需要8年的时间便可以取得现在的成果。我希望大家通过读这本书，能够少走10年弯路。

做一个好老师，基本的标准是“四有”：有道、有料、有趣、有效！

道，就是真知灼见，科学健康，符合规律；料，就是营养丰富，案例切实；趣，就是生动幽默，引人入胜；效，就是为用而学，以绩效作为检验培训的首要标准。

说到有道，知识上也需要绿色食品。在亚太女性高峰论坛上，有一位海外华侨和我谈到，国家发达了，国人爱学习了，这是一个国家向上的标志。但是她很担忧国内的学习热，真是饥不择食、渴不择饮，许多在国外的知识垃圾都贩卖到国内来了。这是要中毒的！这和我观察到的一样：在浩浩荡荡的学习大军中，死于知识中毒的比死于知识饥渴的多得多。这可不是耸人听闻。据世界卫生组织统计，全球死亡的病人中有1/3是死于不合理用药。另据报道，中国每年约有19.2万人死于药源性疾病。

怎么做到有道？除了读懂经典，坚持创新，我坚守的第一个准则是：不能讲给你的孩子听的，就不要讲给学生听！

在大咖们宣扬“态度决定一切”的时候，我私下里会告诉自己的孩子：态度只能决定一半，能力决定另一半。在大咖们宣扬“执行决定成败”的时候，我会告诉孩子：决策错了，执行就是失败！在大咖们勾兑“心灵鸡汤”，让大家转发“一分付出，一分收获”的时候，我私下里告诉孩子：在错误的时间、错误的地点，为错误的东西付出，十分付出也没有一分收获！对孩子说话，可以丑，可以糙，但绝不能假。以为父之心为师，对自己的孩子说的私房话，每一课都对得起“父母”两个字！

有道且有效。我们许多老师都在宣传新知识、新观念，这是好事，但好事只做了一半，另一半是教会学生学以致用。作为一个学习者，深知学习本身就是快乐，但知识不是拿来玩的，是拿来用的。知为出发点，行为目的地！一个老师若只是新知贩卖机，告诉学生是什么（what），告诉学生为什么（why），就是不告诉学生怎么做（how）！那他的学生就只能像当年曹操的士兵一样，望梅止渴。培训师和中小学老师不同，也和大学里讲基础理论的老师不同，他们应该是为用而生。

透露一下，我和林海的课程有这样的要求："127"知识营养配方：1分是什么，2分为什么，7分怎么做。我坚守的第二个准则是：自己都做不到的，不要讲给学生听！为此，我担任了4家公司的董事长，亲身体验；我18年写了18本书，一年365天，我每天会用两小时通过网络讲"思卓私房课"，专讲遇到各种问题怎么做，大家只知我以此育人，不知我以此练手啊。一个好老师，讲一天的线下课程，要有5倍以上的时间去实践，去研究。

既要付出也要积淀，这才是学者；既做学者也做行者，这才是师者；既是咨询师又是培训师，这才是良师。在这本书里，我们将把自己的切实体会分享给大家。

杨思卓

2018年3月15日

第一章

进入角色，有备而来

老子说:“慎终如始，则无败事。”职业生涯最难的不在于开始，而在于能否一直走下去。

在很多人眼中，培训师俨然是个“金领”职业，“不做CEO，就做培训师”，培训师收入丰厚，时间自由，还能顺便实现“得天下英才而育之”的君子之乐。但想成为培训师的和被迫转岗分流的人一样多，不能如终。那该如何？不妨以终为始，先确立目标，明确角色，再寻找路径，学习技能。

那么，培训师到底是怎样的一种职业？

1. 培训师并不是独立存在的职业和岗位，培训师是为组织生存与发展服务的

组织必须不断变革，以敏捷地应对社会与市场的环境变化。新经济时代，组织最具张力的变革因素就是人，从决策到管理，从管理到执行，所有参与组织因变而变的最大竞争力都来自于人。宝洁公司前总裁白波曾经说过:“永远要保持自己被改变的能力。”需要保持被改变的能力的不仅是组织，更是构成组织的每个职业人。

无论是领导者、管理者，还是执行者，保持应变能力都需要学习。而组织中的人的能力提升的一个重要方式是培训。

但是大多数培训都聚焦在个人身上，而要提升真正的组织竞争力，除了注意个人方面，还必须注意集体方面。要提升深度变革的容量能力，对一个组织而言，应该首先让这种变革发生在组织领导者身上，但却不能仅仅发生在组织领导者的身上。因为组织的成功不能只依靠领导者自身的学习和成长。要依靠集体智

慧，必须激发集体智慧，必须在工作团队中培育真正的共同思考和行动的能力。“获取系统的能力，这是一场必要的革命。”（彼得·圣吉）

这就是培训的价值。

有培训需求，就得有为需求提供服务的人——培训师。

依传统的分法，培训师可分为职业培训师和企业内培训师，现在两者的界限越来越模糊，因为两者尽管广度和深度不同，但其目标是一致的——在应对环境变化时，企业团队能够共同成长，形成高度协同性，让“内部交易成本最小化”（科斯定律）。这就是培训师的价值。具体如图 1-1 所示。

图 1-1　培训师的价值

2. 培训师在何处最可彰显价值

培训师是通过对组织中人的能力的提升而服务于企业的。培训师以组织从上至下的职业者为对象，以提升职业者的工作绩效为目标，以改变其理念、传授其知识、训练其技能为手段。职业培训师的价值创造是由一系列活动构成的，这些活动可分为支持人获取专业能力和通过产品支持组织发展两类。从培训的价值链分析中可以得知，无论是培训师的专业能力还是培训产品，都从支持组织中人的成长中获取价值的。

那么，怎样才称得上是卓越的培训师呢？从市场需求和客户的角度来看，那就是从多大程度上帮助企业实现了人才的提升与成长，从而助力企业的竞争力提升。卓越的培训师的特征用 VRIO 模型衡量就是，有价值（value）、稀缺性（rarity）、难以模仿性（inimitability）和组织性（organization）。

同样，确立培训师的职业竞争优势，也要从确定自己的价值所在和稀缺性做出判断。换句通俗的话说，为人所不能为，才有价值。何谓人所不能为？对标导向就是满足企业发展的需求，从低到高，其价值与难以模仿性成反比。

第一节　培训师的四类职业半径

四个角色标识培训师职业成就的不同高度：

课程讲师—人才发展咨询师—人才生产线设计师—组织学习规划师。

培训师愈关注企业在各个不同时期对人的发展需求，愈能不断地提升自身的职业量级，愈能在培训师的职业道路上越走越远、越走越宽、越走越好。上述四个角色的半径是培训师对于企业影响力的半径，也构成了培训师的职业扩展半径。如图 1–2 所示。

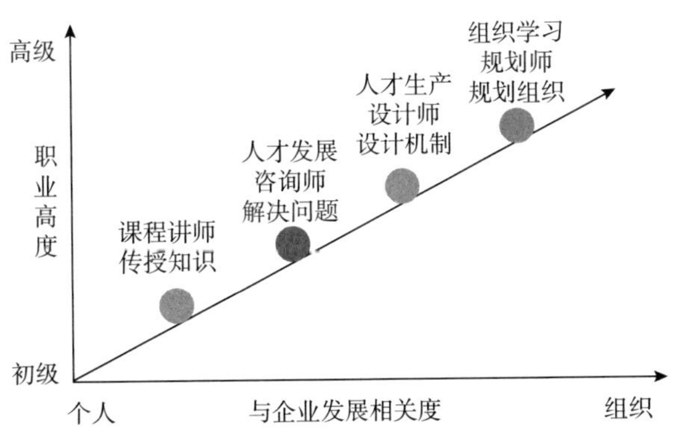

图 1–2　培训师的四类职业半径

一、课程讲师

这是培训师的第一个职业半径，也是最基本、最具体的一个。企业对培训的基本达成形式还需要依靠人际传授，即课是讲出来的，与传统教育的相似性很大。因而，作为传统培训课堂的主要展开方式，成为一名合格的讲师，课讲得精彩，引人入胜，就成为职业培训师的第一个衡量标准。他的主要职责是将知识准确传授并教会应用，从而提升学员的技能。他对企业的贡献是让学员在最短的时间内达到技能学习目标。

二、人才发展咨询师

企业的需求会升级，有的企业做了无数培训，第一阶段达成了知识的普及，第二阶段的要求是筛选出那些不只是听上去高大上且更能够让这些理论在企业中落地的培训师。如果只是成为一名讲师，那么职业培训师的道路会越走越窄。

在互联网时代，层出不穷的多元化的信息传播方式将会取代大部分知识传递的功能，运用多媒体、动画、音频、微信推送，还可以像京东培训快递员一样用内部系统进行碎片化培训。有人说，未来培训师的生存空间会越来越小，比较准确的说法是只依靠讲授来复刻通用知识的培训师的生存空间会越来越小。这与各行各业的自动化发展趋势一致，如果工作任务可以被编码，那它就可以被自动化，同时还会产生一个必然的结果：如果工作可以被便宜的自动化，那么生存空间变小的情况就一定会发生，我们能保留的更有竞争力的部分是那些无法被编码的工作任务。

如何拓展培训师的职业半径？这还是要回到这个职业最初的需求——企业的发展对人的能力成长的需求上，其一是学员的需求，除了习得技能，还有一个常会被问到的问题："我怎样在我的工作中应用这项技能？"其二是企业的需求。如有人说："老师你讲得太有道理了，但在我们企业的具体问题上如何落地？"

培训是药，咨询是医，传统的培训犹如OTC（over the counter，非处方药），可以解决一些普适性的问题，学之当然有益。但人是在组织环境中生存和发展的，一些普遍的技能如何在具体的应用环境中为组织创造绩效，就需要培训师能深入企业，调研人在环境中的运作方式，结合学员应用的实际情况，从而给出具体可行的解决方案和工具，实现"订制化培训"或"咨询式培训"。这种需求趋势越发明显。

三、人才生产线设计师

如果企业的发展道路越来越稳固，它就会有更高的需求——如何实现基业长青，这个目标只有组织中人的持续发展方可支持。也就是说，企业的生命周期远远大于人才的生命周期，怎样帮助企业拥有持续养成员工职业能力的能力，有"造血"的功能，即实现一个组织真正有效的学习——不是个人的改变，而是集体的成长，这是设计师才能完成的任务。

而这种成长还有两个要件，就是低成本和可复制。如果一个组织的人才培养不是针对个人，而是着眼于拥有能制造适用人才的生产线，把管理者和技术骨干都培养成能够复制下属和团队的"种马"，组织的基业长青才有坚实的基础。

在这个阶段，企业追求的是能获得员工梯队能力的保障。职业培训师中的战斗机是“培训师的培训师”，做培训师体系的建造者，为企业打造一个人才生产基地，协助企业建立一个“克劳顿管理学院”（GE 的企业大学，跻身财富 500 强的 CEO 中有 146 人都曾在这里学习和成长），让这条人才生产线源源不断地为企业提供优质人才，帮助企业实现优质 DNA 的无损传承。

如以提升企业绩效为目标的麦肯锡七步法的培训，显性提升的是业绩，最终达成的不仅是一个团队获得的系统思维能力和执行能力，更是具备科学思维体系的一批人才。介入组织的深度是全方位的，取得的成果也是多层次的。企业实现基业长青就需要多条精密的人才生产线。

四、组织学习规划师

企业对外界力量的依赖最终要回到企业自身的成长。企业真正成为一个学习型组织，无培训却时时学习，是从企业的顶层设计开始的。构建这样一个学习型组织，成长为一个能够不断从容应对外界发展和变化的“有机生态”，是企业对培训的最高需求。对培训师的要求更高，培训师本身的知识体系需要更加完整，视野需要更加广阔，不仅要关注政治、经济、文化和产业，更要对组织在复杂情境下需要具备的能力做出适当的规划和建议，能够真正帮助企业实现持续发展的目标。企业能获得的是人才团队应对变化的能力。

比如现在流行的“私董会”，也是一种培训形式，这种培训形式的主要对象是企业家和他们所代表的组织，学习费用动辄数十万元、上百万元。它的风行在于着眼点不是高深和前沿的理论和知识，而是由企业家作为组织“燃点”，培养根植于组织系统能力的应用能力。这种应用能力绝不只体现在企业家的学习和变化上，还会内化成团队的能力，比如中商私董会某学员企业，从2008年至2016年实现了增员5倍、利润增长10倍的骄人业绩。就是因为在企业内部实现了不仅企业家利用六驱系统思考问题，而且整个核心团队都可以娴熟使用先进管理工具进行思考和创新，企业实现连年跃升的根基在于系统能力的获取，这让它真正实现了发展的可持续性。

要让企业达到上述目标，对培训师的要求就不只是能跨专业、跨行业地引导学习，还能以将对企业发展给予实质性的提升和帮助作为培训效果的最佳背书。在VRIO模型中，有价值、稀缺性和难以模仿性是产品特性，形成“组织”服务能力是平台特性。未来培训的竞争优势并不取决于培训师的个人能力，这个阶段的培训师不再是依靠个体才智的人，而是一个外挂于组织的“智库”，以组织的力量为组织提供服务。

同样是致力于企业人的发展，从只会讲课，仅能关注狭义课堂的“培训劳工”，到对企业总体目标的关注，能够参与组织中人才发展的谋篇布局，并据此不断提升自己的达成能力和团队协作能力，完成培训师从优秀到卓越的升华，才是培训师“职业性”的最佳体现。

第二节　学员成就衡量培训师职业成就

无论规模大小，越来越多的企业已经认识到了培训的重要性。培训已然成为企业的一项重要投资。

凡投资必问回报，如何计算培训的投资收益比，一直是个难题，投资好算，难在收益计算。培训的收益是一种综合收益，包含技能提升带来的显性收益及员工团队稳定和能力提升带来的隐性收益。

对培训师优劣的价值衡量也要用投资和收益来计算。在培训投资不变的情况下，只有不断提升企业收益才是最终出路。

许小年在一次企业家论坛中寄语企业家的世纪之问："你创造价值了吗？"对培训师也应有此一问："你帮助学员成长了吗？"

培训师的价值不是自身的价值，其成就高低不在于本身的学养，而在于他们的学员，学员的成就是培训师水平和能力的最好证明。经常听到"某某老师讲得真好"这样的评价，这只能是过程评价，培训师更应关注的是是否为企业提供了真正的价值。也就是说，学员有成就，培训师才有价值。

一、培训师是主导，学员是主体

是谁创造学习成绩？不是培训师，而是学员。学员才是培训过程中的主体，培训师扮演的角色是教练，是马车夫，是能够载着学员找到学习路径、达成学习目标的“引导者”。因此，了解成人学习的6个特点，才能针对主体做好主导。

1. 由于人生经验较为丰富，成人思想比较复杂，不会照单全收

成人对学习的要求，无论是学习的内容、教学的方法、学习的目的及能否达到、怎样达到等，都会仔细辨别和思考。他们在学习活动中更多地借助于自己的经验来理解和掌握知识，而不是以教师的传授为主。

2. 成人学习具有功利性

对成人而言，学习是促使其更有效地完成其所承担的社会责任，提高社会威望的一种方式。只有对迫切需要的和他们认为可能会需要的东西，他们才会乐意去学习，学习往往成为他们职业生涯或生活状态的一个转折点。因此，这种学习具有更强的针对性，且学习动机较强。由此可见，了解成人的各种学习需要在成人教学中非常重要。成人能够针对社会生活中的具体问题进行学习，并具有通过学习解决实际问题的强烈愿望，教育活动对他们而言，是一个十分明确的学以致用的过程。

按需求的迫切性排序，成人的学习需求有刚性需求，如适应岗位不被淘汰、满足个人职务晋升；也有柔性需求，如社会交往

的需要、认知兴趣的需要。

3. 成人对学习的要求和期望较高

期望在一项学习中兼得多种收获，包括理念类的、知识类的、技能类的、心灵成长类的，都在他们的学习清单之内，因此需要课堂中的引导者能够全方位地给予支持。成人的这一特点对其学习活动有如下特殊意义：

成人的已有经验与新知识、新经验的有机结合使他们的学习更加有效和有意义。在学习活动中，成人本身就可以被当作学习资源，这种资源既能为自己也可以为他人所利用。另外，成人的经验有时会形成某种学习定式而对学习产生消极影响。

4. 成人的学习行为具有自主性

在学习活动中，成人的自主性和独立性较强，对培训师的依赖性较弱，他们具有较强的个人意识和个人责任感，能够自己选择学习内容、制订学习计划，希望培训师关于培训的任何决定都能够在与他们协商后做出。成人必须想学才能学，因此，作为培训师，激发学员兴趣和动力是有效培训的第一步。因而，培训师在培训时应考虑如何将知识和技能与现实密切联系，让内容的有效性得以充分体现。

5. 成人学习有障碍

成人学习的障碍主要来自生理障碍，如记忆力下降；心理障碍，如不容易接受新概念，担心年纪大了学不好；能力障碍，如大部分成人长期缺乏对学习技巧方面的训练，导致学习效率不高。以上障碍导致成人的学习过程是阻抗兼融合的。无论多强调空杯心态，成人都无法回避过去的经验，哪怕接受新的信息，也会下意识地与旧的经验做比较，这是成人认知的必然规律。而且年纪越大，成功经验越多，对新生事物、新观念的接受态度就越谨慎，这时学习的阻抗就越大。但阻抗之后必然带来新旧的融合，如果培训师一味单向输出，常常会讲得很多，而学员的获得感没有增加，结果陷入无效培训的困境中。这时，培训师应拥有一个开放的心态，培训师越能接纳学员的状态，学员的获得反而越多。

6. 成人在非正式的环境中的学习最有效

成人喜欢听到积极和肯定的评价。如果在轻松、愉悦和友爱的环境下学习，他们心灵的开放度更高，更易于接受，学习效果更好。

学习成果可以借助不同的学习手段达成。在整个学习过程中，多途径的信息传递，能使感官得到更多样化的刺激，使学员对所学习的知识有全方位的了解，更能加深印象。因此，在培训的全过程中，应综合应用案例、经历、游戏、录像、图片、演练等多种方法。

另外，对相同的内容，成人会投射出不同的方向，延展到工作乃至生活的方方面面。因此常常会出现培训师讲授一个内容，但学员觉得在很多方面都得到了启发的现象。成人一旦进入学习状态，会表现出较强的创新能力，培训师如果拥有对这种创造性进一步挖掘和激发的能力，培训的效果就会非常立体。

二、以组织绩效为导向的培训行为

知识浩如烟海，但学员需要的只有那么几个。不能将有限的生命投入无限的学习中去，培训中时间就是最大的成本，因而，培训必须有明确的导向。

“不要因为走得太远而忘了为什么出发。”（纪伯伦）培训有时会成为一种惯性或者时尚，为培训而培训，有时还成为培训工作者的一种自我制造出来的工作。但培训的本质是投资，是一项管理行为，无论是短期还是长期的，企业在培训上的投入都需要以某种方式体现出回报，这种回报离企业的绩效越近，培训本身的意义就越大。否则，培训就会沦为蛋糕上的装饰，可有可无。

不管收益多么难以计算，不变的是培训最终一定要体现为企业的正向变化，一切不以组织绩效为导向的培训都走不了太远。培训的设计之初就要有项目思维，首先确定培训行为的目标，无论是以学时、天、月还是年度来计算培训时长，都需要不断对标组织绩效标准，越精准、明确，越可以达成。

培训师应关注的组织绩效有三个层次：

第一，提高能力——应对目前岗位的司职能力，不学就会被淘汰的能力。这是职业能力中的“痛点”。

第二，获得新知——应对即将到来的职业压力的能力。

（1）获得、提高技术；

（2）充实、更新知识；

（3）经验共享，将经验提升为理论。

第三，激发活力，挖掘潜能——提高整体素养，获得持续成长的能力。

（1）改善态度：强化协作精神；

（2）心理调适：改善心智模式；

（3）开发潜能：将潜意识变为显意识。

三、培训成果的新四级评价标准

用什么来衡量培训的成果？目前被广泛使用的是传统的柯氏四级评估法（感受—知识—应用—效果）。这四项分层评价系统以“产生行为的结果”为最高标准，是“鱼”的标准。

培训还应有更高的追求，企业可持续发展的根本在于团队能力的可持续，实现可持续除了能够得到技能，还能改变员工的心智模式，是“渔”的标准。

如5S（安全，safety；销售，sales；标准化，standardization；客户满意，satisfaction；节约，saving）的现场管理，在培训中达到的是精益生产的思维模式与心智模式的形成和强化，这样培训出的产业工人就具备了较高的职业素养，能成为产业竞争力的核心之一；如果更进一步，在培训过程中还能达成思想的统一、愿景的统一和价值观的统一。那么，培训产出的结果就不只是做事的能力，还有跟企业同向同愿的自动自发、自律自进的能力，进而让企业成了有永动力的团队。

诗道芬咨询有限公司工业4.0部门主管、《汽车制造业的工业4.0》作者沃尔特·胡贝尔博士结合西门子、SEW-传动设备公司、奥迪三大公司案例，展示了德国工业4.0现状。他指出，工业4.0

的核心不是技术，“人”才是最重要因素。德国有句谚语：“一个傻子有了工具，还是傻子，但有了工具后的傻子的破坏力更强。”德国对产业工人的培训经验是策略先行，不只训练其技能，更重视养成其“七圈半”的职业思维和素养，把对品质的追求和一丝不苟的职业态度内化为工人自动化的行为模式。

在这个过程中，培训师就不只是“教练”，还是“牧师”。

新的四级评价标准:“知”“行”“智”“心”。

第一级：知——让渡知识，满足饥渴；

第二级：行——实践应用，绩效提升；

第三级：智——模式改良，触类旁通；

第四级：心——心灵成长，价值再造。

第一、二级是显性标准，第三、四级是培训追求的更高标准。如图 1–3 所示。

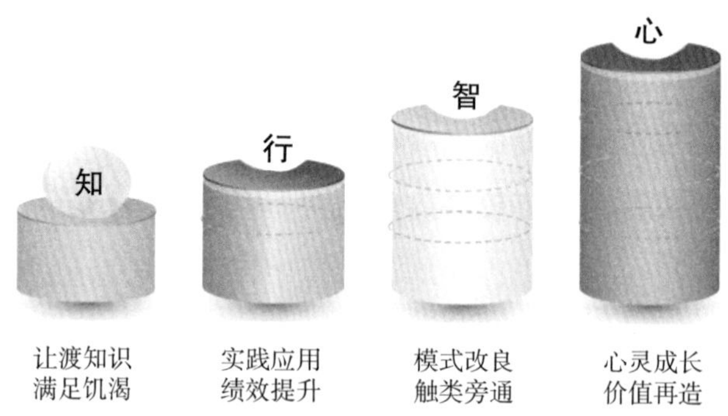

图 1–3　培训成果新四级评估

第三节 坚守现代培训的“三一律”

有人曾说，摩托罗拉每投入 1 美元用于培训，便会有 30 美元的产出。且不论这句话是真是假，对照一下国内培训行业的实际状况，我们掌握的事实是：大部分企业投入 30 元的培训费，却不一定会有1元的产出。为什么会这样？有人说是因为培训不得其法，也有人说是因为培训不得其人。

如同没有高水平的教练，就一定训练不出高水平的运动员的道理一样，一个低水平的培训师，又怎能培训出高水平的学员？大多数企业一直苦恼于培训的低效，根本问题不是培训课程不好，也不是学员不够聪明，而是许多培训师没有很好地遵循培训的“三一律”。所谓“三一律”，就是如果要收到良好的培训效果，一定要实现三个方面的转化，形成三位一体化，即：

- 将外在的学习要求转化为学员内在的学习需求；
- 将外在的知识、理念与技能转化为学员内在的素质和能力；
- 将内在的素质和能力转化为外在的行为。

在教和学的过程之中，培训师没有将学习需求、素质和能力、行为三位一体化，没有把握好某些关键的教学转化环节，才导致培训效果不理想。

一、要求变需求

主动和被动的区别是效率的百倍之差，从人性的角度看，人的内驱比外驱更有持续性，先解决 why 的问题，而这个问题的答案只有一个，就是“你需要”。

第一个转化是：将外在的学习要求转化为学员内在的学习需求。外在的学习要求就是企业或者个人根据自身的发展需要，对适应工作所需要的素质和能力提出的学习要求。例如，对于新来的销售人员，企业要求他们首先掌握企业及产品的相关知识，同时学会如何与客户进行电话沟通或者面对面沟通。产品知识和沟通能力就是销售人员所面临的外在学习要求。而内在的学习需求是为了适应工作和个人的发展需要，掌握特定的知识、理念和技能，因此希望接受培训。比如，销售人员要想拿到更多的订单、更多的提成，就要学习更多的相关产品知识，学习更多的推销技巧，参加更多的相关培训。这就是内在的学习需求。

当外在要求没有转化为内在需求时，培训很难收到实际效果。比如，公司要求全体员工学办公室英语，但是员工一致认为，学英语毫无用处，甚至是在浪费时间，这样的培训自然不会产生理想的效果。

如何激发学员的学习需求？美国西点军校在新生开学时，先要求他们了解学校的历史，参观位于华盛顿的司令部，使新生在接受正式训练之前就被预热、被感化，之后即使再严格的训练和要求，新生都能接受，这就是成功地将外在的学习要求转化成了学员内在的学习需求。

培训师在第一堂课上就必须实现这个转化。有些培训师一上课就滔滔不绝地讲，没有让学员先热身，这样是很难把课程有效地进行下去。培训不是灌输，要像西餐中先上开胃酒一样，先把胃口刺激起来，自然增加食欲。一个好的课程，也要先有“开胃酒”，促使学员的外在要求向内在需求转化。

二、知识变能力

知识不是力量，对知识的运用才是力量，只是知道但不会做就不能形成生产力。在工作中，很多培训师经常都把自己当成知识的搬运工，把课堂当成了知识的秀场，而知识和经验一定要转化成工具，才能被学员使用，what 不够，还需要 how。

第二个转化是，将外在知识、理念与技能转化为学员内在的素质和能力。这就是培训师具体要做的三件事——传授知识、转变理念、训练技能，三者必具其一或者三者兼而有之。

完成转化要防止“知识中毒”，错学不如不学。俗话说的“艺多不压身”，认为知识都是有用的，多多益善。其实不然，任何事物都会有两面性，物极必反。食物能给人提供营养，也能使人中毒；知识能充实人的大脑，也能误导人的言行。

美国的一些培训机构认为，中国人的学习热情太高涨了，将来也许会犯错误，甚至会“死”得很尴尬——不是“死”于知识饥渴，而是“死”于知识中毒。

10 多年前，某大企业总裁励精图治，企业得以飞速发展。但是最近 10 年，他读错了书，走错了方向，导致企业止步不前。他读了一本美国人写的书，书上说对员工要放开，让人们的天性得到充分发挥，所以企业不用规定工作时间。他深以为然，于是在自己的企业里执行。结果，员工成了一盘散沙，工作效率直线下降。

这就是盲目学习的结果，准确地说，是不加选择、不加批判地学习而导致的结果。因为，目前我们的生产力水平决定了员工还没有达到较高的自觉性，而且法制还不健全，这时候就开始实行德治，显然违背客观规律。

有一个企业老板带领9名干部学习《领导统御之道》，结果学完后，这9名干部都不服从领导了。因为他们学习了“统御之道”后，就知道如何和老板斗法了。

学了不该学的东西，就是知识中毒，所以，未必每个课程都要学，未必每个人都要学。有好多单位，一有培训，老板也参加，中层干部也参加，连食堂的大师傅也参加，这样的培训有何意义？

因此，将外在知识、理念与技能转化为学员内在的素质和能力时，要特别注意防止知识中毒。有句话说得好：“合适的才是最好的。”要有选择地去学习，有选择地去转化。如何选择？你的痛楚点就是你的学习点。如果你现在最痛苦的是和你的上司关系不好，那你拼命学英语有何用？不如学习一下如何“管理”你的上司。

传授知识、转变理念、训练技能的最终目的都是提升学员的素质和能力。这就要求培训师不仅课要讲得好，而且要让学员听得进去。学员收获多少是评估培训师水平的主要指标，所以培训不能只是演讲，演讲不足以带给学员有价值的东西。

三、能力变行为

能力变行为，需要管理体系与之配套，营造学员课后的实践和考核环境，并且提供课后转化和应用过程中的辅导与跟进，这一点需要培训师与企业组织方共同完成。

第三个转化是：将内在的素质和能力转化为外在的行为。这是培训产生绩效的最关键的转化，如果没有这个转化，培训就没有任何意义。

比如，员工学了顾问式营销技巧，就要将这种技巧运用于实际工作之中，从关键客户的选择、客户沟通、客服策略等各个方面改进自我，提升个人及公司绩效。实现了这一步，培训才能告一段落，才会产生价值。

当然，将素质和能力转化为外在的行为，不是单靠培训师就能做得到的。因为培训师除了课堂传授和课后辅导，基本不会和学员有更多的接触。那么，如何真正实现从内向外的转化？

第一，要依靠学员的主观能动性；第二，要靠上级领导的监督指导。学员的上级要负起责任，促使学员将学到的知识转变成外在的生产力。培训效果好不好，要用工作绩效来考核。

这就要求每一位企业领导者都应该是教导者，有责任把员工的素质和能力转化为外在的行为。如果培训之后，学员自己不主动实践，主管不管，老板也不管，怎么会有好的效果呢？所以，这种转化的关键取决于企业是否真正成了一个学习型组织，而不是单纯地上课。

第四节　四项使命升华职业生命

培训只有实现三个方面的转化，遵循“三一律”，才能够真正产生绩效。培训就是以职业者为主体，以培训师为主导，宣导理念，训练技能，解决问题，改变个人行为，进而提升组织绩效的活动。宣导理念、训练技能、解决问题是培训的内容，改变个人行为是培训的目的，而提升组织的绩效、改变思维模式与帮助心灵成长是培训的最终目标。

如果与组织绩效无关，培训就不叫培训，只能叫学历教育，两者的目标、内容、时间和方法都有所不同。

我们经常会看到，许多学院派教授讲课时，上来就讲第一章第一节，讲完历史讲展望，结果自己口干舌燥，学员却表情木然，就算有互动，也是学员站起来说：“老师，这些我们已经学过了……”学历教育和企业培训的区别如表1-1所示。

表 1-1　学历教育与企业培训的四个区别

	老师	培训师
目标	高素质	高绩效
内容	系统性	针对性
时间	阶段性	终身性
方法	累加式	裂变式

第一，高素质和高绩效的区别。

教师（teacher）和培训师（trainer）在工作目标上有本质的不同。教师的目标是造就高素质的学生，学历教育的宗旨是培养学生的综合素质。教师如同苗圃里的园丁，要的是所有树苗都能茁壮成长。所以，学历教育是系统工程，不是一两堂课就能够解决问题的。

培训师的目标是使学员达到高绩效。一次培训不可能长达三四年的时间，培训师也不可能在短期内对学员的综合素质产生多大的影响。培训师只能通过提高学员某些方面的能力，为企业创造更多的价值。

第二，系统性和针对性的区别。

学历教育一定要系统，比如学中国历史，就要从混沌时代讲起，讲到大禹治水，讲到秦灭六国，再讲到鸦片战争、五四运动……而讲人力资源，就要先讲人力资源的发展史，再讲招聘，最后讲薪酬和激励等。

但是，这样全面系统地给企业老板、人力资源经理授课，没有任何意义，只有类似于“当前高科技人员管理的几个关键问题”“知识型员工的管理”才是适合他们的培训课题。

如果把人力资源培训课程的大部分时间花在了讲人力资源的发展史上，用最后一点时间才联系一点实际，那是学历教育，不是培训教育。学历教育讲究的是系统化和标准化；培训则不同，讲究的是针对性。比如说，“IT 企业如何制定自己的蓝海战略”适合于做培训课题，它是非系统性的。

第三，阶段性和终身性的区别。

学历教育具有阶段性，从小学、中学、大学到研究生教育，每一阶段都要用若干年的时间。培训则是一次性的，也就几天、几堂课的时间。表面上看，学历教育时间长，培训教育时间短，但是，从本质上看，学历教育是阶段性的，培训教育才是终身性的。管子说：“一年之计，莫如树谷；十年之计，莫如树木；终身之计，莫如树人。”学历教育是不能进行一辈子的，只有培训教育才具有终身性。

第四，累加式和裂变式的区别。

从学习方法上看，学历教育是累加式的，培训是裂变式的。系统化的教育，就是在学习者掌握一种知识的基础之上加上一种新知识，比如这学期学市场营销学，下学期再学商品学，然后再学广告策划学，等等。培训则专注于让人原有的知识产生裂变。积累只是堆积能量，裂变才能导致能量的爆发！

学历教育是十年铸一剑，培训则是三天开刃。十年铸一剑，可能最终还是不锋利，但是宝剑三天开刃，就可以削铁如泥了，这就是培训的功能。如果有人说培训是长期的任务，不可能短期见效，那他就是在找借口。

那么，培训师的职业使命是什么呢？传道，授业，解惑，这很贴切地说明了现代培训的特点。宣导理念，就是传道；训练技能，就是授业；解决问题，就是解惑。

一、传导——把知识传授给他人

把外在的知识转化为学员内在的素质和能力，其实就是靠传导实现的。PTT 培训就是要把我们在培训上的多年研究成果和实践经验传导给更多的人，让更多的人成为优秀的培训师。

二、放大——放大自己的能量

培训师要用自己的知识激发别人的能量。如果你是经理人，你只是一个企业的财富；如果你是培训师，那就是全社会的财富。因为你的知识让更多的人享用，你放大了自己，你由一个“小我”变成一个“大我”。放大自己的能量，就是培训师的使命。

我们来看这个案例：

某大集团公司准备上市，其战略思路是，上市之前先进行战略调整与组织变革。老板在接受了战略管理方面的培训后，就改变了原有思路。因为他了解到，当时的股市非常低迷，如果此时上市，只要稍有风吹草动，股价就会立刻下跌，动辄造成上亿元的损失。企业要进行组织变革，必然要动大手术，这会引起市场的强烈反应，而这在当时的形势下不可行。

于是，他重新进行战略部署，先全盘稳定，然后择机上市；上市稳定之后，再做组织变革。结果，该公司的股价一路攀升。而当时还有一家准备上市的公司，由于先做了组织变革，结果瘫痪了。事后，该大集团公司老板深有感触地说："这次培训值一个亿！"

三、延伸——延续自己的职业生命

培训师的职业生命是有限的，但是知识可以传承，培训师可以在别人的身上延续自己的职业生命。比方说，通过你的讲解，别人少走了 3 年的弯路，那么，你就在别人身上延伸了自己 3 年的生命；如果你培训了 30 个人，那就相当于你延长了 90 年的生命，这就是一个培训师的价值所在。

四、回馈——让自己得到升华

培训师帮助别人，自己得到了什么？除了讲课费，培训师自己也获得了成长，因为教学相长，互相帮助。你的学员都是职业人士，他们会质疑，会和你讨论，在很多时候，学员就是你的老师——你在这个方面是他的老师，他在别的方面绝对是你的老师。

当然，更重要的是回馈社会。佛教中有"回向法界"一说，"回向"就是服务，意思是说，成就自己的智慧德能之后，就要为大众服务，将自己的智慧德能贡献给社会。贡献智慧，比贡献钱财更伟大。

第五节　培训师的八项职业素质

一、智商和情商

何以为师？在某一领域你的探索和思考比学员深入方可为师，但只有充分的职业资历还不能成为最好的老师，培训师的智商表现在三个方面：

1. 把实践总结成经验

实践是在战争中认识战争，具备偶然性和特殊性；而培训的目的不是对过去行为的简单复制，而是从 N 项实践中提纯出经验，培训师要善于把自己和他人在同类事件上的实践经历通过整合和提纯，变成可供人参考的经验。

2. 把经验升华为理论

只有经验还不足够，所有的经验都会指向一个可被运用的规律，形成模型，就成为理论。理论是具备普适性的，能运用在特殊范围内；如果理论可以应用在更大的范围内，就能让更多的人受益。

3. 把理论创制成工具

理论是抽象的，因此还面临着落地的问题，往往在应用中最好用的不是理论，而是由理论演化出的工具。比如，客户满意度与关注度之间的关系，是越契合越满意，这是基于实践经验的理论，但如何应用呢？如表 1–2 所示。

表 1–2　满意度工具的应用导模表

步骤	操作方法
1. 选取热点	以问卷法、观察法或者访谈法选取客户关注的 10 个热点问题
2. 找出焦点	小组成员投票选出其中最受关注的 4 个点，并以此为要素建立一个雷达图
3. 赋值描述	将每点分别赋值并具体描述，客户期望按一般满意水平、很满意水平、非常满意水平分别标为 3 分点、4 分点和 5 分点，再将客户期望值的各点连线
4. 对标确认	以客户期望曲线为参照系，各要素对标后找出自己目前能够达成的程度位置，并画出曲线，在客户期望值以下的即是提升满意度的方向
5. 改善计划	列出具体改善的方案和步骤，并限定完成时间

这个步骤不仅可以运用在服务行业客户满意度提升的工作上，还可以延伸到内部客户满意度提升、建立工作评价指标等方面。

在课程中，培训师的智商就体现在把最枯燥抽象的理论化成最简单的方法和工具让学员在最短的时间里学会并应用。不只有智商，更有情商。情商就是理解、了解、洞悉人性，培训师的情商表现在：

1. 对学员状态的理解和包容

成人大部分都焦虑，有无法满足岗位可能被淘汰的压力，有晋升后缺乏相应技能的压力，有对非舒适区挑战的压力，有学习技能不足效率低下的压力……这些压力都会表现为成人在课堂中的急躁、阻抗甚至逃避，培训师应对学员的压力有同理心，充分理解和包容他们，在理解的基础上循循善诱。

2. 竭尽全力帮助学员克服学习障碍

成人的学习有生理、心理和技能上的障碍，对未知的恐惧是人的常态，高情商的培训师带来的不只是知识，更有学习知识的方法。培训师是奶牛，吃进去的是草（理论和实践），挤出来的是奶（高营养且易于消化吸收的内容）。有的培训师开发出多种帮助学习的工具，比如有些枯燥的内容学员记不住，有的培训师用打比方的方式增强学员对内容的理解，有的还采用录视频、印制课程要点手卡的方法增强学员对内容的理解，还有培训师将课堂中所涉及的 54 项工具编制在一副扑克牌上，这些不只是教学技术，更是高情商的表现。

3. 启迪学员正向追求

培训师是课堂的牧师，牧师就有责任引领学员进行正向追求，而不是单纯地为追求课堂效果而一味地迎合，比如，同样讲“职场规则”的内容，有的培训师迎合学员的本能认知，讲职场“厚黑学”，讲授如何与公司、与上司斗智斗勇。这样的课程热闹倒是热闹，但学员学会的是职场中的“术”，且是最终必致双输的不高明的“术”。而有些培训师会讲“如何与庄共舞”“个人与组织实现共赢”。试想，前者与后者的立意，哪一类认知能够帮助学员在职场中赢取最大的可能性？高下立见。借用《触龙说赵太后》中的一句话：“爱其子，则为之计深远。”树正念，传正道，才是真正的为之“计深远”。

二、形象和表达

什么样的培训师形象最具感召力？

1. 气质芳华

培训师是课堂上的标杆，理想的培训师，应该是胸怀理想、充满激情和诗意的。什么样的气质最美？不只“腹有诗书气自华”，而且把“以成就他人而成功”作为奋斗的职业目标，这样的培训师具备天然的影响力。培训事业的复杂性和丰富性，要求培训师有更高的灵性与悟性。每一天都是新的，只有具有强烈的冲动、愿望、使命感和责任感，不断进行自我挑战，才能够提出问题，才会自找“麻烦”。不断追求的人是最美的人，培训师是学员学习的楷模，学员从培训师那里学到的不仅是知识，还有不断追求的能量。

2. 形象职业

多年前听了一位培训师的课程，课程内容扎实，但培训师那一绺翘起的头发和衣服上的褶皱却让其失分不少，很显然他是匆忙赶到课堂的。缘由或许可以理解，但对学员来讲，第一次见到老师，会因这样一个细节而对老师的印象大打折扣，这样对于培训师损失不小。培训师的职业特征是总要面对不同的新学员，大家对老师的第一印象总是会投射到课程上，这就不只是礼仪问题了，职业形象还传递了职业态度。

表达是培训师的基本功，古人说过，说话有三个层级，最下为巧言善辩，其上为忠勇刚正，最上为拙朴厚重，表达之道，“意”比“言”重，培训师的表达也有三个等级：

第一，真实。“一字不可轻与人，一言不可轻许人。”培训师占有“师”之地利，务求言之有据，不可编造，以虚假内容示人，未尽证实的更要慎言，否则以言误人，过莫大焉。

第二，见地。事物的发展有其基本规律，是系统且辩证的，是矛盾而统一的，所谓卓尔不凡的独特见解，只是指出了事物的另一面和其他可能性。所谓高屋建瓴，是站在系统的高度带学员走出狭隘视角，换个角度带来思考。

第三，温度。诚如冯友兰论魏晋风流，何谓？不只有玄心、洞见，更有妙赏与深情。培训师的至高境界并非知识高深，更是能引领方向，激励人的正向追求，持续前行。以真诚大爱有温度地影响学员，使其快乐且奋进，这是表达的最高等级。

三、责任和支配

课堂结束后，大部分培训师会让学员填写一张表格，给课堂教学成果评分。很多培训师为了得到学员的高评分，在课堂上一味顺着学员，不敢对学员提出严格的要求，唯恐形成对抗，其实这是缺乏责任的表现，一团和气的背后其实是漠不关心。

在医学领域，所有的从医者都以“希波克拉底誓言”作为职业道德操守的圣典：“我愿在我的判断力所及的范围内，尽我的能力，遵守为病人谋利益的道德原则，并杜绝一切堕落及害人的行为。我不得将有害的药品给予他人，也不指导他人服用有害药品，更不答应他人使用有害药物的请求。”

而师者有同样重大的责任和使命，所谓教人要有父母心，严是大爱，严是真爱，不只正面引领，当其偏离就拉回正途，当其错误就及时纠正，当其恐惧就给予激励，当其逃避就激发勇气，不回避冲突，不一味迎合，建立坚定原则，对学员严格要求，是培训师对其职业生命的最大爱护。

四、自省与自新

优秀的培训师要有良好的觉察力，这体现在接受不同、对不确定性的包容和自以为非的反思能力。凡成功必有经验，凡经验大多有特定前提。在培训师的讲授和传播中，一旦形成某某问题“肯定是这样”，开始排除其他可能性时，就可能已陷入过往经验的窠臼中，这时就要警惕，是否经验固化后已经僵化。保持自省，让自己清醒。

仁者乐山，智者乐水，规律是山，方法是水，原则坚定。身段柔软，不能与新时代共进、不能与新时代学员沟通的培训师缺乏职业性，学点“90后”学员的语言，找出引导他们的方式是培训师的责任和能力。

知识的出口是创新，创新的基础是能够纳新。培训师的自我成长需要有些审美能力，除不断精进自身的专业外，还要四处学习，取人所长。有一次，我去参加一个实验小剧场，需要用角色扮演的方式挖掘和观察自己的内心需求，这是心理咨询与戏剧的跨界。培训也是如此，要与多学科进行跨界整合，这就需要培训师不断增加学习的“宽度”。

培训师的八项职业素质的关系如图 1–4 所示。

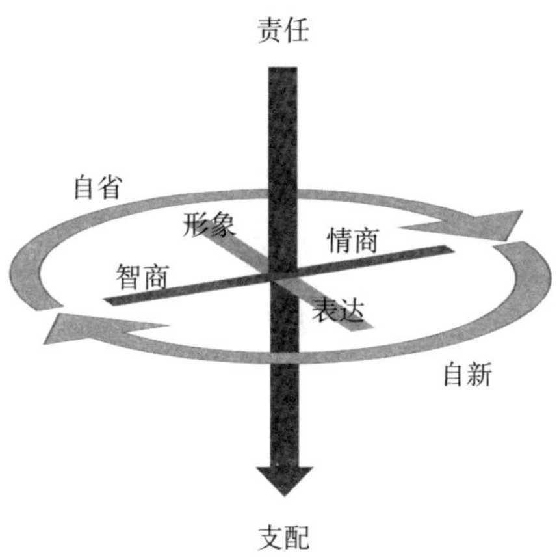

图 1–4　培训师的八项职业素质

第六节　态度决定职业成就

良好的心态是一个优秀的职业培训师必备的素质，也是发展自己事业的前提和保证。

每个人都有巨大的潜力，但大部分人没有将潜力完全挖掘出来，需要一个触媒来激活其内在的能量。怎么引发这种巨变呢？

一、思维态度：知变戒盈

变化是世界的主流，应变是不变的能力，先进的会变成落后的，成功会成为失败的原因，没有什么不在变，没有什么不能变。培训师是现代社会企业发展中的重要部件，跟不上变化会最先被淘汰，跟上变化最好的方式是虚怀若谷，理解、面对、接纳一切外界的信息。"敝帚自珍"之日就是开始固化和僵化之时。

有人总把"空杯""归零"挂在嘴上，作为一个培训师，是不是真"空"，不看说不说，要看行为。真正对未来的变化心怀敬畏的人，一个"空"得了自己的人，都会有这样一个特征：时刻在学习。学即是能望得到未来的路，学即是意识到自己有不足，就是对你已经看过的、了解的、分析的和掌握的东西还能以平常心继续深掘，绝不止步。对于一个以培训为职业的人，一旦离开了学习，就会与时代脱节，与市场和需求脱节。

二、行为态度：目标迁善

“迁善”这个词源于《易经》中“君子以见善则迁，有过则改”这句话。意思是，向对的、好的方向靠近，把错的、坏的地方改掉。迁善不仅是一种心态，更是一种行为，而且是持续的行为。迁善一次容易，持续迁善却不易做到。

看到不足只是第一步，不断弥补不足才是关键所在，迁善与目标紧密相连。锁定目标，尽一切可能寻求方法和资源达到目标，这就是迁善的过程。

一个培训师，能常常自省不足是优秀的，但自省后竭尽所能，日求一进就是卓越的。哪怕天分不高，但驽马十驾，功在不舍，具体表现在一些行为上：下了课，你改课件吗？教学有相长吗？每天都能进步一点点，还是讲十年都一成不变？

三、心灵态度：爱与创造

世事看上去有千万种可能，但每个人只能有一种选择。只有珍惜与关爱，才是开启幸福之门的钥匙。世界因为“可能”，所以多姿多彩。你可能成功，也可能失败，关键是要对很多“可能”进行尝试。“可能”可以创造生命中最灿烂、最耀眼的奇迹。

保持抓住“可能”的可能性，就让自己拥有了无限可能。所以，凡是非凡的人生都是创造“可能”的人生。

1. 学会观察这个世界的“可能”

人们都在以自己的角度观察和认识世界。在这样的多棱镜里，你看到的并非真实的世界，只是由无数个和自己一样的人在以自己的视角看着世界、做着自以为是的事情所组成的集合罢了，于是，令人感到苦恼的世界就出现了。

2. 学会创造各种“可能”

突破和跨越舒适区，挑战高出自己能力的目标，这个目标是需要付出一定努力、创造条件才能实现的。然后，把你所有的精力聚焦于这个目标，不断地强化它，让它与你所有的行为融为一体。

这个过程就像射箭，人需要不断地调整角度、姿势，看清目标，并且牢固地锁定目标，才能准确地击中它，进而改变自己的人生！

“光荣与梦想”是深藏于每个人心底的一种伟大配置，它所产生的动力与激情，可以改变世界的一切，包括人类自身。威廉·曼彻斯特写的《光荣与梦想》里就描述了这种激情与动力。培训师应当有伟大的“光荣与梦想”，它能引导他们克服所有的失败与挫折，并且提供永不枯竭的动力之源，成就他们心中的渴望与追求。

操练技艺，登台有范

职业培训师除了要有过硬的专业知识，还要苦练基本功。

有一项基本功，就是“表达呈现”，这是职业培训师专业技能的最直接体现。“表达呈现”追求“讲清楚，听明白，记得住，做得到”。优秀的职业培训师能够做到形神兼备、收放自如，让听课的人跟着培训师的思路走。

在培训过程中，优秀的职业培训师需要不断通过演绎故事、音乐引导等方法，运用谜语、诗词、图片、表格、工具和演示等，让听课的人能够在乐中学，变被动学习为主动听讲；职业训练中，优秀的职业培训师的思想呈现，也可以用自己的独特表达来概括，从而达到情理之中、意料之外的效果；有时也可以表现得非常直截了当，针对问题，单刀直入，一针见血，让学员有醍醐灌顶的感觉。总之，不论用什么样的方法，都是职业培训师专业知识的提炼和综合素质的积累，也是职业培训师立于不败之地的基础。

“表达”和“呈现”是精彩课堂的两个方面，主体是“表达”，但课堂是从“呈现”开始的。“表达呈现”运用的不仅有语言因素，更有非语言因素。在听到课程内容前，学员首先会通过两项非语言因素——培训师状态和形象，做出对所学内容值不值得听的初步判断，这里依靠的是感性和直觉。因而，学员对培训师的印象——状态是否自信从容、形象是否职业得体，是课堂中第一个加 / 失分项。如果没有注意到非语言因素对课堂的影响，那么就会因“小”失“大”。

第一节　从容不迫，自信加分

一、紧张会使专业人设崩塌

你以为以虔诚的职业态度充分准备，以职业标准对自己严格要求，在课堂上精彩讲授内容就是好培训师了？实际上并不是这样，成人学习的课堂内容是培训师与学员合作完成的，只有双方都准备好了，这样的课堂才有效率。

培训师的准备是可控的，但学员怎样才算准备好了呢？可以用一个简单的方法判断：学员是不是从一开始就热切地期待学习？是不是能够积极地听从培训师的引导，认真参与每个环节？

怎样才能让学员做到准备好了？一切都源于是否建立了信任。

成人学员对自己信任的老师是开放的，反之则不然。如何能在课堂开始，就获得学员的基本信任呢？我们试着从学员的角度来思考这个问题：

学员进入课堂，他们的期望是什么？是能够获得知识或者技能。

谁能够满足他们的期望？当然是课堂中的主导要素——培训师。

那他们对这个课堂中最有可能让他们达成期望的角色——培训师——的期待又是什么？肯定是希望给他们授课的老师是专业的、权威的、有经验的。那怎样判断授课老师是否为权威的、专业的？你可以说课前的宣传资料中有对老师的介绍，但成年人对他人告知的信息和他们自己看到的、听到的信息更相信哪一个？

学员信任权威的和专业的老师，这样就决定了培训师应该举止有度、从容不迫，这样的外在行为也传递出培训师对于即将展开的课堂内容的充分信心。老师有自信，学员才有信心。培训师是课堂中的领导者，如果看到培训师的状态不够自信，看上去局促、紧张，学员就会心生轻慢，甚至会因为期望过高而产生落差以致失望甚至愤怒。一旦学员开始质疑：这个老师看上去很紧张，他可能驾驭不了课程内容，那他能给我什么？对人的怀疑会迁延到对内容的不信任，进而对内容的接纳就有了阻抗，直接影响之后的学习状态。还没开始讲课，还没听到内容，已经被这种心理预设毁掉了整个学习效果。

因而，成人课堂的第一个雷区是，培训师有不能控制的紧张或被人看穿的紧张。

人设的崩塌，是失败的开始。

二、培训师紧张的课堂表现

经常会有人问："我一上台就紧张，正常吗？"还有人问："老师，你也会紧张吗？"答案是肯定的，任何人都会紧张，丘吉尔当年曾说，每次演讲他都觉得胃里像放着一块冰；林肯最初走上演讲台时恐惧得连一句话都说不出来。

当你面对陌生人群表达观点时，会出现哪些反应？会四肢僵硬、头脑空白、出虚汗、手发抖，还是精神格外亢奋、思路格外清晰、语言格外流畅？

大家都会说前者是紧张，其实后者也是，这是人的正常心理防御机制。紧张通常会有三类反应，就是吓呆（freeze）、逃跑（flight）和战斗（fight）。

在课堂上面对陌生的学员和环境，培训师会出现如下紧张的表现。

1. 吓呆的反应

（1）**四肢发抖：**双腿或双手有不同程度的抖动。

（2）**抖音变调：**声音与平常的不一样，变调变尖，缺乏力量。

（3）**眼神呆滞：**只敢看没有人的地方，不敢看学员或者听众。

（4）**口干舌燥：**嘴里非常干燥，舌根僵硬，很难吞咽或者频繁吞咽。

（5）**面部僵硬：**表情呆滞，保持一个表情无变化，要么过于严肃，要么一直傻笑。

（6）**头脑空白：**所有准备的内容都不记得了，不知道自己要说什么和在说什么。

（7）**思维短路：**思维关闭，反应迟钝，只是机械地读屏，陷入一个地方跳不出来。

2. 逃跑的反应

（1）**盼望结束：**最漫长最煎熬的每分每秒，盼着结束及迅速离开。

（2）**眼神游离**：不知道往哪里看，频繁左顾右盼。

（3）**手足无措**：手脚不知道往哪里放，会有较多的小动作，如摸脸、插兜、倒换脚。

（4）**屏蔽信息**：对学员的问题置若罔闻，当不存在。

3. 战斗的反应

（1）**语速加快**：比平常的语速快 20% 以上，不关注学员，语速像开机关枪一样快。

（2）**语调高亢**：不由自主地用拔高音调、放大音量来强调自己的正确性。

（3）**不知所云**：滔滔不绝，但没有实际内容，或者内容很碎，关联度差，有很多口头语或者无必要的重复，让听者一头雾水。

（4）**疾言厉色**：面容严肃呆板，对结论性的内容过度肯定，不容反驳。

（5）**过度反应**：对现场学员的正常疑惑都解读为挑衅，不容许质疑或对抗质疑。

如果只出现了一两种上述现象，说明紧张状况还不太严重，只是代表你有了压力。但是，如果同时出现了五种现象，就说明你过分紧张了。通常情况下，适度紧张是有积极意义的。如果一个演员一点紧张感也没有，那他演什么都没有激情了。但是，过度紧张就会出现行为失常。

侃侃而谈，大放异彩，这是良性的战斗反应。在肾上腺素的作用下，调动了一切器官的能量，大脑比平时更清醒，思维比平时更机敏，语言比平时更清晰，声音比平时更有力，甚至肢体都比平时更有风采。我记得 2017 年在哈佛交流时，当时有联合国官员、哈佛领导力专家、国内知名领导力专家在场，最后一个环节是大家依次登场发表观点，有一位老师登台演讲的表现不同于平常，满场惊艳，这就是现场的压力让他兴奋，激发出了更强的表现力。

所以，紧张是有两面性的，可控的紧张可以激发出精彩，但失控的紧张就只能是“车祸现场”。

三、紧张不可怕，关键是找到压力源

紧张是由恐惧引起的，这种压力会促使人的身体中产生消极性荷尔蒙，从而导致一系列的生理反应和心理反应。

那你到底在恐惧什么？好多人说，其实是害怕搞不定，得不到学员的认同，怕讲不好，怕别人的评价，怕因此而导致的后果。

恐惧缘于未知，身处陌生的环境，你不知道自己是否得体，会恐惧；面对陌生的人群，你不知道自己是否能够被接受，也会恐惧；甚至陌生的内容，你不知道自己是否能够驾驭，更会恐惧。

个人的心理素质和控制能力，也在很大程度上影响你的抗压能力和抗紧张能力。找到你的压力源，紧张就可以有的放矢地被控制。

第一类是环境压力。就是陌生的环境给人带来的不确定性会让人紧张。

第二类是心理压力。就是不习惯在那么多人的注视下讲话，总在想别人会不会觉得我讲得不好，他们会怎么看我，对别人看法的预测吓倒了自己。

第三类是技术压力。平常在小范围里，对着比自己水平低的人群讲游刃有余，但课堂上如果有技术水平更高的专家在场，就没那么有把握了。有一次，某位年轻的企业内训师，当着自己的上司和董事长的面讲课，董事长本人就是这个行业的技术权威，坐在第一排，虽然面容和蔼，但内训师一上来就忐忑不安，总不由自主地去看董事长的脸色，怕讲错，他看到董事长的每一次皱眉心里都咯噔一下，本来组织好的内容思路全乱了，不知所云，两腿发软，课讲到一半就进行不下去了。

身为培训师，类似的尴尬你一定遇到过。过分的压力和紧张会带来没完没了的麻烦，那怎么去克服它呢？

四、应对紧张的五种办法

我们要先认识到两点：

第一，是人都会紧张。即使是久经沙场的老将也会如此，但不同的是，他们会把这种压力变成动力，做更充分的准备、更强大的心理建设，更主动地适应环境。

第二，压力是双刃剑。如果因为有压力而做充分准备，那就是好的，如果只是怕而不做任何准备或者准备不充分，就会被紧张压垮。

我们在熟悉的环境，面对熟悉的人，讲一些熟悉的内容，一切都了然于胸，就不太会紧张。所以，克服紧张就是最大程度地把未知变成已知，比如，对于内容精熟无比；比如对于听众，做过充分了解，并且对可能提出的问题有预测并有预案；比如环境提前熟悉过，流程提前彩排过，那成功的概率就大大增加了。职业培训师应尽可能多做课前沟通，多预测学员的问题，多准备问题的多个答案，做到成竹在胸，那就只有精彩没有紧张。

无论是培训师，还是领导者，心理素质一定要好，尤其是高水平的领导，要有更好的心理素质。一般来说，经理人和老板的心态绝对不一样，老板必须是一个输得起的人，否则，只能当经理人。培训师走上讲台，就和走上领导岗位一样，要有好的心态，要有“宠辱不惊，看庭前花开花落；去留无意，望天边云卷云舒”的思想境界。虽然，在大多数情况下我们还达不到这种境界，但是，我们有许多技巧可以恰当地缓解压力。那么，究竟如何去对付这种压力带来的紧张感呢？

我们可以用以下五种方法去释放压力，缓解紧张。

第一种，生理舒缓法：肌肉放松，呼吸调适。

第二种，心理诱导法：回想喜悦，预演成功。

第三种，自我解脱法：放开自我，身心投入。

第四种，压力转换法：正向推动，负向消弭。

第五种，超量准备法：准备充分，大量演练。

1. 令人无限放松的生理舒缓法

实现身心的放松，首先要对呼吸进行自主调节。先呼气，在头脑里想象美好的画面，然后再用力吸气。这样的深呼吸可以解决大脑空白的问题。从医学上讲，大脑空白使肾上腺素增加，加大了耗氧量，造成大脑供氧不足，暂时停止工作，从而出现大脑一片空白的现象。实际上，这是一种好现象，是人体的一种自我保护。所以，深呼吸可以增加供氧量，使大脑正常工作。

当然，生理舒缓法光有深呼吸还不够，还要同时放松肌肉。只有肌肉放松了，身体才会舒展开来，才能解决紧张问题。否则，就算调整了呼吸，还是会紧张。所以，培训师在上台之前，也要记住放松肌肉。这样，神经系统就会告诉你身体没必要那么紧张，肌体的协调性就会更好。

2. 从心开始的心理诱导法

如果在运用生理舒缓法之后，依然紧张，就可以采用心理诱导法——回想喜悦，预演成功。回想一些自己曾经经历过的最得意的事情，比如回想以前在那么多人面前发言——既有领导，也有记者，你都可以从容面对，这一次也绝对没有问题。或者想："我这次肯定会成功的，no problem。"你在心里默默地这样告诉自己，给自己打气，也能够收到比较好的效果。人是本能地趋利避害、趋易避难的，有效的调节就是人的社会性的胜利，比如对其赋予更多的意义，激发对胜利更多的渴求，都能有效地让自己更稳定，有更多的能力去对抗本能的反应。当然，挑战自己的舒适区都会有个度，需要循序渐进。

针对心理问题，可以给自己做一些心理建设，上讲台前先问自己几个问题：

对内容我是有充分准备的吗？

我站在学员的角度充分关注他们的需求了吗？

我针对学员的学习偏好做过特别设计了吗？

我能接受学员对某些观点的不同意见吗？

这几个问题的答案是肯定的，那么心里就不会紧张了，因为你准备好了。

针对环境问题，可以做一些准备工作。

每次到陌生的场合上课，提前到场，在台上走一走，试着和在场的人先做一些对话。课前几分钟找几个学员聊几句，互相认识一下，也询问一下他们对课堂的期望，了解一下他们之前听过什么课程，让自己对这个场合的熟悉度增加一些。

在上讲台前做一些热身运动，对着镜子做几个表情，让自己活跃起来和放松下来。

3. 放开一切的自我解脱法

所谓无欲则刚，企图心要放在课前，课堂中太强的功利心会引发不必要的紧张。一旦上了讲台，就需要“放下”，自我解脱——放开自我，身心投入，就是人们常说的“豁出去了”。把对自己的预期放下，先不管好与坏，没有压力自然就没有紧张了。

世界上最棒的汽车推销员乔·吉拉德曾经说过：“如果我成名之后，还是为名所累，我就再也卖不出去汽车了。所以我经常想，我还是没有成名的那个乔·吉拉德，还是那个在纽约街头流浪的人，还是第一次卖汽车，这样，反倒更容易成交。”

当你的自尊心是零的时候，你的自信心就无限！丢掉面子，放开架子，豁出去讲，心里想着“我现在什么都不是，非官员，非领导，非老板，我就是一个讲师”，这样，你反倒会放松。

4. 反客为主的压力转换法

如果这些办法都不管用怎么办？还有一个解压技巧叫作压力转换法——正向推动，负向消弭。正向推动，就是把压力当作自己的动力，也可以认为是挑战。一般情况下，凡是在有压力的时候，都是你应该出彩的时候。比方说，给学员讲课时没有压力，但是领导来了，就会产生压力，但是，随着压力而来的是机会，如果你表现得好，就会给领导留下很好的印象。

作为培训师，很多时候，压力源自学员。因为有许多学员坐在下面，培训师才会感到紧张，把这样的压力还给学员，这就是负向消弭。假如现在刚上课，你心里很紧张，可以这样开头：

今天我要和大家探讨一个话题，即“因成就他人而成功”。什么叫成功呢？请大家思考一下，并回答我。

一般情况下，大家都会低头思考，然后你再进一步追问：

张 ×× 同学，请你来回答，什么叫成功呢？

于是，大家把眼光都投向张 ×× 了，压力也自然转到他那里去了。所以，要学会用这样的技巧，尽量不要一开始就让大家的注意力都集中在你的身上，你就会轻松许多。有些培训师不会用技巧，一上台本来就紧张，还喋喋不休地在那里详细介绍自己，看到大家都盯着自己，就更紧张了。所以，紧张的时候，就不要过多地介绍自己，而是要转移学员的注意力。

也可以用幽默转化，沈从文第一次走上讲台时，慕名而来听课的人很多，他竟紧张得不知说什么了。很久之后，他才慢慢平静下来，开始讲课。然而，原本要讲授一个课时的内容，被他三下五除二地 10 分钟就说完了。可是，离下课时间还早呢！他再次陷入窘境，后来他急中生智，转身在黑板上写了一句话："今天是我第一次上课，人很多我害怕了。"全场爆发出一阵善意的笑声。

5. 胸有成竹的超量准备法

没有准备就上台，出丑了神仙也救不了你，勉强用所谓的功力和技巧撑下来，让人看出你的浅薄，更尴尬。运用技巧并不能解决根本问题，如果你老是用技巧，就意味着你功力不足；功力足的话，根本不需要运用技巧。技巧是培训师讲课中的"调味料"。一个优秀的培训师，会越来越多地用"清蒸"的方法。比如，同样是做鱼，一个新厨师做不好，就会放许多辣椒，再放些糖，再放些其他调味料，于是鱼吃起来就让人感到有滋有味了。但是，厨艺高明的厨师，只放一两样调味料，用清蒸的方法，也能做出鲜味十足的鱼来。所以，作为培训师，如果经常用技巧来缓解紧张的话，那功力就有问题了。

根据笔者的经验，超量准备是解决紧张的根本大法。

（1）超量是超数量。

1 天的课程内容至少应该准备 5 天的。因为每个人都会有遗忘率，好的培训师在内容上也会有 20% 的遗忘率。所以，如果你

1 天的课只准备了 1 天课的内容，用的时候忘了 20%，心里就会没有底了。有些新培训师在讲课讲到一半时，就想不起来接下来要讲什么了，大脑一片空白，急得汗流浃背。还有培训师，半天的时间把 1 天的内容全部讲完了，该重点讲的却没讲到，这时若有超量的内容准备，即使忘了 20%也不要紧。

（2）超量是超质量。

超质量就是对内容不止熟悉，还要精熟。

什么叫精熟？它也有三个层次：

胸有成竹：讲义是给学员看的，培训师要做到无须频频回首，都可以如数家珍，要说什么，都在脑中。

收放自如：做到从内容的任何一点切入都可以回到主题，可以运用现场的条件创造性地讲解，有些不一定是课前准备中就有的，通过课堂中思维的碰撞，有时讲着讲着自己都会觉得豁然开朗，有了新的想法和创意。

纵横捭阖：对学员提出的问题能从多维度给予启发，跨章节连缀课堂内容，有选择地使用一些超范围的内容来佐证和激发学员。

如何做到精熟？就需要聪明人用笨办法做事。曾国藩曾经说过“结硬寨，打呆仗”。我以前刚讲课的时候，都会写逐字稿，在上讲台前还小范围地请专业听众试听，找毛病，补漏洞，才能让自己真正不愧对这个讲台。

另外，如果你准备得很多，就可以用“写意聚焦法”了。所谓写意聚焦法，就是在短时间内讲大量内容的一种技巧。在内容丰富的前提下，聚焦你的精彩点做详细讲解。

比如，平常要将五个问题都讲完，可能需要一天的时间，现在这一天的内容用两个小时来讲，那你讲的肯定是高度概括的内容，大部分都是精彩点了。一开始的时候，应该串讲，该讲的都提到，但点到即止，然后聚焦在最后两个最精彩的问题上，这样课堂效果就会非常不错。大量的准备，能令你游刃有余；精熟的内容，会让你如臂使指。所以，在培训师这个行业里，有句话叫“准备比资历更重要”，要用你的一生去准备。

人在一生中难免会走弯路，时过境迁后常常会想，如果我当初不走弯路，现在会更成功。其实不然，不走那些弯路，就不会有这些体验。不要以为以前的经历是浪费时间，没有以前的体验，就没有积累，就很难成为一名出色的培训师。

第二节　精彩导入是成功的一半——课程导入的五种方法

著名教育家陶行知曾说过："兴味足以乐业。"意思是说，不管是学习，还是择业，你最感兴趣的，才是最合适的。学校的学历教育是这样，培训教育也是如此。讲一堂课，只有很快地把学员的兴趣激发起来，建立了大家对你的信任，才能很好地切入主题，也只有这样，才能更好地使学员实现学习要求向学习需求的转变。

人的认知中有一个叫"脑欲"的家伙——大脑对信息的接受有规定性、依赖性和选择性——即大脑兴奋点，它有三个特征：其一，大脑偏好接收赞美和认同，屏蔽批评和指责。其二，大脑对新东西起反应，"好奇"是人类进步的动力。其三，人最爱自己，大脑对事关自己的事情的反应最为活跃。

那么，在培训的过程中，如何引发学员的兴趣呢？需要注意这三点的结合：信息是正向的（欲扬先抑、用别人说事也是正向的），不是直接批评和指责的；是新鲜甚至可以是奇特的；是与他有关的，都能很有效地引发学员的注意和参与。

有一次我去听一堂小学优秀语文老师的公开课，课堂的一开始就出人意料：

这位老师登上讲台跟大家说：“同学们，今天我们学习《西门豹治邺》，这篇课文说的是一个姓西的人到邺城去做地方官，他刚到邺城……”老师刚讲到这里，目光就停在一个欲言又止的孩子身上，老师问他：“你有什么要说吗？”

那个孩子涨红了脸，但是在老师平和的目光中还是鼓起勇气说：“老师，刚才您讲错了！”

老师露出一脸狐疑：“老师错了吗？那你说说哪里错了？”然后看了一眼围观的家长，顺便给了孩子一个佯怒的表情，但眼神满是鼓励。

“老师，那个人姓西门，不姓西！”孩子大声说，旁边响起了同学们一阵哄笑，里面夹杂着几个同学小声附和的声音。

这时候老师提高了声音，惊讶地说：“哦，你姓张，他姓李，都是一个字啊，西门，这是什么姓？”

“是复姓！”这时候孩子们都回过神来，有好多个声音大声告诉老师，“我们班的欧阳倩就是复姓！”

老师这时抿着嘴乐了：“好，同学们，看来大家都做了充分的预习，好，现在谁能再举几个其他复姓的例子？”

小手此起彼伏，那堂课接下来的时间就在这 片积极参与的氛围内展开了，除了常见的，连很生僻的复姓也都被孩子们找出来了，让听课的家长们都觉得补上了一课，尤其让人印象深刻的是那个在最后举手的孩子说出“第五”这个复姓时那种暗自得意的神情。

很显然，这位老师很好地激发了孩子们的学习兴趣：能找出老师的错，能把自己在课前预习的内容加以展示，能把别人不知道的在小伙伴面前“嘚瑟”一把，而且这一切还是在家长围观的环境下，每一个要素都极大地满足了孩子们的脑欲，课堂自然就十分吸引人。

一个能够满足脑欲的课程导入设计就是成功的一半。

精彩的课程导入是关键。培训师常用的课程导入方法有五种：设疑导入、引言导入、事例导入、数据导入和演示导入。

一、设疑导入

疑问句是在最短时间内建立双向联系的一种方法，人对问的反应就是思考和作答。我们在教育和社会交往中被训练，有问必有答，问号就像个钩子，把问题一抛出去，就会调动大家思考的神经，而且课堂经验越多，这种下意识的反应就越强烈，会想：“我被问到了，我该怎么答？”

这种方法在很多时候都能用到，问句比叙述句有更强烈的吸引力。比如，你的开场中有关于绩效的论述，正常的叙述式表达是：“今天我们来讲讲有关绩效的话题。绩效是个人、团队或组织从事一种活动所获取的成绩和效果。”这种教科书式的定义，正确但是无法吸引学员，在课堂上这么开头一点都不精彩，那么你可以怎样做呢？

请大家回答：“什么叫绩效呢？”

这时大家都会想，最准确的定义是什么呢？让大家对答案形成期待和直接给出答案的效果截然不同。

这就是设疑导入，就是抓住学员的疑问，然后替他来问。

问句比叙述句更能吸引学员的注意和兴趣，但问的方法也有很多，问不好还不如不问，有以下三个原则需要注意：

第一个原则：对关键问题提问，这个关键和重要的标准是，提的问题是不是能引申出后面的内容，或者是不是能对大家的错误认知有纠正的作用。比如有关绩效的问题，是后面准备重点讲解的，就可以拿来作为开场提问。

还可以对相关的问题进行提问，比如讲绩效，不先直接对绩效的定义提问，而是问“下半年小张按照经理的要求天天去客户那里催应收款，很辛苦，但到了绩效评定的时候，被经理定了C，为什么？”这样的问法其实是对绩效提问的铺垫，能更好地引导大家思考。

如果提问偏离了关键问题，失去了相关性，那么这样的提问开场就是失败的。

第二个原则：没有正确和唯一的答案时用设问句，就是自问自答。有的内容本身有主观倾向性和引导的目的，这样的问题就不适合抛给大家回答，以防“问神问出鬼来”，无法收场。比如，有个培训师做企业内训，他想说的是我们应该追求更高形式的成功——因成就他人而成功，这个观点本身是比较主观的，讲没问题，问可能就不太恰当，他问：“什么是成功呢？”这个问题抛给大家，当时的学员很年轻也很活跃，就有人回答：“有钱就是成功。”还有人回答：“有钱还不够，有钱还有闲就是成功。”还有人调侃：“老师，我要是追到心爱的姑娘当老婆，那就是最大的成功”……这个问题倒是很好地引发了学员的兴趣，但是跟培训师想要开展的内容就相去甚远了，更糟糕的是当大家的回答与培训师的设想不符时，有的培训师就会跟学员说："你说得不对。"而现在的学员都很自我，也不唯上，如果学员问："我认为的成功就是这样啊，你凭什么说我错了？"这下就形成了对抗。所以，主观的观点都适合用设问，把它限制在一家之言中，避免有观点之争，因为这样的争执是没有结果的。

提问就像踢出一个球，本来是想踢给学员，再让学员踢回来的，结果却是学员一脚把球踢到场外去了。培训师不但要会踢球，更要会控球。怎么办？就是抛起来，然后自己接住。在不确定学员会准确回传的时候，自己提的问题，自己接回来，不要让别人接到。有的提问常常并不是期望别人来回答的，而只是用来作为引子，启发学员打开思路的。

第三个原则：宜少不宜多。连珠炮似的发问会把人问蒙，也会冲淡主题。

所以，一般来说，越有经验的老师，提问越少，比如关于绩效，可以做的提问有：

"什么是绩效？"——就定义提问。

"小张为什么被评为C？"——绩效的定义和标准。

"我们应该用什么标准来衡量绩效？"——绩效标准的确定。

提问是有目的的，这几个问题择一即可，切忌全部发问，问得太多就没有焦点，不聚焦的原因在于：培训师从开始就没有完全了解学员的情况，从而失去了对课堂的掌控。

二、引言导入

培训师引用一段名人的话或者一句有哲理的话，以此来引导学员的思路。比方说，讲“商道”的时候可以这样开头：

孔子说：“仁者乐山，智者乐水。”那为什么仁者乐山，智者乐水呢？可以用一句话来解释：“仁者静，智者动。”智，则具备智慧，智慧就像水一样，在于多变。如果我能冲过去我就冲过去，冲不过去我就绕过去，再绕不过去我就积蓄能量，最后“飞流直下三千尺”。

仁德，就像山一样，让人感觉到你的宽广胸怀，感觉到你的原则性很强。水绕山则美，“山水相依”的人才能成功。相反，如果你的品德像水一样经常变，你的智慧像山一样不动，那就是不具智慧的人。

通过这样一些引人入胜的话语就把主题带出来了。

做好引言导入需要多积累、多“存货”，有很多前人或他人阐述得很深入的观点可以拿来就用。比如讲企业家的修养，可以用乔布斯的“Stay Foolish，Stay Hungry”来引入；讲执行力，可以用“天下之事虑之贵详，行之贵力”来引入；讲金融产品的过度创新，用“天下之病无一不根于利”来引入；讲企业社会责任，用“利一而害百，君子不趋其利，害一而利百，君子不辞其害”来引入；讲领导干部的学习，用“千秋邈矣独留我，百战归来再读书”来引入。

孔子曰:“言之无文，行而不远。”如果在课程开始时能用一些贴合主题的名人名言，就为这堂课程找到了一个提纲挈领、总领全篇、引人入胜的“凤头”。

三、事例导入

还可以在课程开始时讲一个故事，这个故事可以是亲身经历的，也可以是新闻事件，还可以是名人逸闻，都可以导入所要表达的主题。

培训师可以通过讲解自己熟知的事情来导入所要表达的主题。比如:

我有个朋友，一直以来，他都对自己的工作严格要求，做每一件事情，都力求完美，力求能够令客户满意。前不久，他又做了一单广告，投放后立即收到很好的效果，为客户带来了更多的订单，实现利润增长300万元。他成就了客户，当然他自己也得到了一笔不菲的收入和更大的发展空间。这就是我想要和大家分享的主题，因成就他人而成功。

可以用发生的新闻事件导入要表达的主题。比如:

2018年1月1日，太长高速回榆次方向11号隧道内车辆着火、12号隧道内发生多车追尾事故！山西高速交警六支队九大队联合太长路政、养护、消防及相邻交警大队快速成功地处理了这起隧道群多车相撞引燃事故，紧急疏散群众580余人。警钟长鸣，尤其是高速公路的安全管理事关人民群众的生命和财产安全，今天我要跟大家分享的主题是，高速公路安全防控的四个关键时刻。

四、数据导入

数据是客观的，用事实和数据最具说服力，最不容易受到质疑。比如，2010 年 3 月 2 日 15 时，全国政协十一届三次会议首场新闻发布会在人民大会堂三楼金色大厅举行，大会发言人介绍了会议情况，并回答记者的提问。在谈到记者提出的“国进民退”的问题时，大会发言人就使用了数据导入的方法：

我的确注意到，国内外媒体都有说中国存在着“国进民退”这一现象。我就在想，这个印象是怎么来的？我觉得可能是由于去年在克服国际金融危机影响的时候，我们兼并、重组和关闭不符合安全规定的厂矿引起的。

山西是一个小煤矿、大煤矿都很多的地方，山西煤矿去年由 2600 座减少到 1053 座，企业的主体由 2200 多家减少到 130 家。这样一看，这不是“国进民退”了吗？印象就是这么来的。

印象不是判断的最可靠手段，最可靠的手段是数据。可以说改革开放 30 多年来，国有经济、非公有制经济比翼齐飞。在很特殊的 2009 年，并不是“国进民退”，我给大家几个数据。

我们比较了私营企业和国有或国有控股企业，这是两组，我和大家说几个同比的重要数据。工业增加值，私营企业是 18.7%，国有企业是 6.9%。总资产或者说资产合计，私营企业增长 20.1%，国有企业增长 14%。从业人数，私营企业增加 5.3%，国有企业增加

0.8%。主业务收入，私营企业增加 18.7%，国有企业降低 0.2%。最重要的是利润，私营企业的总利润增加 17.4%，而国有企业是 -4.5%。

市场经济是有内在规律的，但政府要尽量创造好的宏观条件。政府曾经发布过关于鼓励、支持和引导个体私营等非公有制经济发展的若干意见。全国政协也有贡献，我们向中央报送过关于新形势下民营企业发展问题的调研报告，原因是我们政协委员中有很多私营企业家，因此其报告十分切合实际，反映他们内心的利益的诉求。

我顺便谈一个我们思考经济的判据或者方法论的问题，是不是每年都用“国进”“民进”“国退”“民退”这样一把尺子来衡量，这不能反映我们中国经济发展的状态，因为不同的行业、不同的年头可能会有不同的变化，但我们希望它们比翼齐飞。

数据是很有说服力的，在很多时候，数据导入是一种不可置疑的导入方法。比方说，要讲一个如何提升竞争能力的课题，如果这样导入就会很没劲：

我们一定要提升自己的竞争能力，我们一定要超越我们的对手。

但是换一下，用数据导入，就会有很好的效果：

今年上半年，我们的业绩增长了 15%，看上去是在进步，但我对比了竞争对手的数据，我们的三个主要竞争对手，今年上半年的业绩的增长都在25%以上。表面上看我们好像在进步，其实，这是整个市场大环境好转的结果，相比之下，我们还是退步了，我们只增长了15%，别人增长了25%，这说明了什么？说明我们在竞争上落后于别人。所以，今天我和大家分享一个如何提升竞争能力的课题。

五、演示导入

演示可以更直观地表现主题，使对方一目了然。培训师应该多用演示的方法，利用身边一切可以利用的东西，哪怕是一支笔、一个杯子，如图2-1所示。

图2-1　杯子作为演示的教具

你看，这是你的目标吧？这是你的起点吧？按理来说，最近的距离就是这一条线吧？但其实不是啊，最近的距离往往是过不去的，最近的距离其实是需要绕过去的，因为这条线根本不通。

那么，当你跨不过去的时候干吗不绕过去呢？其实，中国人头脑里有很多“就是跨不过去也硬要跨过去”的想法，但是西方人的观念却不同。当遇到发大水的时候，中国先人是大禹治水，人定胜天；而西方人是建造诺亚方舟，坐着船跑了。这就是说，当跨不过去的时候，就要另外想办法解决。

演示方法中最简单的就是画图。比如讲“商道”这个课程，很多人都在讲，有的说商道酬诚，有的说商道酬勤，有的说商道酬精，其实，都不太准确，不全面。《易经》中说的“一阴一阳谓之道”，用的是辩证法的观点，老子在《道德经》里也说：“道生一，一生二，二生三，三生万物。”以此再来认识商道，就比较清楚易懂了。

所以，我在讲商道的时候，也是画图给学员看，商道可以表现为六个方面，即商道酬诚、商道酬义、商道酬和、商道酬精、商道酬识和商道酬变，如图 2-2 所示。

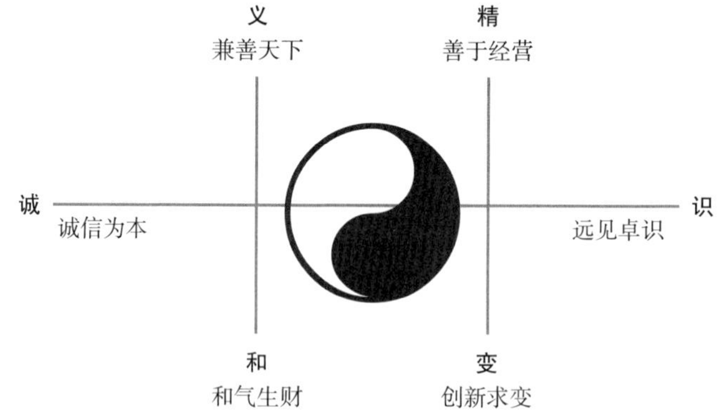

图 2-2　商道的六个方面

只具备商道的一个方面不太可能发财。说诚，诚实的人太多了，但诚实的人能发财吗？不一定。乡下的老大婶，从没嫁人的时候就在村口卖鸡蛋，从来不坑人，但到现在还是在卖鸡蛋，没发财，最后搞不好还让人家给骗了。为什么？很诚实的人一定要很精才可以，这两方面不平衡，经商就有问题。但精而不诚，同样会失败。太精了，无商德，谁都坑，最后必定是搬起石头砸自己的脚。所以，一阴一阳谓之道，“诚”“义”“和”叫作阳，“精”“识”“变”叫作阴。

如果这里的六个主题全部都用文字表述，既令人难以消化，也不形象具体，但用图形表示就会很清晰。比如我们讲“商道”，可以先用图来表示，再适当地辅以文字，就很直观生动了。这样一来，当我们把道理演示出来给别人看的时候，就很容易把商道是获取财富的根本规律这一道理讲明白了。

当然，还有一些是不宜采取的，甚至是禁忌的开场方式，主要有以下几种：

第一种叫作自杀式。

我呢，不大会讲话，但是今天来说两句……

这就是自杀式开头。上来就告诉大家你不会讲话，人家自然会想，你不会讲话上台干什么。

这种场合，我非常紧张啊……

这也是自杀式开头，其实，一点小紧张，别人是看不出来的。

但是，你一说自己很紧张，就唤起别人对你的关注了，而且观察得特别仔细，看你手有没有发抖，头上有没有冒汗，越看你就越紧张。

如果你真的紧张，那这样的话就应该少说或不说。

当然，事无绝对，有一种情况下也可以这样开头，那就是大家都知道你口才极好，你的准备也是非常充分的，那开场说“紧张”“不会讲话”就属于先抑后扬的技巧，低调是因为随时可以高调，如果没有后面的足够高调配合，就不要开头自杀。

第二种叫作自夸式。这种方式和自杀式正好相反，一上台就先夸下海口，似乎自己“法力无边”。

有什么问题尽管提，没有我不会的……

其实，很多问题，你是解决不了的。一般情况下，别人不会故意为难你，但是你在上面夸了海口，别人就会说你“风大不怕闪了舌头”，就要想着琢磨个问题来难倒你，就像这个笑话说的：

足球比赛我看得多啦，我懂得有关足球的一切知识。

是吗？那你告诉我，足球网有多少个窟窿眼儿？

其实很多时候，就是因为培训师太傲慢，学员才向你挑战，他两个小时没有听课就是为了琢磨一个问题，要问倒你，你在一分钟之内能应付得了他吗？所以，培训师要平和一点，不卑不亢才是最好的。

第三种叫作攻击式。这种形式多见于当惯领导干部的培训师，平常的语境是训诫员工，开口就批，批了再说。但你在课堂上的角色是培训师，如果很了解情况，批出了大家的心声还好，但大多数情况你不了解，尤其是很多系统性的问题，不是知一隅就能够乱批一通的，这只能引起学员的反感。

国企的活力不足都来自缺乏必要的淘汰机制……

国企活力不足是个复杂的系统问题，没有数据做支撑就做出这样的断言，实际上是给自己挖了个大“坑”，且这样的问题即使是事实也难以解决。

第四种叫作游离式。这种方式是指前面和后面讲的不一样，即逻辑不一致。培训师一定要保证讲课内容前后一致，逻辑不一致会导致前后矛盾，比方说，有人讲一个培训师的作用：

培训师，是职业生命的导航者，在茫茫的职海中指引大家前进的方向……

过了半分钟，他来了一个结尾：

让我们再接再厉，开创新的高峰。

什么时候海军变成陆战队了？他先是忙着在大海中指引方向，刚过了一会儿，又再接再厉，攀上新的高峰了，这就不对了。后面应该这样讲：

让我们乘风破浪，到达胜利的彼岸。

这个逻辑才是合理的。培训师讲话时要时刻想到前后呼应，不能游离主题，否则就拉不回来了，即使能拉回来，时间可能也不够用了。

第三节　不一样的结尾——课程结束的五种手法

好课程，有“凤头”清亮华美，更当有“豹尾”短促有力。

当课程进行到该结束的时候，怎么去收尾？收尾的作用，是深化理解、强化印象、激发行动。一般有以下五种基本的结尾方式。

一、综述结尾

就课程内容进行纲要性回顾，比如：

今天我们一共讲了三个问题：第一个是“编”的问题，第二个是“导”的问题，第三个是“演”的问题。今天的课程就到这里。

这叫作综述性结尾，将前面的内容综述一下。

综述结尾，一要达到对课程的简单回顾，让大家再将课程思路捋一遍，加深印象；二要将纲要串讲一遍，让大家对课程的整体和全貌的理解更深入，比如：

我们讲了“编”“导”和“演”，这三个问题哪个是我们目前工作的重点？对于企业内训师来讲，“编”是内容，是基础，决定课程的含金量，是最重要的工作；在这个基础上，再修炼自己的“演”，即表达能力，把课讲清楚、讲精彩；最后是“导”，学习与学员的互动和帮助其理解、吸收的技巧，这样才能全方位地提升培训的效率。

二、提炼结尾

比综述结尾稍微高明一些，不仅仅是综述一下，还要对前面的内容进行提炼。

今天我们学习了战略管理，战略管理的基本含义是什么呢？什么叫作有战略眼光？八个字：站高一层，看远一步。一个人有战略眼光，要比别人站得更高，至少要站在你上司的高度去看，要比竞争对手看得更远。

三、呼应结尾

前面我们讲了如何成人，后面我们讲如何成己。如此使得前后呼应。

四、激励结尾

即在结尾时给大家展望一下美好的图景。

我相信，明天站在各个讲台上的，将会是最优秀的培训师。

各位，今天你们是学习者，明天就会成为大师。

五、悬念结尾

提出悬念，引发思考，给人意犹未尽的感觉。

今天我和大家分享了管理的五项技巧。这个课程的结果会是怎样的呢？我相信，大家会以实际行动做出一份圆满的答卷来。

当然，在大多数情况下，结尾都是上述两种以上方法结合做出的。

禁忌的结尾方式有：

矛盾式——讲话前后矛盾，让大家不知所云；

仓促式——大家还不知道怎么回事的时候，你就下台走了；

冗余式——课程早就讲完，你却还在那里胡诌没完，惹得别人很烦，甚至鼓倒掌轰你。

第四节　讲台上的“大明星”——课堂必修的四项风范

一、服饰——将你的专业权威性提升 20%

现代社会哪里都讲“颜值”，人都是“外貌协会”会员，以“衣冠取人”是普遍现象，培训师的形象“触点”之一就是服饰。

从服饰上怎样展现你的风范呢？我们先来看两个形象，如图 2-3 所示。

图 2-3　培训师的服饰形象

如果你是学员，面对这两个培训师，你更相信谁？肯定是左面这位。服饰代表的是一种态度，当学员看到培训师衣着打扮的时候，就马上会想到培训师对待这一职业的态度，对待这堂课的态度。

根据调研，如果是第一次与学员见面，穿着打扮得体的培训师的受欢迎程度要比穿着随意的培训师高 20%。对于培训师来说，最标准的服饰应该是什么样的？一般来说，培训师还是以西服套装为标准服饰，这不仅是对别人的尊重，而且是自身的渊博知识和权威专业的象征。也有很多人援引一些所见的事例，说国外的老师穿着也很随意，有的大师讲课穿的也不是职业装。通常情况下，对穿着正式程度的重视和老师本身的权威程度成反比，在业界有很高声望的老师穿休闲装上课那也不失大师风范，但如果一个年轻的培训师上课穿得过于随意，那就是“大失风范”了。

对年轻的培训师来说，没有任何一种服装能比西装更有权威性。培训资历比较浅的，就更应该注意穿着打扮。当然，西装还需要选择与搭配。一般来说，深颜色的西装会更有权威性，其他颜色的权威性相对就要弱一些了。此外，在领带、衬衫的搭配上也都是有讲究的，如图 2-4 所示。

图 2-4　几种标准的服饰搭配

我们所列的只是几种标准的搭配方式，根据人们的喜好不同还会有很多种搭配方式。但记住一条，在非常正式的场合，如果穿西装，一般都不会穿杂色的衬衫，而是穿纯白色的衬衫。作为培训师，我们可以稍微放开一点，可以穿一些浅颜色的，或者花色素雅的衬衫，但不能太随意、太花哨。这是基本的要求。

在特殊的情况下，当然也会有另外的要求。比方说，你做户外拓展，还穿西装的话，就会不伦不类了，穿迷彩服会更好。在讲一线技工操作的时候，穿工装也可以。

对女性培训师的服装要求同样是穿着打扮要具有职业形象和职业气质。一般来说，职业装才能凸显女性培训师的气质。在课堂上，漂亮的服饰和职业气质相比，后者才是我们更注重的。所以，在课堂上，女性培训师也要穿职业套裙，要穿不露脚趾的鞋，而且一定要穿丝袜；忌“短”“小”“紧”“薄”“透”“露”，这是我们对女性培训师穿戴的一些基本要求。

二、表情——好面容不如好表情

有句话叫“好面容不如好表情”。意思是说，有些人看上去长得很漂亮，五官端正，但就是不觉得她可爱；有些人，尽管长得不怎么漂亮，但是，你会觉得她特别可爱，其原因就在于表情上。

如果有人天天拉长着脸，好像别人欠了他许多钱似的，我们见到这样的人，自己的心情就不会舒畅；如果你天天带着微笑，给人轻松愉快的感觉，则更能拉近你与别人的距离。

所以，我们要特别注意自己的表情。其实，表情是可以调整你的五官位置的。长相，是父母给的，除非整容，我们不能改变它，但是，笑容和生动的表情是可以训练的。有些人为什么耐看，有个很重要的因素就是他们的表情经过了特别的训练。

对培训师职业的要求是可以通过表情传递信息：其一是对内容的表现力，需要用更丰富的表情表达课程内容，比如坚定的、激动的、感动的、痛惜的；其二是对学员的关怀和关注，要有更多的微笑，把轻松、愉快、自信的情绪带给学员。

三、身姿——让你的姿态更优雅

讲课有很多种姿态，你可以站着讲，也可以坐着讲，还可以走着讲。这几种方式都可以，没有特别的规定。但是，这些身姿怎么运用才合适呢？一般有以下情况：

当大家在自由讨论的时候，比方说，学员自由发言，交流感想，你最好坐下来，给大家一种平等的感觉。如果你站在别人旁边，等于是在告诉别人我是老师。这会给人造成压力。

在师生交流的时候，特别是有几百人的时候，你就要从讲台上走下来。不要站在台上讲，最好在过道里和大家交流。谁提问，你就走到谁的面前去。

此时注意，走下来的速度不要太快。太快了，会给人一种压迫感。所以，要走得慢一些，要踱步。至于你走的路线，最好走倒 T 字线，因为一般情况下，教室后面会有一条过道，中间会有一条过道，前面有一条过道，如果你走后面的正 T 字线，大家都会扭过头去看你，所以一般情况下不要走到后面的横向过道上。

那站姿到底应该是什么样子的？两脚平放在地上，重心自然地保持均衡。既不是我们传统的立正，也不是稍息。同时，坐姿也一定要规范，最好是双脚平落在地，不要把手放在桌子下面，要放在上面。有的培训师很不讲究，尤其是坐在讲台上的时候，如果前面没有挡板，你会看到他们坐在那里跷着二郎腿摇晃，给人很不雅的感觉。

四、眼神——关照全场充分交流

对于表情来说，眼神的运用起到至关重要的作用。培训师的眼神在培训中起的作用有时比语言、动作更为重要。经常练习下面三种方法，可以训练出一双炯炯有神且灵活自如的眼睛来，为培训课程增色。在训练中要注意结合感情表现，进行眼神训练，因为“眼之所至，情随之；情之所至，心随之；心之所至，手随之；手之所至，腿随之”。

练习眼神的方法有定视法、转视法和扫视法三种。

定视法：眼睛盯着一个目标看，又分正定法和斜定法两种。

正定法：在前方 2 ~ 3 米远的明亮处选一个点，点的高度与眼睛或眉基本齐平，最好找一个不太显眼的标记，进行定眼训练。眼睛要自然睁大，但眼轮匝肌不宜收得太紧。双眼正视前方目标上的标记，目光要集中，不然就会散神。注视一定时间后可以双眼微闭休息，再猛然睁开眼，立刻盯住目标，进行反复练习。

斜定法：要求与正定法相同，只是所视目标与视者的眼睛成 25 度斜角，训练要领同正定法。

转视法：眼珠在眼眶里上、下、左、右来回转动，包括定向转、慢转、快转、左转、右转等。

定向转眼的训练有以下各项：

眼球由正前方开始，先移到左眼角，再回到正前方，然后再移到右眼角。

眼球由正前方开始，由左移到右，由右移到左。

眼球由正前方开始，移到上（不许抬眉），回到前；移到右，回到前；移到下，回到前；移到左，回到前。

眼球由正前方开始，由上、右、下、左做顺时针转动，每个角度都要定住，眼球转的路线要到位，然后再做逆时针转动。

慢转:眼球按同一方向慢转，在每个位置、角度上都不要停留，要连续转。

快转：方向同慢转，不同的是速度加快。

左转：眼球由正前方开始，由上向左快速转一圈后，眼球立即定在正前方。

右转：同左转，方向相反。

以上训练开始时，1 拍 1 次，1 拍 2 次，逐渐加快。但不要操之过急，正反都要练。

扫视法: 眼睛像扫把一样，视线经过路线上的东西要全部看清。

慢扫眼:在离自己 2 ~ 3 米处，放一张画或其他物品。头不动，眼睑抬起，由左向右，做放射状缓缓横扫;再由右向左，4 拍 1 次，进行练习。视线扫过的所有东西，尽量一次全部看清。眼球转到两边的位置时，眼神一定要定住。逐渐扩大扫视长度，两边可增加视斜 25 度，头可随眼转动，但要平视。

快扫眼：要求同慢扫眼，但速度加快，由 2 拍到位，加快至 1 拍到位，然后定住眼神。

初练时，眼睛稍有酸痛感，这些都是练习过程中的正常现象，其间可闭目休息两三分钟。等眼睛肌肉适应了，这些现象就会消失了。

第五节　语言无魅力，风采减一半

有魅力的语言可以体现培训师的学识、修养和内涵，使人感到亲切，让人对你产生好感、重视，甚至敬佩。讲课讲课，课是讲出来的，讲是培训师的基本功。同样是讲，有的魅力四射，耐人寻味；有的枯燥乏味，了无意趣。培训课堂上的语言魅力可以从下面三个方面提升。

一、艺术化语言

语言高低起伏、抑扬顿挫才有声韵美，才有表现力，语言是最能够表现一个培训师风采的部分。汉语在表情达意上的用法十分丰富，如有节奏有情绪，会令你魅力无穷。比如，“你真是我的好老师”这句话可以表达很多种意思，因此，我们常说“不在于你说什么，而在于你怎么说”。尤其是汉语的停顿所表达的意思特别丰富，加上语调和感情，就可以产生完全不同的效果。如图 2-5、图 2-6 所示。

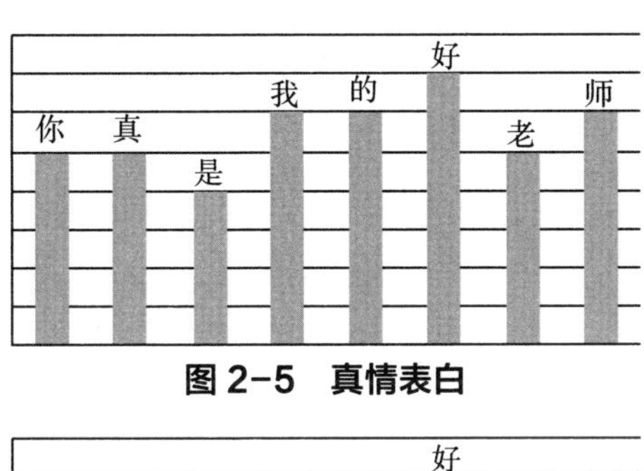

图 2-5　真情表白

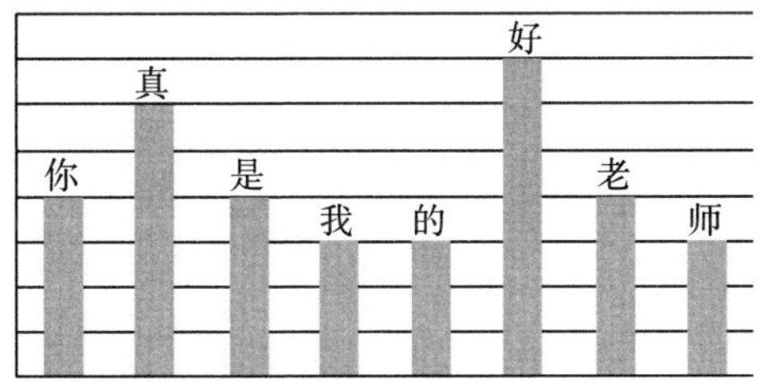

图 2-6　说反话

图 2-5 中，“你真是我的好老师！”有感激的意思。图 2-6 就不一样了，“你真是我的好老师！”这个时候多是讽刺、质疑等反面的意思。同样的一句话，可以产生不同的效果，让两个人可能会热烈拥抱，也有可能会怒目而视。所以，有时候就可以用语言的语调变换来表达不同的意思。作为培训师，这种变换语调的方法应该成为你的一项基本技巧。

在讲话的时候，我们还要特别注意几个地方：高音和休止、减速、重音强调、低音变调。

1. 高音和休止

在很多情况下，要吸引听众的时候，都会用到高音，比如，放开嗓子喊：

喂，大家注意了！

伙计们，冲啊——

高音可以用在激励和吸引别人的注意上。但是，同样是吸引，如果用休止，就有区别了。有时候，休止比高音的吸引力还要大。假设教室很乱，老师大声喊“大家注意了，请安静”，也许效果不大。倒不如走上讲台，静静地看着大家，当大家都注意到老师没有说话的时候，会马上安静下来。这就是休止的作用。

有的时候，休止还可以起到感染的作用。如果你平缓地说：

碰到这种事情之后我想了很多问题，后来我终于想明白了。

你看，这样平淡地去说，就没有什么感染力。但是，用到休止，就很有语重心长的感觉：

碰到这种事情之后——我想了很多问题——后来——终于想明白了。

所以，在讲话的时候，中间可以用到“……休止……休止……休止”方式。比如，我们在听音乐的时候，有的地方声音突然全部消失，停顿一会儿，当你正在期待的时候，激昂部分突然迸发出来。所以，休止能制造出华彩的乐章。如果不经过设计和恰当的休止，没有停顿地说一些很好和很精彩的词语，效果就差许多。

2. 减速

没有休止的时候可以减速，留给彼此思考的时间，让你的语言听起来更深刻。大部分女士演说时的语速都偏快，而男士演说时则比较沉着，先撇开内容不说，仅形式上，男士的演说会比女士的更深刻、更有力度。

为什么？女士讲话好像“打机关枪”似的：

嘟嘟嘟嘟嘟，嘟嘟嘟嘟嘟，嘟嘟嘟嘟嘟嘟嘟，嘟嘟嘟嘟……

太快了，而且没有节奏。男士就不一样，用俗话说叫作“十响一咕咚”。

嘟嘟嘟嘟，咚；嘟嘟嘟嘟，咚；嘟嘟嘟嘟，咚。

所以，作为培训师，女性的优势是表达流畅。但是，如果语速控制不好，效果就会大打折扣。因为表达流畅，语速就快，相对来说，思维速度就显得慢了，这样你就思考得不深刻，反而给自己制造许多麻烦。

说得慢一点，就可以缓解你思维的压力，留给自己相对充裕的时间去思考，也可以让别人有时间思考。因为如果听众对你的表达内容没有反应，你的影响力就小多了，就好像天上划过的流星一般。但是，如果我们把流星划过的过程变成电影中的慢镜头来回放，那效果就不同了。同样的一句话：

今天，我同大家分享一个课程，叫作 PTT 培训师的 36 项技能。这样的技能会有什么样的作用呢？第一项是……，第二项是……，第三项是……

假如这样表达，就是典型的行云流水式表达方法，不会给学员留下很深的印象。如果换一种方式，低沉一点，缓慢一点，效果就要好许多：

各位，今天，我们召开一个会议，要解决什么问题呢？市场营销的问题。第一，我们的营销战略——应该调整了；第二，我们的营销技巧——应该提升了；第三，我们的营销观念——应该转变了。

有的人和领导讲话时没有节奏，领导听不出所以然来。当他听不出重点的时候，就会觉得你思维混乱。其实你并不混乱，写在纸上也很明白，但是，讲出来的时候，节奏感和逻辑感不强，效果就会不一样了。

所以，讲话时语速要慢下来，要有逻辑性的停顿。在一些关键的地方、重点的地方适时地用休止，用减速，用高音，你的语言会变得有吸引力。

3. 重音强调

重音强调就是把重音落在不同点上。

你是我的好老师！

把重音落在“你”上，强调的是“你”，而不是别人。

你是我的好老师！

重音落在“好”上，强调了评价——不错。

你是我的好老师！

重音落在“我”上，强调的是我的，而不是别人的。

所以，重音在不同的地方会有不同的强调效果。你希望学员接受哪个关键词，你就在哪个关键词上做重音强调，而且可以重复。只要能做到这些，即使语速快也不要紧，同样可以变成“十响一咕咚”。

4. 低音

低音往往在表达中是最感人的。我们在强调音响品质的时候往往会对低音提出更高的要求，因为低音最容易表情达意。比方说这句话：小芳，我爱你。

你扯着嗓子喊：“小芳——我爱你——”这样就好像是在从楼上往下喊，她虽然听得很清楚，但感染力一般。

而用低音说：“小芳——我爱你。”如此深沉动情，效果一定会很不同。所以，在课堂上表达时，我们就要注意到声调的抑扬顿挫，自觉运用这些声调处理技巧，比如在一些关键的地方，需要语重心长的时候就用低音，如此就把效果显现出来了。

5. 变调

引用别人的原话或者转述别人语义的时候，要注意根据需要，适当变化自己的语调。恰当的语调变化才能表达你丰富的情感，特别是在转述中，如果语调用得不当，你所表达的意思就会完全不同。

对话一：

老师：（低沉缓慢的陈述语气）李 ×× 曾说，老人不创造价值，小孩也不能创造价值……

学员：老师，你不能这样说，他说的是不正确的。

对话二：

老师：（音调稍高的质疑语气）李 ×× 曾说，老人不创造价值？小孩也不能创造价值？

学员：老师，很显然他说得不对。

你看，老师说同样的语句，学员的反应有什么不同？在对话一里，学员连老师都一起否定了；而在对话二里，学员只否定了李 ××。因为在对话一里，老师在引用李 ×× 的谬论的时候，用的是陈述的语气，别人听起来，会认为老师也赞同这样的观点；而在对话二里，老师用的是疑问的语调，学员自然不会认为老师也错了。

因此，如果要运用转述，就要注意自己音调的变化。一般来说，音调的运用有以下几种情况：

正常转述：陈述语气；

对真理名言的转述：低沉，缓慢；

对谬论的转述：质疑，音调稍高。

尝试一下，你讲话的内容不变，只改变音调、语速和你要强调的部分，看看会收到什么效果。只要把握好了这一点，相信你的课程会精彩许多。

曾经有一位意大利的女歌剧演员请一些朋友在饭店里吃饭，这些人全部来自国外，不懂意大利语，她开始拿起一张纸读给大家听，声情并茂，客人听后全都哭了。虽然他们没有听懂是什么意思，但是全都被深深感染了。其实，女歌剧演员念的只是菜单而已。这就是语言的魅力，更准确地说，是对语言灵活运用所带来的魅力。所以，同样的一堂课，同样的词、同样的句，用不同的语言方式表达出来，效果会截然不同。

二、具象化语言

相声中有个经典段子《卖布头》：

瞧瞧这块布，你看看这个色，没有苞辫没有滓没有窟窿眼儿。

这是什么色，它是本色白。它怎么这么白，怎么这么白。

它气死头场雪，还不让二路霜，气死了头号的洋白面了吧，

那气死赵子龙啊，也不让小罗成，谁见过薛白袍他压过小马超哇。

咱不提这种白，咱单提这种布，你买到家里去，

是缝被单儿啊、做被里儿啊、裁门帘儿、你砸裤褂儿去吧，

是禁铺又禁盖啊，是禁洗又禁晒啊，是禁拉又禁拽啊，是禁蹬又禁踹啊。

十年八年也盖不坏呀它，说面子有多宽，说布匹有多厚，

这锥子锥不动，这钢针扎不透啊，你是多么快的剪子都铰不动它。这是钢板。

这里就用了大量的具象化语言，就是把一个抽象的事物用具体的形象去描述，“白”是个形容词概念，怎么说白呢？就像“头场雪”“二路霜”“洋白面”等，白的程度就跃然眼前，活灵活现。

美国著名脱口秀主持人奥普拉曾经说过：“精彩的语言就像画笔，讲完了，听众就像看到一幅画。”这点被广泛使用，频繁出现在大家的作品中，著名社会学家费孝通先生在其著作《美国人的性格》中，就用了具象化语言对美国对欧洲的纠结做了精彩的描述：

美国是欧洲的“逆子”，欧洲是美国的“严父”，假如在十七八世纪的欧洲家长对他的子弟仁慈些，北美可能像中美一般成了犯罪者的乐园。但北美不然，它吸引了虔诚地想在地上建筑天堂的清教徒，正是这些无数背井离乡、抛弃父母之邦的移民，建成了一个向欧洲要求独立的美国。从欧洲到北美去的移民不但不怀念祖国，年老了没有丝毫要到故乡去寿终正寝的意思，更不会立遗嘱让子孙把棺材运过大海葬入祖茔。他们对于压迫他们到

不能不自求自由之邦的老家，心里充满了愤恨。美国这个负气的孩子是希望关了门做个样子出来给人看看，他们对欧洲的灾难即使不幸灾乐祸，但是也不会发生姑奶奶对娘家的关切。所以我说他们有一点像是严父手下，受尽了委屈，发誓不再回家，出门自立的孩子。在孩子心头有着一肚子总得找一个机会出一出的怨气。“就是冻死、饿死、被天雷打死，也不再进你这扇门了。”但美国人是负气出的门，他们尽管天天在叫着“美国化”，但是没有人比他们自己更明白，他们的目的是要老家里的人说他们一声“有志气”。他们在任何一部门的生活里，最高的标准还是在欧洲。

费老用了“严父”“逆子”“姑奶奶对娘家的关切”这一组具体的形象，来论述美国与欧洲文化同源但爱恨交织，美国不止一个时期对欧洲奉行“孤立主义”，但在关键时刻还是会与之并肩的复杂情感，很是传神。

三、哲理化语言

哲理体现的是人们对世界本质规律的探索。人需要精彩，也需要深刻，哲理化语言能够给人带来思考和启迪，培训课堂中哲理化语言的使用可以提升课堂品质。哲理化语言体现了培训师的世界观和价值观，能给学员带来启迪，哲理化语言就是“点睛之笔”，其来源可有三个。

1. 引用

阴在阳之内，不在阳之对。（老子）

人生的三路向：逐求、厌离、郑重。（梁漱溟）

不深思则不能造于道。不深思而得者，其得易失。（曾国藩）

2. 总结

动之以情、晓之以理、诱之以利、结之以义。

借力比努力更重要。

3. 创造

创新就是要违规，创造就是要破坏。（严介和）

新领导乃是心领导。（杨思卓）

哲理化语言以其精当而让表达高度概括，作为归纳或演绎，为课堂增色不少，哲理化语言需要一定的哲学高度，培训师需要广泛学习、批判吸收、实践体会和创新思考才能更好地掌握。

第六节　手势也是表达——专业培训的两类手势

和语言、表情相提并论，能够表现和影响培训师职业风范的就是手势。对培训师而言，专业和规范的手势是很重要的，这同样是可以表现培训师风采的重要部分。

很多人没有经过专业的训练，一到台上就手足无措，不知道该将手放在哪里，搞得自己很紧张、很尴尬。那么，作为培训师，我们该如何杜绝这种情况发生呢？可以运用表 2-1 中所述的 12 种专业培训手势。

表 2-1　12 种专业培训手势

类别	手势	动作要领	动作含义
表达情感	致意	五指并拢，掌心朝前	秀出你的专业风范
	号召	手掌斜上，挥向内侧	增强你的向心力
	决断	握紧拳头，挥向下方	表现你的果敢
	鼓舞	握紧拳头，挥向上方	激励的高效方式
	警示	掌心向前，双手上举	威严从这里显现
	拒绝	掌心向下，做横扫状	表现你的果敢
	否定	手掌斜下，挥向外侧	敢于对人说 NO

（续表）

类别	手势	动作要领	动作含义
讲解内容	沟通	双手前伸，掌心向上	敞开你的心扉
	区分	手掌侧立，做切分状	表现思维的极度清晰
	指明	五指并拢，指向目标	恰到好处的引导
	组合	掌心相对，向内聚拢	对归纳的外在表达
	延伸	掌心相对，向外展开	显示你的发散思维

运用手势的注意事项如下：

一、表达意图与手势一致

比如，沟通：双手前伸，掌心向上——“让我们交流一下。”很明显，这是友好的手势，表明了自己把心敞开，渴望真诚交流。拒绝：掌心向下，做横扫状——“不行，这绝不能答应。”拒绝的手势和沟通的手势不能搞错，如果搞错了，就会很别扭。

再比如：“把这些情况汇总后，我们就发现这样的一个规律。”汇总配合的手势是“组合”，如果使用了其他手势，就达不成加强各类情况归纳后得到结论的表达意图。

与表达不符或者相悖的手势就会使传达的信息变得模糊，甚至自相矛盾，令听众不知所云。

二、姿态从容优雅

比如，致意：五指并拢，掌心朝前——“大家辛苦了！”“后面的学员大家好！”目的是体现礼仪，秀出你的专业风范，这时要将手臂举高，身体前倾5度，显示开放和热情，如果手臂举得高度不够，就显得致意有所保留，如果手臂举得过高或者身体前倾过度导致身体重心不稳，以及服装变形失去美感，也过犹不及。

三、方位清晰准确

有很多手势是为了说明问题，比如，区分：手掌侧立，做切分状——左面，中间，右面；上面，中间，下面。它表现思维的极度清晰，引领学员关注问题的不同层次和方面，这时的手势就需要清晰准确，说到决策层的问题，手势停留在上面，说到执行层的时候，手势再移动到下面，手势就像一幅会变化的结构图，方位感让内容变得更清晰准确。

四、符合课堂礼仪

比如，警示：掌心向前，双手上举——“大家注意了！”“请保持安静”威严从这里显现，但课堂上的威严要注意度的把握，警示的手势大多数是作提醒之用，过度使用会让学员感觉到压力和距离。

比如，指明：做到恰到好处的引导，五指并拢，指向目标——“请看大屏幕。”“请这位学员回答问题。”指明的一个基本原则是，能用臂的就不用肘，能用肘的就不用掌，能用掌的就不用指。所以，一般来讲，不要用手指指人。当然，我们有时候可以用大拇指表示赞扬——“你真棒！”指定学员回答和分享时也会用到指明的手势，这时的指向要用手掌，斜立并向上有托抬的趋势，有邀请的含义，手掌如竖立就有挑战的意味。

第三章

高下之分，胜在设计

如果说培训师将表达呈现能力称作“演”，那么培训师还需要另外两种能力：“导”——培训师的现场组织能力，“编”——课程的设计能力。

如果将“编”“导”“演”三种能力分成两级，那么，一级就是我们在前台的表达，二级就是我们在后台的设计。而组织工作，也就是“导”的工作，一部分可以归到现场，一部分可以归到后台。

对于培训师来说，“演”“编”和“导”，哪一个更重要呢？有人说表达更重要，因为如果不能有效表达，那根本就做不了培训师；有人说现场组织更重要，因为如果没有很好地组织现场，那就会次序大乱；还有人说，剧本剧本，一剧之本，没有剧本怎么去演呢？所以，“编”才是最重要的。

其实，这三种能力都是很重要的。只是在不同的阶段上，或者说在不同的个体身上，它们的重要性不同。如果我们将培训师分成初级的、中级的和高级的三个层级，那么，在不同的层级上，“编”“导”“演”各自所占的比重是不同的；也就是说，对于不同层级的培训师来说，“编”“导”“演”的重要性有所不同。

第一节　培训师的三个层级

一、初级培训师——重在表达流畅

对初级培训师更多的要求是能够进行流畅的表达。因为这种技能相对来说容易学会，也最容易调动学员的情绪。一位不是很老练的培训师，自身的知识体系尚不完善，表达能力又很欠缺，那他是上不了讲台的。我们经常在培训课堂上看到这样的情景，要么培训师不知所措，造成冷场；要么培训师思维混乱，不知道要说的主题是什么，完全不能控制课堂现场。

如果把课程设计与课堂表达能力做比较，我认为初级培训师的表达能力和设计能力之比是 79∶21。所以，对这一层级的培训师来说，要特别注重表达能力的提升。因为与其他层级的培训师相比，这一层级的培训师的特点是表达尚不够流畅，讲课的条理性还不够清晰，知识体系有待完善。

二、中级培训师——重在平衡发展

无论是在表达的能力上还是在课程的设计上，中级培训师都要高于初级培训师，但与高级培训师相比还有较大的差距。中级培训师的表达能力和设计能力已经趋于平衡发展。表达比较流畅，结构条理性开始清晰，知识体系逐步健全，这是中级培训师的典型特征。

中级培训师在表达能力和组织能力的比例上，差不多接近50∶50了。此时，培训师需要更加注重对知识的积累和消化，注重提升自己的课程设计能力。

三、高级培训师——力求灵活自如

到了高级培训师这一层级，其表达和设计这两个能力之比就变成了28∶72了。也就是说，表达是自如流畅的，组织是科学严谨的，知识体系是完备系统的。

高级培训师已经把重点放在了如何创新上，因为他们的技能娴熟、功底深厚，能游刃有余地掌控课堂气氛了。由于有了深厚的知识底蕴作为后盾，他们在表达上既可以简洁干练，也可以滔滔不绝，各种教学方法和工具的应用能够得心应手、出神入化。更关键的在于，高级培训师对于知识体系的不断创新已经有了自觉的意识和动力，能够适时地根据实际需要进行课程内容和教学方法的改进和创新，更加注重完善课程的内容。

四、真正的高手能让“外行看门道”

有的人认为一个老师讲得深奥，很难让学员理解，那么这个老师必定就是高手，因为他讲的东西别人都不懂。是这样吗？绝对不是。能“深入”是专家，能“浅出”才是大师，如果老师讲的学生弄不明白，只能说明老师对自己所讲的东西还没有真正地搞懂。“真传一句话，假传万卷书。”真正的大师讲课，都是通俗易懂、切中肯綮，绝不会故弄玄虚、故作高深。

譬如高僧讲佛，都喜欢讲人们熟悉和浅显易懂的故事来说明一个深奥的哲理，男女老幼、善男信女们在下面听得津津有味。反之，如果你喋喋不休地讲：“佛告须菩提：‘诸菩萨摩诃萨应如是降伏其心！所有一切众生之类:若卵生、若胎生、若湿生、若化生;若有色、若无色；若有想、若无想、若非有想非无想……’”肯定就没有人听了，因为别人听不懂。

同样，一名高明的培训师的课程更容易让人回味无穷而不是感到高深莫测。这些年来，我讲企业家的学习与成长：管理无效是因为无能，无能是因为不学，知识分层次，学错会中毒；我讲统驭：商业竞争如同F1赛车，组织犹如赛车，企业家犹如赛手，竞争环境犹如赛道，只有在非凡赛道，卓越赛手驾驭超级赛车才能取得真正的胜利。

俗话说，外行看热闹，内行看门道。其实，真正的高手不仅能让内行击节赞叹，还能让外行也看出门道。

培训师职业高度的根本标识在于课程设计的能力。前台精彩呈现的能力也很重要，但究其根本，精彩呈现从何而来？言路乃思路，精彩的源头是思想，前台的精彩（包括呈现与现场资源调动）都源于后台的设计。与单纯的表演艺术不同，培训师是集“编”“导”“演”于一体的，培训师的“演”是为了让学员更好地领会内容，“导”是如何设计更好的学习形式，而“编”是让学员学会什么才是培训要达成的主要目标，“怎么编”决定了“怎么演”“怎么导”。

培训也是一种竞赛。培训师讲的方向一样，所要教授的知识和技能一样，但培训效果却有不同，差别主要出在“编”的环节。课程开发和设计是培训课堂的顶层设计，对培训的整体达成效果做出设计和规划，要通篇考虑组织需求、学员现状、学习偏好和教育资源，而且培训要出成果，理论、知识和技能要有恰当的配比，为让学员有习得，还需要有大量的实践和案例来帮助理解，这些都决定了最终呈现在学员面前的课程是否有很强的个性化特征。现在有很多版权课程，一些老师经过授权认证后就上岗了，但往往拿着的是别人写好的剧本，如果不能将剧本很好地内化成自己的观点，不能够实现再加工、深加工，结合自己最熟悉领域的实践佐证，课程就会被讲得“失魂落魄”。

因而，一般来说，只有写剧本的那个人才能最准确地讲出课程的精髓。当然也有例外，讲相同的课程，对课程设计本身有深刻的理解，能够延伸和发展，再加上表达的优势，就很有可能超越原创。

今后没有单纯的“讲”师，讲课只是传播的形式，未来将有多种科技手段对“讲”这种形式做革命性的替代，但难以替代的是课程的设计和开发。有很多培训师职业成长的学习路径是“表达—设计”，先学习如何当众讲授，再学课程设计，这种循序渐进的学习路径是“教育思维”，不是“培训思维”。现代社会连教育都在改革，最终验证教育成败的是解决问题的能力，因而职业培训师的最好的学习路径是以终为始。如果有了必备的职业素养，应该把精力首先放在课程的设计和开发能力上，用培训产品的锻造来直接回应组织发展需求方面的问题。

有人认为，有经验、有实践就能开发好课程，这是个误区。好的想法未必就能形成受欢迎的产品，人的想法是在脑子里的，是随时变化的，有大量的潜台词，交流对象是自己；但产品不同，培训产品的交流对象是用户即学员，与瞬息变化的想法相比，产品是定型的、相对不变的，交流界面是狭窄的。罗辑思维的创始人罗振宇曾回顾他四年来做跨年演讲的历程，他讲到一个记忆中的细节对他影响至深：当年上学，中国传媒大学的朱宇军教授在点评学生作业的时候，学生辩解说这个照片受当时环境的影响，不能按朱教授要求的那样拍。朱教授说："我不是在与你讨论你的想法，我是在与你讨论你的作品。你将来能站在每一台电视边跟观众解释说这个当时是受了什么什么影响而不能达到理想状态吗？你的作品是你与世界交流的唯一方式。"这就是想法与产品的距离，因而就连跨年演讲这样看似就是把想法说出来的产品，都要有产品思维，在稿子上的反复打磨不是全部，还需要对时间和节奏的掌握。跨年演讲最关键的就是一定要在午夜12点讲到高潮，才能确保观众的体验，否则差之毫厘，失之千里。培训课程的开发也是这样，满腹经纶未必能让学员买账，我们也不能对每一个在学习中不能得到满足的学员解释，由于这样那样的原因，没法达成你所需要的。

课程就是培训师的产品，要确保学员的收获，就需要一套科学的流程来控制。

第二节　课程设计步骤"7+1"

课程设计步骤"7+1"如图 3-1 所示。

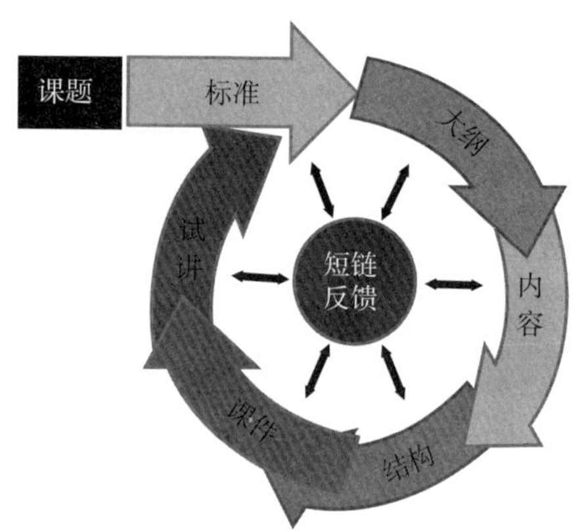

图 3-1　课程设计步骤"7+1"

一、好课程始于好题目——确定课程名称

课程开发的第一步是"画圈"，先明确对什么人讲什么内容，培训有效要有"靶向"特征，我们先看这样一些培训的题目——"市场营销""人力资源管理""战略管理"，这些是我们经常看到的，也是一些培训师非常喜欢讲的题目。这样的培训题目好吗？不好，因为它们不是培训的课题，涵盖的内容太宽泛了，不具有针对性，最多能算个培训方向。什么叫作战略管理？什么叫作人力资源？

真要把这样的课题讲好，至少要讲一个学期，讲一本教材的内容。这不是培训教育所能承担的，而是院校教育所应承担的任务。培训是结果导向的，是以解决问题作为追求目标的。从本质上来说，一门课程应该是一个问题的解决方案，而课程名称就反映了这个方案中的主要内容。

如何确定好的培训课程的名称呢？

1. 对象 + 能力的交集

一个设计得很好的培训课程的题目应该是这样的，如“移动通信的人力资源考核体系”“知识型员工的管理技巧”等。这类题目的特点是培训内容和培训对象的交集，内涵和外延界定得比较清楚。所以说，没有交集的课题，不叫培训课题，而叫教育课题。好的培训课题一定要介于专业线和对象线之间。比方说，“党政干部的领导力艺术”这个课程题目，表明了它和笼统地讲领导艺术的课程的区别。讲领导力，就应该具体到科长、处长等的领导艺术和领导方法。所以，我们在设计一个培训课题的时候，要着力寻找培训的交集点，只有这样，培训课题才有针对性，内容才容易出彩。

我们认为以下所列举的就是一些比较好的培训课题：

新任领导百日成就之旅；

360°领导力修炼；

MTP 管理五项全能实务；

汽车营销员的顾问式管理推销技巧；

餐饮业发展新模式；

基于胜任力的培训体系设计与管理实务；

项目管理与提升执行力的九大工具。

2. 方法 + 效果的描述

人对数字是敏感的，人对效果是期待的，培训课题最好做到让学员对要掌握哪几项技能一目了然。比如以下课题：

非人力资源部门的人力资源管理三项技能；

学会演讲四步法，人人超过奥巴马；

10倍速引爆利润的十大商业模式；

职场新人八个必修学分；

提高窗口办事效率的七个关键点；

非法用工招聘中的十大陷阱；

客户服务中的五个误区；

精理赔，赢订单。

当然，培训课题的主要目标还是明确培训能解决什么问题，在这个基础上通过优化表达显然更吸引人，但特别要注意标题和内容一定要高度统一，切忌大题小文，或者文不对题，或者故弄玄虚，成为“标题党”。

二、用项目管理思维建立课程标准

举办一次展览会、开发一种新产品、建一个新小区、企业制定一个新战略等都可以称为一个项目。什么是项目管理？项目管理就是指把各种知识、技能、工具和技术应用于项目活动中，以达到项目的要求。在我们的工作生活中，大至造卫星、造航母，小至考试、办婚礼，做任何事你都需要有项目思维。

培训就是一个项目，项目管理通过应用和综合诸如启动、规划、实施、监控和收尾等项目管理过程来进行。培训师要用项目思维来指导课程的开发乃至实施，以保障培训的效率最大化，具体如图 3-2 所示。

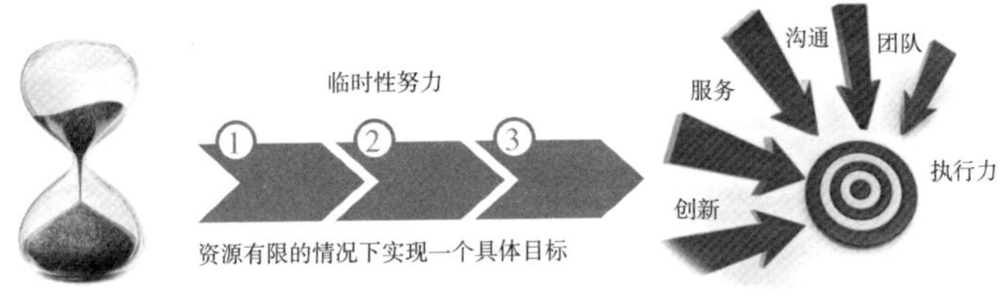

图 3-2　用项目管理思维指导课程开发及实施

什么是项目思维？就是把培训课程的开发当成一个项目来做。项目的本质就是为提供独特的产品、服务或成果而做出的临时性努力。项目思维就是运用专门的知识、技能、工具和方法，使项目能够在资源有限的条件下，实现或超过设定的目标。注意这里有几个关键词。

关键词一：临时性。培训课程有时效性，其努力是临时性的，而非永久性的，其一体现在开发工作的时效性上，规定时间内必须完成；其二体现在课程有生命周期，当下再先进的课程总会过时，当下再复杂的技能也会落伍。培训课程的开发不能“十年磨一剑”，规定的时间内要出成果，成果须满足当下的培训要求。

关键词二：资源有限。培训的资源不可能是无限的，有限的时间，有限的资金，有限的教学资源，而达成的目标是非常具体的，是“戴着镣铐跳舞”。无论是什么内容的课程，组织方都会有具体且多样的期望，比如新员工训练要在一周内或者一个月内达成员工对企业文化的了解和初步融入，基本岗位技能的达标率提升 20%，全员通过必要的行业知识考核，区域中层干部领导力和管理能力的提升。而培训师就是要用这有限的资源，竭尽所能用知识、技能、工具和方法的“组合拳”达成培训目标。如图 3-3 所示。

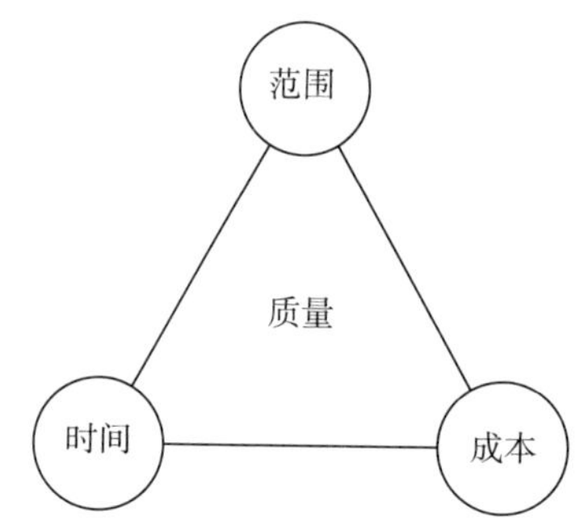

图 3-3　用“组合拳”达成培训目标

将课程开发作为一个项目来管理，其目的在于保证课程质量。不同的课程质量所需要的资源是不同的，因而先要让这个质量有明确的指标。比如，开发一门提升培训师能力的课程，有的培训方只要求普及培训师“编”“导”“演”的一般思路和方法；有的组织方需要课程不仅让受训学员“知”，还需要“行”，也就是说，受训的讲师能开发出一批课程，可以讲授这些课程；有的组织方还要求在前两者的基础上出产“绩”，即受训学员能够获得完成课程的实施的能力，实施课程后的受训学员能够通过企业的考核和认证。

上述三类课程要求的核心标准是不一样的，为保证培训质量达标，就首先要确定范围，定出标准，在培训中，范围是项目管理的边界，包括：

受训对象有多少？

所开发的课程数量是多少？

课程的质量如何验收？

讲这些课程，讲到什么程度？

最终有多少人可以达成？

完成课程开发和讲授评价的反馈期是多长？

学员的满意度或通过率的标准是什么？

这些范围的界定都会影响最终质量。在明确质量标准和范围的基础上，需要测算和控制所需的时间、所需的成本。一次培训能解决的问题是有限的，培训课程的开发成功与否就是看能否用这些有限的资源最大限度地达成课程的质量目标。在上述三类课程要求下所需要的培训师的技能配置也不同，第一个要求只需要标准教程，初级培训师即可达成。第二个、第三个要求就需要针对课题进行个性化的内容设计、方法设计、点评、辅导和跟进，并对过程中出现的问题给出具体的改进意见。不仅要把传统的培训讲清楚，还要让学员听明白、会应用，最后用学员的学习成果作为其教学成果来验证。当然，相对应的课程开发和实施难度就大不相同，需要中级甚至高级培训师才能胜任。

三、用三级大纲确立课程目标

从本质上来说，课程开发的成果是一个针对具体问题的系统解决方案，这个方案要具体且有可操作性，课程实施完毕要达成既定的培训目标，而培训目标又会直接体现在学员的思维和行为中，那么课程的总目标就必须得到分解，一般需要分解成三级以上的大纲，让所有要点连缀成一个解决问题的系统和网络。

三级大纲的设立就如同项目管理中的目标分解，将总体目标（课题）进行分解，将实现总目标的模块作为一级目标，一级目标再向下分解，达成一级目标的理念和途径为二级目标，达成二级目标的方法和工具为三级目标，以此类推，一级一级地分解下去，从而形成一个“目标—方法”链。同时，自下而上又是逐级保证的过程。这一作法不但构成了目标体系，各级目标的实现也落到实处。

例如，“六维领导力”的课程目标，如图 3-4 所示。

课程总目标

提升领导力。

如何提升

一级目标：一个动力源，一个能力源。

二级目标：动力源及能力源的理论和途径。

动力源背景：了解领导人是企业三大制胜条件之一；

动力源理念：领导力是强国强企的软实力；

变化：引领新经济需要新领导力；

加载：卓越领导必具责任与使命；

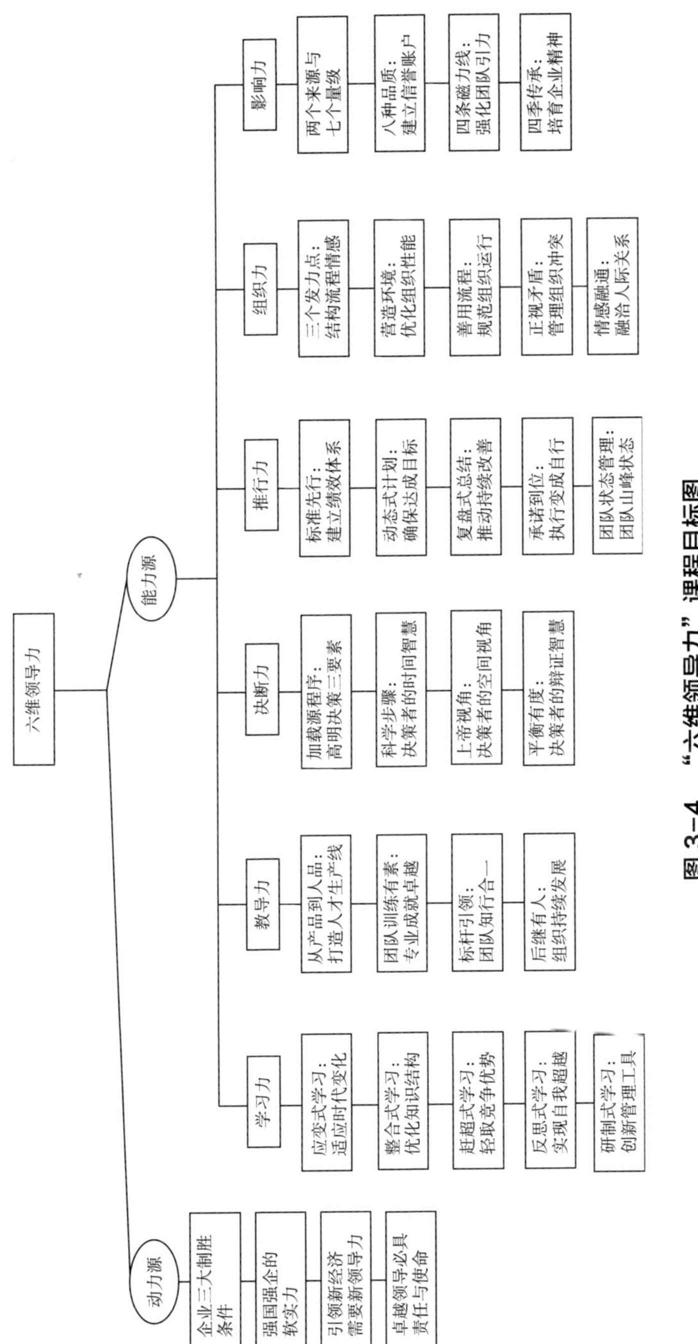

图 3-4 “六维领导力”课程目标图

能力源：学习力、教导力、决断力、推行力、组织力、影响力。

三级目标：具体的方法和工具。

学习力：应变式学习、整合式学习、赶超式学习、反思式学习、研制式学习；

教导力：从产品到人品、团队训练有素、标杆引领、后继有人；

决断力：决策三要素、科学决策四步骤、决策的空间视角、决策的权衡取舍；

推行力：标准先行、动态式计划、复盘式总结、执行变自行、团队状态管理；

组织力：三个发力点、优化组织性能、规范组织运行、管理组织冲突、融洽人际关系；

影响力：两个来源与七个量级、八种品质、四条磁力线、四季传承。

三级大纲就是学习本课程的知识地图，拿着这份地图，可以清晰地纵览全局，可以看到课程中要解决什么问题，用哪些模块解决，在各模块之下有哪些具体的能力、方法和工具。每一门课的学习内容是学员习得的具体目标到目标达成的能力模块，各模块集合成课题解决方案。

由于课程是由具体的内容组合而成的，每一个内容从知到行，根据培训需求计划时间，从而实现了总课程的时间可计划、可控制。

四、以学员状况匹配教学内容

课程设计如同拍电影的剧本，拍一部优秀的电影，要用好的剧本。前一节中以三级大纲明确了总目标及各个模块中的分目标，授课要达到良好的培训效果，还要按课程规划，精心匹配课程内容。

优秀的课程内容匹配，具有与目标对象贴合度高的特征。就算在课程开发的阶段全部课程内容完成，在课程实施过程中也需要通过不断地讲课来持续地补充完善，能否做到这一点，也是不同层级的培训师的差别所在。高级培训师善于总结、勤于思考，主动吸取别人好的经验来改进自己的课程内容，从来没有自我满足的时候，而且不忌讳一时的失败，不怕错误在后台发生，只要不在前台发生就行。

那么，一门精彩的课程内容如何配置呢？经过我们对二十几来年培训实践的总结和检验，我们认为科学内容的设置有下面两个方面。

1. 内容紧贴课题

内容设计一定要围绕题目进行！要使题目这一主题有机地贯穿于内容之中。课程的价值在哪里？不仅要有一个好的题目，更要有相适应的内容去丰富和充实培训的主题。但在现实培训中，经常可以见到文不对题的情况：培训的题目是“东方式管理”，内容却大讲特讲西方式管理，并且不和东方式管理做比较。如此培训，其效果可想而知了。

所以，我们在设计课程内容的时候，首先要做的，就是界定课程的内容，也就是内涵，特别是界定核心内容，即与培训课题直接相关的内容。其次，确定外延，即对间接相关的内容做适当的准备，因为它对讲解课程的主题内容往往起到锦上添花的作用。

比方说，对人力资源经理讲人力资源管理，如果就事论事地谈人力资源管理，可能培训对象都不知道人力资源的定位到底在哪里。此时，加入一些延伸的内容，看似与主题无关，却让学员听得明白，效果就非常好。例如，我们可以撇开人力资源的定位不说，而先说人力资源在企业整个战略中所处的位置，如此一来，学员的印象就会更深刻。

我们知道，在企业的整个发展战略里，人力资源是越来越重要了。《从优秀到卓越》一书的作者柯林斯曾这样说："原来，我一直以为，战略比人力资源更重要，现在我发现，我错了。用人比战略还重要。其实，拥有一个伟大的公司，都是因为用对了一个人，进而制订了一个伟大的战略。"

假如杰克·韦尔奇制订了一个很好的战略，但是，他交错了班，用错了人，继任者不执行这个战略，即使战略再好，也毫无用处。反过来，他选择了杰夫·伊梅尔特作为接班人，杰夫·伊梅尔特正确地执行了他的战略。

这样一说，人力资源的重要性及其定位就不言而喻了。

同样的道理，如果做服务业的培训课题，就一定要知道营销学，假如连营销学都不知道，那么，讲所谓的服务学，绝对精彩不了。为什么？道理很简单，因为现在是一个"从营销为王"转变到"服务为王"的时代，如图 3-5 所示。

从图 3-5 可以看出，当成熟市场中产品趋于同质、企业竞争加剧开始，营销这条曲线开始下滑，服务这条曲线开始上升，表明“营销为王”的时代正在转向“服务为王”的时代。如果我们做一个形象的比喻，营销好比狩猎经济，看到猎物，就将它拿下；等待顾客出现，我们就将他搞定。而服务则是畜牧经济，“饲养”客户，“喂养”客户，与客户建立更具黏性的关系，可增加交易的可能性。

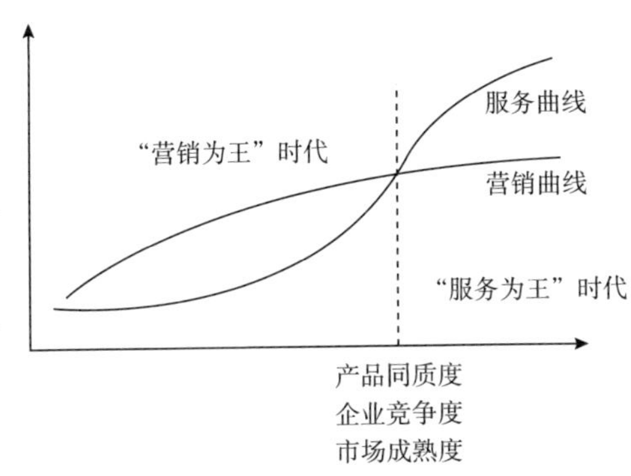

图 3-5 “营销为王”向“服务为王”的转变

这是源自恩格斯的观点，人类的历史就是人类的生产发展史，从人类社会的进化史来看，狩猎经济发展到畜牧经济，是人类的一大进步。那么，从“营销为王”到“服务为王”，也可以说是经济发展的一大进步。

在这种背景下去讲服务学，就会讲得很出彩了。所以，在设计培训课程内容的时候，必须补充相关的背景知识，在一个大环境中来体现主题。就好比一辆红色的轿车，把它放在同样颜色的环境中就不显眼，而如果放在白色汽车群里，一下子就突显出来了。所以，在培训中要有背景知识来突出主题内容。

那么，我们如何来充实课程的内容呢？除了利用培训师本人的知识储备，我们还有许多丰富内容的方式。利用网络就是最快捷的方式，利用关键词，就能搜索到大量的相关内容，收集资料变得易如反掌。不过，网络的缺点是资料不具唯一性、准确性稍差。你可以引用，别人也可以引用，这样造成资料的新鲜度不足，影响了培训师的权威性。所以，培训师可以通过网络找资料，但一定要注意鉴别和甄选，尤其是要提纯和论证，否则一个简单的“搬运工”是没有多大价值的。

专业性相对较强的是相关领域的专著，它是我们设计课程内容时很重要的参考资料。每一个行业都有其经典著作，这是每一个培训师必须看的。譬如讲营销学，如果没有看过科特勒的《营销管理》，那肯定是不行的。所以，作为培训师，应该知道行业的学术制高点和发展趋势。多读大师的专著，可以产生很多灵感，令我们受益终生。

除了网络和专著，我们还可以查看相关的专业性杂志。专业性杂志的信息量很大，比如，对于研究地理的人来讲，《国家地理》一定是不能错过的；研究管理培训的人则应该看《哈佛商业评论》，这是被业界公认的在管理领域具有权威性和前瞻性的刊物。当然，还要结合中国的国情，本土的一些优秀的专业杂志也应该成为我们案头的参考书。只要有为我们课程服务的好内容，我们都应该积累起来。

2. 与学员的水平现状相关

三级大纲规划了学习的范围和广度，内容设置决定学习的深度和力度。培训要求不同，培训的时间不同，学员水平不同，那课堂中的内容安排也不同。比如，在“表达和呈现”的课程中，有一节是关于克服紧张的内容，对于零基础的学员和有一定基础与经验的学员，讲解的内容是不一样的。

这个内容的细分构成为：

紧张是正常的，紧张的AB面，紧张的原因，压力源盘点，克服紧张的N个方法。

其中，加下划线的内容对零基础的学员讲会适得其反；但跟有基础、有经验的学员讲，若只讲头尾，也会造成课程内容的不饱满，显得“空泛”，不能满足学员的求知欲，这就需要加上带下划线的内容。

再比如，在提升团队绩效的课程中，有用到人性化管理的知识，如竞赛管理，对管理经验不多的学员，可以讲讲查理斯·瓦伯的故事，重在诠释竞赛如何影响人的行为，揭示其重要性；但对于有经验的管理者来说，只讲到这个程度就浅了，需要更深一步探讨竞赛管理因何失效，从赛事、赛道、赛程、赛果等方面如何提升竞赛管理的有效性。

学员还分新老学员、男女学员，学员的不同状况决定了内容的深浅、难易、繁简、多少。在某省交通集团的中层管理课程中，除了必要的管理理论，有一位老师还融入了很多传统文化的哲学要素，由于参训者均有多年丰富的实践经验，“术”不缺，渴求“道”，他们对这部分内容的获得感极强，结果两类内容不止接收无碍，反而相得益彰，课后一致反映良好。

五、以结构思维整合内容要点

知识像珍珠，大珠小珠落玉盘，好看但不易获取，只有用逻辑的线串起来，才能够带领学员探索事情的本质和规律，也更能激发学员在找到规律后在不同情况下的创新和运用，做到举一反三。培训不是展示给学员很多点，而是用一条线、一个面、一个体，甚至是多维度，将散乱的点整合成一个结构或者模型，打开思路、激发创新。

以上面谈到的课程“六维领导力”为例：

六个要素如何记忆和理解？用图 3-6 所示的结构，就很容易解决这个问题。

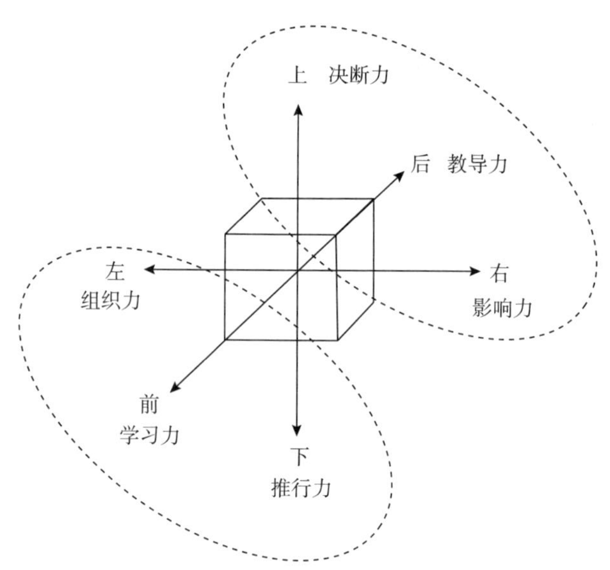

图 3-6　六维领导力的六个要素

企业领导者需要完成三个任务：达成业绩目标，维系组织成长，保持持续发展。

那与上述三个任务相关的能力有：

达成业绩目标需要高瞻远瞩的决断力和令行禁止的推行力，是“思”和“行”的关系。

维系组织成长需要优化资源的组织力和不令而行的影响力，是“刚”与“柔”的关系。

保持持续发展需要先时而变的学习力和带队育人的教导力，是“入”与“出”的关系。

这一思一行、一刚一柔、一入一出就构成了六个维度的能力，是三组应力，也是领导行为的三重能量波。

“思”的能量决定组织高度，“行”的能量决定组织效度；

“刚”的能量决定组织宽度，“柔”的能量决定组织韧度；

“入”的能量决定组织锐度，“出”的能量决定组织厚度。

知识结构化不仅易于记忆知识，而且能帮助学员更深入地理解知识。

六、以学员风格设计课程文件

课件是可视界面，也是课程的触点，整个课程中学员接触最多的除了老师就是课程文件，包括 PPT、案例资料、音频视频、图片、应用工具等。良好的课程文件设计会让学员的学习轻松高效。在现代培训里，大家都是“颜控”，PPT 的设计水平、案例资料的摘要水平、音频视频的剪辑水平和应用工具的熟练水平，这些都影响学员的观感，很多时候学员会从课程文件的水平去推测老师的水平，至少缺乏美感会让课程品质感降低。

市场中依然还有很多老师用纯文字版的课件上课，当然，这不是不可以，但文字会跟老师抢夺学员眼球，如果你讲的内容都用文字，一则缺乏变化，二则学员首先会去阅读文字，注意力就不会集中在老师的讲解中。推荐用图文并茂，以图辅文，或以文辅图的方式设计课件。这里说的图指结构图，不是简单的图片、有的老师用一些图片来组成课件，观感上效果很差。

视频音频也需要精心剪辑，必要时配字幕，否则会在课堂上形成断点，一些不必要的信息也会干扰课堂。

七、以学员试讲改善课程内容

课程是产品，一定要进行客户测试，学员的反应才是对课程最好的检验。一门课程开发出来以后，要进行十次左右的试讲，收集学员反馈，不断改善，在正式讲授之后也要与时俱进，根据变化进行修订。

最好先邀请熟人，这部分的讲解用于串熟内容，消灭“断点”；再邀请专业听众，帮你找毛病，捋出“盲点”；最后邀请目标学员代表进行小范围试讲，测出“兴奋点”。还可以多安排课间问答，用提问来测试和反馈课程内容，精化“提效点”。

八、以短链反馈提效课程开发：及时反馈减少试错成本

关于课程开发有两个方法可以参考：一是戴明博士提出的工作持续改善的闭合循环 P-D-C-A，检查与反馈在第三环节；二是现代组织中产品开发的快速迭代，是指快速前进中不断有小的调整，追求效率和效能并存。

对上述两个方法优化后可以用这样的模式：Pc-Dc-Ac 进行课程开发。将工作的反馈条截短，可增效。一场培训，从建立标准、制订大纲、匹配内容到结构化设计、课件设计、小范围试讲，少则月余，多则数月，如果到试讲环节再去听反馈做调整，前期就

会产生沉没成本，如果在每个环节都及时听取反馈，最终需要调整的就是很小一部分，无须伤筋动骨，一轮反馈下来，基本课程就可以定型了。

现在讲这门课程，我们都会要求学员按表 3–1 进行反馈，尤其是最后一栏，一定要找到这个课程的学员主管签字确认，由此大大提升了课程的有效率，降低了修改的工作量。

表 3–1　课程开发反馈表

课程开发内容	学员主管确认
一、拟开发课程名称	优化后的课程名称
二、适用学员对象及人数	向部门确认
三、关于目标学员的组织标准描述（绩效、素能）	向部门确认
四、关于目标学员的工作现状描述（绩效、素能）	向部门确认
五、学员距离组织需求的差距诊断	向部门确认
六、举一案例说明该差距给组织带来的影响	向部门确认
七、列出该问题的培训解决方案（以思维导图呈现）	课程时间及频次规划
1. 亟须掌握的理念、知识或技能（红色要点）	时间及频次规划
2. 相关的支持性理念、知识或技能（黄色要点）	时间及频次规划
3. 有助于职业发展的理念、知识或技能（绿色要点）	时间及频次规划

第三节　如何制订课程标准

一个项目，要有符合“SMART”原则的标准，即具体的、可实施的、可衡量的、与主目标相关的、有时间限制的。标准越具体达成度越可管理。

尤其在现代企业中，培训是一项投资，投资就要关注回报，企业投入了人、财、物，就要向培训要结果，培训的结果越符合企业要求越成功。

因而，在课程开发开始前就得制订课程的标准，这些标准包括时间、任务、方法和效果。以终为始，只有清晰课程标准，开发中才能精准设计在有限的时间内，讲什么，怎么讲，用什么方法讲等。比如，某企业的企业培训师训练项目，需要达成的效果如下：

用时五天三夜；20 名企业内训师开发 5 门内训课程，分别是“企业文化十二条”“非人力资源的面试技巧”“业务部门的财务管理规范”“从业务精英到管理达人”“安全操作规范”；5 门课程中，每门课至少通过两位企业讲师的评选和认证。

或者，某企业“雄鹰计划”领导力训练营达成的效果如下：

历时一年；三批次共 150 名学员，完成“企业战略制订十部曲”“区域市场开发”“高效团队建设与管理”“公众表达技巧与项目路演”“成本管理”“卓越领导的授权与激励技巧”等课程。

这些标准是怎么形成的?

课程切实可行的标准来自两个主要指标：一是组织需求；二是学员现状。一切的培训需求都来自差距：第一个是员工胜任能力和企业目前运营要求的差距；第二个是人的能力和企业未来发展需求的差距。前一个是培训要解决的“痛点”，为满足企业内部人员成长与训练的需求，是刚需；后一个是培训要解决的“梦点”，为满足企业新市场扩容储备领导人才的需求，是前瞻性的需求。如图 3-7 所示。

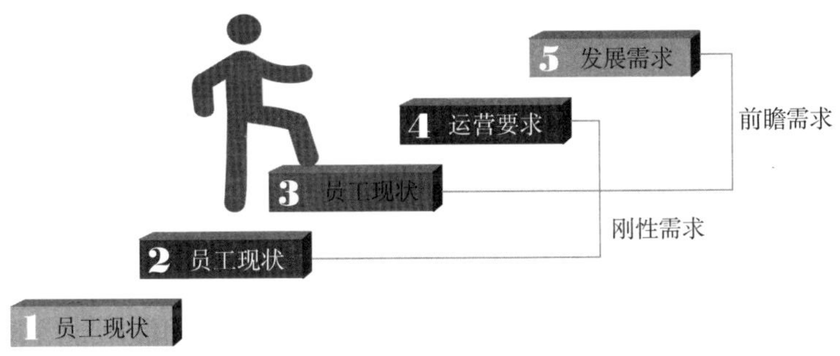

图 3-7　培训课程标准的两个指标

培训的价值就是要消弭这些差距，满足运营要求和发展需求。制订培训的标准和培训课程开发的标准就要从这两点入手：了解企业运营要求和发展需求是什么，了解学员的现状和障碍是什么。

从影响培训效果实施的因素来看，其中很关键的一点就是没有做好企业的培训需求调查。在市场经济条件下，任何新产品的开发，事前都需要进行市场调查，市场调查的结果越真实，对新产品的开发越有利。对于企业的培训也是一样，没有掌握好真正的培训需求，就不能“对症下药”，结果会使培训流于形式，使得本该为企业发展提供动力的培训反而为企业的发展带来不良影响。

培训需求是由培训需求调查和培训需求分析这两个既相互独立又相互联系的过程所组成的，两者存在时间上的先后关系。调查的对象有两个，一个是组织方，一个是学员方。需求分析建立在这两方信息的汇总之上。

培训需求调查有两种逻辑：

正序：组织—任务—人员（前瞻性需求）。

倒序：问题—原因—能力（现实性需求）。

基于现在和未来两个阶段，培训需求的调查分析有三个层次：

战略层次分析：对未来的分析，人力部发起，考虑改变组织优先权的因素。

组织层次分析：找出企业存在的问题并确定是否培训，考察企业目标和对目标发生影响的因素。

员工个人层次分析：个人实际绩效与绩效标准对员工技能要求的差距分析。

其中，战略层次决定学习方向，组织层次决定培训类别，员工个人层次决定具体内容。

一、明确组织需求的三个渠道

了解和明确组织需求可以从三个关键人和路径入手。

1. 组织管理者

通常，公司战略的变化会引发组织员工工作任务的变化，也会对员工的能力提出新的要求，可以从组织战略中找到对于人的显性指标，以及支撑其他指标的有关人的因素的隐性指标。根据企业的总体发展及现有的状况，公司的管理人员可以从公司发展前景的战略角度来看待培训，而不是局限于特定的工作。可以通过积极参与组织战略的制订和分解来把握组织需求。

2. 主管领导的业务要求

从业务角度来看，业务发展中的变化或遇到的问题也需要员工做出调整来应对；用人单位或部门的直接主管领导最清楚员工能力的短板及其对工作的影响，找到关键人进行深度沟通和挖掘，做出从要求到能力的细化和排序，就能较为精准地找出培训的重点。

3. 从 HR 视角来看

人力资源部门是承担员工能力提升和职业晋升的主要责任部门，对员工流入的情况更了解。该部门需要通过培训手段来提升员工能力，以让他们胜任新的工作要求。培训的整个工作是由人力资源部门主持的，而且人力资源部门掌握了大量的有关员工技能、水平的资料，也最清楚每个岗位的要求和变化。人力资源部一般会直接对培训师提出要求，培训师在与他们沟通的过程中，可以深入地互动，听取要求，提出建议，并收集反馈意见，迅速理清培训工作开展的思路。

详细的培训需求调查计划。一般包括以下几个内容：

调查目的：说明为什么要进行这项调查，想要知道的内容，知道以后应当安排什么样的培训内容。

调查项目：根据调查目的，决定所需要获取的资料类型及调查途径。

调查方法：决定调查地点、调查对象、调查样本数及调查方法等。

经费预算：主要包括文印资料费、调查人员的交通费及补贴其他费、调查过程所需要的其他费用等。

进度安排：根据调查过程所要做的各项工作及关系，列出调查进度表，画出调查进度网络图，以便控制培训需求调查的进度。

培训需求分析整理：对调查所得的资料进行归类分析整理，并撰写培训需求调查报告，作为培训计划的附件。

常用的收集组织需求的方法如表 3–2 所示。

表 3–2　常用的收集组织需求的方法表

方法及特点概述	优点	缺点
访谈法：通过访谈关键人获取信息	有利于发现培训需求的具体问题及问题的原因和解决方法；调查对象有更大的自由空间表达自己的意见，互动充分	耗时较多；多为定性资料，整理任务繁重，分析难度大；需要水平较高的访问者，如无法使访谈对象保持轻松和开放，易出现所得信息不准确的情况
集体（小组）讨论法：通过集中需方展开研讨的方式明确需求	允许当场发表不同观点，利于最终形成决策，由于数据分析是（或者可能是）由几个人共同进行的，因此减少了信息的丢失量	费时、费钱；需要调查员成为好的问题分析者或者好的倾听者，否则，在公开场合部分人可能不愿表达自己的观点和看法，尤其是有观点冲突时，需要有良好的协调、总结和引导能力；得到的数据很难合成和分析，特别是在讨论缺少结构性的时候

（续表）

方法及特点概述	优点	缺点
关键时间法：当企业内部或外部发生对员工或客户影响较大的事件时，往往采用这种方法来收集培训需求信息	易于分析和总结，对“痛点”的开放程度较高，可以分清楚是培训需求还是管理需求	时间的发生具有偶然性，易以偏概全

培训需求信息收集方法的使用建议：

第一，以上方法最好混合使用，或者在可以使用两种方法的时候绝不用一种。

第二，各种方法都会对调查对象造成某种程度的控制，因此应当降低方法的控制程度，提高使用各种方法的自由度，允许调查对象就他们认为重要的问题发表意见。如在问卷中除结构化问题外，还可以留出一些自我表述的空间。

第三，做好充分准备。那些得不到真实回应的需求调查工作是毫无用处的，应当清楚在培训需求调查中谁是决策者，培训是有主导方的，决策者的意见在调查中应占较大权重。

二、扫描学员现状的六个方法

学员现状是培训工作的行动起点，对学员现状了解得越清晰，内容和方法匹配越准确；否则，内容不是深了就是浅了，课堂不是太枯燥就是太闹腾。那么，通过哪些方法能准确地了解学员现状呢？推荐以下常用的六个方法。如表 3–3 所示。

表 3-3　扫描学员现状的六个方法

方法概述	优点	缺点
面谈沟通法： 直接找到培训对象，了解他们在工作中的问题和困惑，以此找到差距，有针对性地设计课程	直接获得信息，有利于发现培训需求的具体问题，找到问题的原因和解决方法； 面对面沟通，可为调查对象提供最多的自由表达自己意见的机会	耗时较多； 多为定性资料，整理任务繁重，分析难度大； 对调查者的访谈技巧要求较高
观察法： 通过观察行为和环境获得信息	基本上不妨碍被观察对象的正常工作和集体活动； 所得的资料与实际培训需求之间相关性较高	观察者必须十分熟悉被观察对象所从事的工作程序及工作内容； 观察者主观意见对观察结果影响较大； 在进行观察时，被观察对象由于知道自己被观察而可能故意做出种种假象，这会加大观察结果的误差
问卷法： 通过书面问卷收集信息	可在短时间内收集到大量的反馈信息； 成本较低； 无记名方式可使调查对象畅所欲言； 所得到的信息资料比较规范，容易进行分类汇总处理； 在标准条件下进行，相对较客观	针对性强，无法获得问卷之外的内容； 需要大量的时间和特定的技术，例如，设计技术和统计分析技术； 易造成低回收率，出现夸大性、无关性和不适当的回答等问题； 很难收集到关于问题产生的原因和解决问题的方法方面的准确信息，因为很多人不愿意提供太具体的回答

（续表）

方法概述	优点	缺点
档案资料法： 利用企业现有的有关企业发展、培训记录、职位工作和工作人员的文件资料来综合分析培训需求	耗时少；成本低，便于收集；信息真实度高	不能显示问题的原因和解决办法； 资料所反映的大都是过去的情况而不是现在的情况或变化； 要从技术性很强、繁杂的原始材料中整理出明确的模式和趋势，需要技术熟练的分析专家
测验法： 用一套标准的统计分析量表，对各类人员的技术知识熟练程度、观念、素质等进行评估； 根据评估结果，确定培训需求	可帮助确定一个已知问题是能力低还是态度造成的； 测验结果容易量化和比较	测验项目数量少，则有效程度有限； 测验项目数量多，则费时费力
自我分析法： 通过个人对组织有关信息及岗位所需知识、技能、掌握程度来分析和判断自己的培训需要	容易得到较全面的信息	信息有时缺乏真实性，对自己的分析欠客观，对不能达成的原因归因于客观因素

条件允许的话，以上方法可以组合使用，比如，自我分析法与观察法、问卷法与档案资料法结合等。在两个或两个以上方法结合使用的过程中就会出现自我评价与行为观察不符、答卷情况与资料不符的“背离点”，这些点就是进一步诊断的基础。

在以上调查方法的使用过程中有一个难点，就是面谈技巧，因此面谈前需要做充分的准备。

1. 面谈前了解培训的背景

当需求方向培训师提出："我们领导要求安排这个课程。"那我们首先要问："为什么要做这个培训？想达成什么目标？"从这个背景中，我们可以找到培训需要解决的问题，作为对培训需求诊断和调研的切入点。

有一次，一家企业需要做跨部门沟通的课程，我就问培训主管："为什么要做？"他说："我们领导在大会上特别要求，一定要迅速开展这项培训。"我就问他："为什么这么迫切？是发生什么事了吗？"他就告诉我，在他们企业里，最近设计师离职率特别高，在对设计师进行离职访谈的时候，他们都跟领导吐槽公司环境太恶劣了，设计师们都觉得跟其他部门尤其是生产线上的打样部打交道太难了，送去图纸打样不配合，工作辛苦还经常会被打样部的师傅们骂，工作压力太大，所以纷纷离职。人力资源部把这个情况反映给生产的主管领导，结果打样部的师傅们也是一肚子牢骚，说这些刚毕业的设计师啥也不懂，整天把图纸改来改去，让他们做了很多无用功，而且还说不得，脾气大得很，再这样下去，他们也不干了。领导听了很生气，认为这些年轻设计师的工作方法有问题，打样部的配合度也有问题，所以，想请老师来培训，让设计部懂得如何与其他协作部门进行跨部门沟通。

在这段谈话中，就有如下信息：

这是一个由问题引发的培训需求，这个问题是企业的痛点，已经干扰到企业的正常运营。

问题的相关方是多部门，可能原因有很多，需要做出了解后才能匹配准确的内容。

2. 准备访谈提纲

访谈不同于闲聊，是以了解学员培训需求为目的进行的沟通。所以，我们需要将培训需求细化，针对我们需要了解的内容，事先准备访谈提纲。

根据“以终为始”的理念，我们在准备访谈提纲时，以“问题型鱼骨图”为依据（几个原因，需设计几个问题一一确认），需要考虑以下三个问题：

（1）访谈的目的；

（2）访谈的问题有哪些；

（3）为了达成以上两个目标，需要访谈哪些人员。

以上面的事件为例：

（1）访谈的目的：了解当事学员在沟通方面的问题和困惑。

（2）访谈的问题有：发生了什么？当时的具体情况怎样？你认为的原因是哪些？你用了哪些方法解决问题？效果如何？你觉得怎样才是最好的方式？

（3）为了达成以上两个目标，需要访谈至少两位设计师代表学员，还有他的上司、与之有工作关系的部门领导及人员。

如果只访谈学员本人，我们不可能得到最真实的信息。因为人们大多会有偏高的自我评价。当我们问：“您觉得其他部门好不好打交道？”得到的回答可能是“太难了，他们都不配合我们”，当我们问到其他部门时，可能得到的答案会很多，如“常常不知道他想让我干什么”“我明明按他们给的图纸做，他们总是改来改去，还说我们不配合”……

3. 访谈技巧

访谈中注意运用四个技巧：

（1）多听少说。

访谈的目的是了解学员需求，这需要我们用 80% 的时间去聆听，20% 的时间去解说和提问。

在听的过程中，我们需要不断回应对方，如“哦”“嗯”“真了不起”“是吗”。这些看似没有意义的回应，一方面，让对方清楚地知道我们在听；另一方面，让对方感受到我们对他的尊重。当对方看到我们认真聆听，并在做笔记时，不但感觉到了被尊重，也接收到了鼓励发言的信息。

（2）由浅入深、开放问题与封闭问题并用。

被访谈也是种压力，为消除这种压力带来的“隔阂”，我们可以从轻松的“废话”开始寒暄，如“你是哪里人”“在这个岗位上干多久了”等，先建立亲和关系，再切入我们想要的问题。

开合并用，是指善于运用开放式问题和封闭式问题提问。开放式问题是没有标准答案的，如“当时的具体情况是什么”“你认为部门间沟通不良的原因是什么”。

开放式问题，适合获得更多具体信息时运用。封闭式问题，是让对方做选择题，如“你认为这样的情况干扰到工作了吗”，对方只需要回答“是”或者“不是”就可以了。

封闭式问题，适合做信息确认和转移话题前的结束语，对于某些跑题或喋喋不休的被访谈者，封闭式问题也很有效。

（3）以事实为依据做出客观判断。

访谈中要有同理心，理解对方是一回事，不听一面之词，不以一言下结论是另一回事，因而需要在访谈中剥除情绪的障碍和干扰，多引导访谈对象说事实，即使对方很激动，也请他用事实来佐证他的主观结论。比如："我理解您的心情，但您可以描述一下您为什么这样看吗？可以举个例子吗？"

4. 用交叉信息澄清事实

现场访谈会让我们获得大量的信息。那么，如何去判别真伪，澄清事实呢？

方法一：互相验证。

所谓孤证难立，向同一事件中有关联的两位访谈者询问同一问题后，请第三方验证。

我们访谈互为上下流程的设计部门和生产部门时，都问同样一个问题："您认为设计部反复修改，是什么原因造成的呢？"

设计师说："我们每天都很及时地把资料交给打样部，大领导来了说改，我们就马上改动，而且每一处改动都及时出变更单和图纸了。"

打样师傅说："他们早上送来的图纸，下午就送变更，这样改来改去，我们好多工作都白做了，就不能一次改完吗？"

于是，我们找设计部和打样部的负责人进行沟通，得到的答案是:“从去年以来，女装流行趋势变化很快，以前打样部接到的图纸修改都在5次左右，但从去年到今年初，公司派设计师到国外学习，每次回来，都带来不少前沿时尚信息，设计图纸的改动次数比以前多了很多，而且成立了服研小组，总经理亲自抓设计优化，也常常有新方案，都要及时运用到今年推出的新款服装设计中，设计师到打样部送图纸，常常有临时的修改，导致打样部上午刚做好生产排程，下午就有最新的图纸来了，很混乱。”

分析:

上面的案例中，我们通过“三方会谈”，了解到“打样部接到的图纸被频繁修改，设计师们不堪压力纷纷离职”的原因在于业务单位的工作流程未根据公司业务的变化而做相应变更，影响到了生产单位的正常工作秩序。

一般情况下，互为上下流程的两个部门，都会指出对方的问题。我们先记录下来后，再跟与两个部门都有业务关系的第三方交流，验证哪一方说的是事实。

最好先访谈HR，了解普遍存在的问题，将这些具体问题在访谈中进行交流和记录，让第三方来验证，澄清事实。

方法二：运用STAR问法沟通。

STAR：背景（situation）、任务（task）、行动（action）和结果（result）。

我们对设计师Rain进行访谈，就跨部门沟通问题进行询问。

Rain:“打样的人很难沟通。”

问：“您是否能举例说明在什么情况下（背景）关于什么事情（任务）呢？”

Rain：“就拿上个月的事来说吧，老板从国外回来就开会，说今年的最新流行趋势是新浪漫主义，让我们在今年的新款上加入更多装饰，老板开完会就又带着经理出差了，这不就得改图纸吗？我们加班加点把图纸改好了，送到打样部，接单的马师傅就问我：‘你们设计部怎么搞的？你懂不懂工作流程？没有变更单我凭什么给你改？’”

问：“那您怎么办？结果是？”

Rain：“我说等领导回来，补签变更单给他，他坚持不肯。我只好回部门，去找主管签名。”

分析：

通过上例的对话，我们可以发现并不是打样师傅很难沟通，而是设计师按照领导指示改过图纸后，由于领导出差没法按规定流程做事，让这个变更单没有及时签出，导致不能及时修改设计，而且造成打样部的工作反复。

STAR 原则的运用，使我们将对方要表达的内容，限定在了 STAR 的四个要素中，我们便可以有针对性地了解问题的前因后果，澄清事实。

方法三：剥洋葱法刨根问底。

剥洋葱法，就是通过至少问五个“为什么”，对问题一层层剖析，最终找到真相的方法。

其中，第一个问题是我们要分析的问题；第二个问题是第一个问题的答案；第三个问题是第二个答案的细化……以此类推。

注意：

（1）答案应为事实描述。

每个问题的答案，均为事实描述（含转述他人话语），避免主观定论（比如，小张工作态度差）。

（2）答案应该是人为可以解决的问题。

对问题进行分析的目的是解决或改善，如果最后分析出来的答案是我们不可控的（比如，天气、政府行政命令、金融危机等），则失去了意义。遇到这种情况，我们需要返回前面的步骤，重新思考或了解可能的原因。

接着上面的打样师傅拒绝频繁修改图纸的案例。

问："他为什么拒绝修改呢？"

Rain："他说没有变更单他不改。"

问："为什么没有变更单就不改呢？"

Rain："因为他们的工作量是用变更单来记录的，而且一般每款只核定10次以下的变更。"

问："那为什么没有及时给变更单呢？"

Rain："我们领导出差了。"

问："为什么不能等到领导出差回来呢？"

Rain："新款月底就要推出了，等领导回来就来不及了。"

问："那找别人签字不行吗？"

Rain："这个变更关乎最后的奖金结算，别人没有权力签字。"

分析：

至此，我们就很清楚地知道：对方一开始说的“打样部很难沟通”并不是事实。

事实是，领导没有就临时出差做出签字授权，而流程中又规定没有变更单就不算打样部的工作业绩。

三、诊断能力差距及制订解决方案

找到差距就能对症下药，正视差距才能解决问题。而现实中的差距是系统性的，非单一的，有的通过培训可以解决，但有的只能有赖于组织的系统改善。培训不是万能的，但培训师可以对在调研中发现的差距进行进一步分析，给出的对策一部分在课程里安排针对性内容，另外一部分也可以以建议的方式反馈给组织方。

比如，在上述案例中，在设计部员工与打样部员工冲突的事件中，其沟通能力差距如表 3-4 所示。

表 3-4　两个部门员工的沟通能力差距

部门及岗位	组织需求要点	员工现状要点	培训需求及解决方案要点
设计师（打样师）	1. 技能：设计、出图及变更（按公司定额照图打样） 2. 流程：执行工作流程 3. 协作：主动沟通，良好协作	1. 设计师、打样师基本技能具备 2. 工作流程规范率达 70% 3. 上级支持、同事协作度不足，主动性较低	设计师与打样师参与： A. 强化沟通意识 B. 流程执行 plan B C. 向上沟通及跨部门沟通技巧 对管理者的建议： A. 优化工作流程 B. 改良 KPI 设置

再比如，一直以来，执行力这门课程是很多企业需求的“热点”，企业的执行力是症状，但原因是多层次的，不都出在员工身上，往往调研的结果，员工原因只占40%，忽略了个人执行力的基础——组织系统的设计才是更大的原因。比如，某企业要求为基层员工上执行力课程，主要问题在于业绩指标未能达到预期，但是从对业务部门及部分学员的调研结果中发现，导致问题产生的根源在于企业快速扩张过程中有大量新员工加入，年度大幅上提业绩指标，而区域市场的划分有交叉，区域管理者的设置都是“火线提拔”，把原来的骨干升职后未经任何培训就派往新区域，新领导、新员工，造成了未能达标。可见，根源并不在执行力上，而是缺乏必要的组织架构设计，新领导也有待学习和成长。因此，在执行力培训的基础上，建议增加有高管参与的“组织变革和流程再造”、以区域经理为主的“新征程，新领导”的学习与培养，并采用行动学习，课堂加实践的循环辅导。事实证明，通过几个月的强化培训，销售额稳步上升，员工团队也在增员的同时实现了增能。

四、分析能力差距原因的三个方向

能力差距可能会有很多，但究其根本无外乎三个类别：理念、知识和技能。理念差距是 why 的问题，知识差距是 what 的问题，技能差距是 how 的问题。如图 3-8 所示。

理念是动力问题，现代企业拥有越来越多的知识型员工，只有思想意识到位，执行才能到位；知识是基础问题，很多员工不知道、不了解、不具备相关知识；技能是显性问题，很多员工不会或不能熟练掌握操作技能。

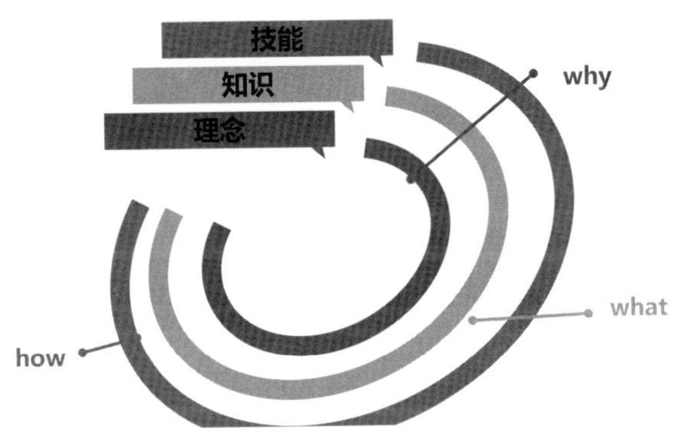

图 3-8　学员能力差距

针对这三项差距也有一个常用的配比，如图 3-9 所示。

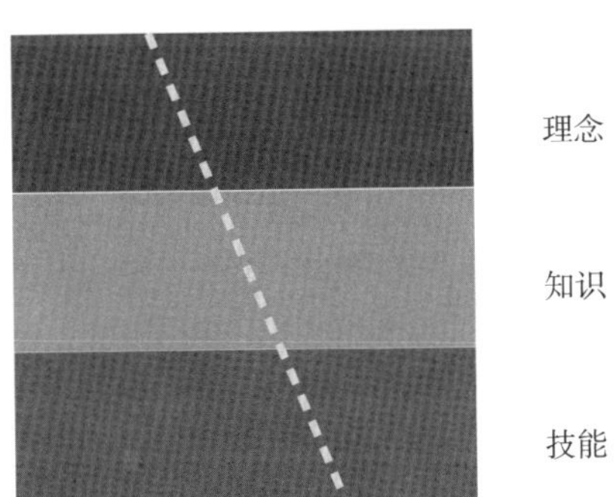

图 3-9　针对差距的常用配比

如果把三项能力加起来算 10 分，一般来说，中高层培训的配比排序为理念 4、知识 4、技能 2；基层员工培训的配比排序为技能 5、知识 3、理念 2。

但也有其他情况，比如，某公交集团有一门基层课程是“安全操作规范”，内容多在训练员工按照规范和流程工作，年年培训，次次考试都达标，但安全事故却居高不下，很多出事故的司机都要被强制去学习班。后来经过调研和访谈，发现他们不是不会做，是安全意识淡漠，因此在第二次的课程开发中，加入了相当比例的安全理念，甚至有超过一半的时间都在讲安全的重要性，结果效果良好，事故率明显下降了。

五、设计解决方案的五步思考

设计解决方案的五步思考：

第一步：找到问题在哪里，关键是怎么办，比如理念有哪些问题，通过什么方式纠偏。

第二步：知识要配置哪些才能满足现实需求？

第三步：技能需要哪几项？技能训练到什么程度能够达成目前工作需求？

第四步：着眼于未来，还需要补充哪些？

第五步：预测和论证方案能否达到预期，具体的步骤和措施能否达到 SMART 标准吗？

以上五步能以数据体现的就用数据，比如课堂测试达成 100% 合格、课后考试达成 90% 过关、工作应用程度达成 90%、安全率提高 30%。无法以数据体现的至少要有形象的成果来描述，比如，管理者普遍可以使用决策工具制订方案，可以独立开展团队建设工作。培训方案也由此产生确定的价值。

以某期企业家培训为例，其解决方案要点为：

课程为期一年，达成如下目标：

（1）熟知六驱模型及六驱间的相互作用关系；

（2）结合自己的企业可运用六驱工具做出诊断；

（3）对标标杆企业，可制订出企业发展年度规划及改善计划；

（4）执行改善计划并达成。

方案要点：

（1）开设训练营讲授企业顶层设计模型，当中设置六个模块及模块的随堂演练，在各模块中挑选学员企业做现场运用示范，保证每人都有演练机会；

（2）每课设课堂测试，学员人人可口述及用图形演示模型和作用线；

（3）结合本企业情况，做出诊断报告并获导师通过；

（4）参观标杆企业，找出十项对标点，对照做出年度改善计划；

（5）计划执行阶段按辅导教练要求循环整改至达标。

第四节　确立课程目标

一、确定课程核心目标

帕累托定律又名二八定律、最省力的法则、不平衡原则等，被广泛应用于社会学及企业管理学等学科之中。19 世纪末 20 世纪初，意大利经济学家帕累托发现了该定律。他认为，在任何一组东西中，最重要的只占其中一小部分，约 20%，其余 80% 尽管是多数，却是次要的，因此又称二八定律。

经过调研后，课程中学员现状与组织期望的差距会有一个长长的清单，数量虽然众多，但不是要全部解决，而是需要做出诊断，要找到在差距中对绩效产生影响的关键差距，这些差距点按迫切度和重要度分为斜纹状、浅灰和深灰，如图 3-10 所示。斜纹状是不解决就会出问题的；浅灰是目前可以维持，但很快会成为下一个障碍的；深灰是基于未来需求的扩展性能力。如果时间短，先解决斜纹状的，如果时间允许就加上浅灰的，时间充裕就再讲讲深灰的。

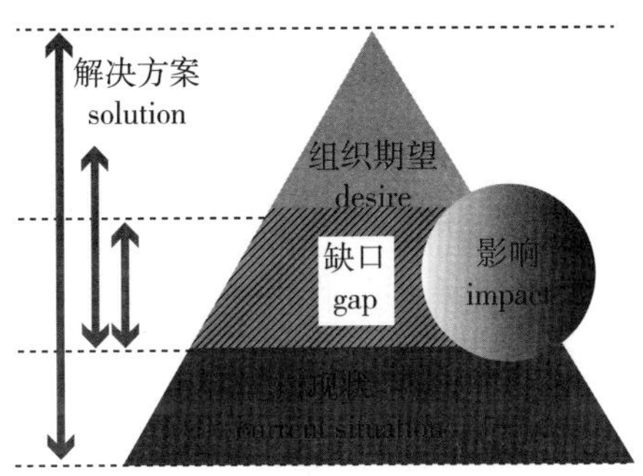

图 3-10　对问题清单的诊断及分类

二、分解目标至逐个技能和工具

课程内容和重点确定后，就需要进行课程内容的分解，将项目分解成任务，再将任务分解成一项项工作，再把一项项工作分配到每个人的日常活动中，直到分解到可以训练的技能为止，即“项目→任务→工作→日常活动”。工作分解结构以可以交付成果为导向，对项目要素进行分组，它归纳和定义了项目的整个工作范围，每下降一层代表对项目工作的更详细定义。WBS（Work Breakdown Structure，工作分解结构）总是处于计划过程的中心，也是制订进度计划、资源需求、成本预算和训练时间等的重要基础。

1. 任务分解的原则

（1）将主体目标逐步细化分解，最底层的日常活动可直接具体到操作技能；

（2）每个技能都需要有达成工具和方法；

（3）具体到教学活动、时间和资金投入。

2. 任务分解的方法

（1）采用树状结构进行分解；

（2）以团队为中心，自上而下与自下而上地充分沟通，一对一个别交流与讨论，分解单项工作。

3. 任务分解的标准

（1）分解后的活动结构清晰，从树根到树叶，一目了然，尽量避免盘根错节；

（2）逻辑上形成一个大的活动，集成了所有的关键因素，包含临时的里程碑和监控点，所有活动全部被定义清楚，要细化到人、时间和资金投入。

在我们日常管理项目时，要学会分解任务，只有将任务分解得足够细，足够明了，才能统筹全局，安排人力和财力资源，把握项目的进度。

三、训练规划及课程时间计划

20% 的重点用 80% 的时间去保障，方能产出理想的培训效果。培训切忌面面俱到，全面是教育的事，针对性解决问题才是培训应该做的，但针对性要兼顾整体性和系统性，时间分配中的不同需要重点训练和习得，还是用图 3–10 说明，用斜纹状、浅灰和深灰来区分。深灰问题是非重点，大约占比 10%，让大家知道有这么回事，做一般了解即可，一句不提也不行，这样会造成认知的偏颇。浅灰问题是次重点，需要讲清楚，课程占比约为 30%；斜纹状问题是课程的重点，需要讲清楚，还需要安排讨论和练习，让大家做明白，这个部分在课程中的占比要达到60%。

比如，我们的重点是训练个人的沟通技巧，其相应内容的时间规划如下：

保证信息准确完整的八项二十四点中的八个态度、倾听技巧、上行沟通、工作汇报等内容要重点讲解并练习，时间规划占比约60%；

四类性格、他人视角、沟通重点四象限等内容是次重点，需要讲清楚，时间规划占比约30%。

组织结构和沟通渠道的优化是非重点的，让大家了解即可，时间占比控制在10%以内。

第五节 结构化思维，图形化呈现

一、结构化思维提升课程品质

培训课堂最重要的是实现学习的效率，课程不只要使学员知其然，还要让其知其所以然，这就需要结构化思维，把内容用逻辑整合起来，不只掌握点，更掌握线和面，甚至可以创出体。关键之一就是我们的课程结构要优化，也就是最好能把所有的内容整合成为一个结构，而这个结构最好能够用图形来呈现，即把你的课程画出来。

一旦能把学习内容画出来，学习就会变得容易多了。

这是因为人类的大脑对图形的感受和对文字的感受是完全不同的，人类最初就是通过图形这种具象的符号来认识、表述事物的，如结绳记事等。如果满满一黑板全是文字表述，人自然会产生一种排斥的心理，学员的接受度就大打折扣了。

结构化思维有两个优势。

1. 整合归纳，利于讲解，便于理解

成人的机械记忆能力趋弱，而逻辑记忆趋强。结构化思维解

决直观记忆难度，有的课程内容多且不乏精彩之处，学员当时听得精彩，但课后记不住、记不全，知识的转移和获取就有了缺失。

有一次，听身边的人指着满大街的宣传标语说记不全“社会主义核心价值观”，出于职业习惯，我就给他这么分析，你看，十二个词表达的是三个层面的意思。

第一组四个词：富强、民主、文明、和谐，说的是国家层面的价值体现；

第二组四个词：自由、平等、公正、法治，说的是社会层面的价值体现；

第三组四个词：爱国、敬业、诚信、友善，说的是公民层面的价值体现。

这样一分解是不是容易多了？后来，再去查资料，中央办公厅印发的《关于培育和践行社会主义核心价值观的意见》中还真是这么解释的。结构化思维加深了对内容的理解，记忆力就提高了。

再比如，《三十六计》不好记吧？曾有人编了一首《三十六计歌》，取每计中的一个字。但效果有些牵强，不好用，所以流传不广。而另外的一个方法，用战争形势来记就容易多了，如图 3-11 所示。

敌众我寡用胜战计；

势均力敌用敌战计；

进攻态势用攻战计；

两军混战用混战计；

相持不下用并战计；

处于劣势用败战计。

这样是不是就好记多了呢？

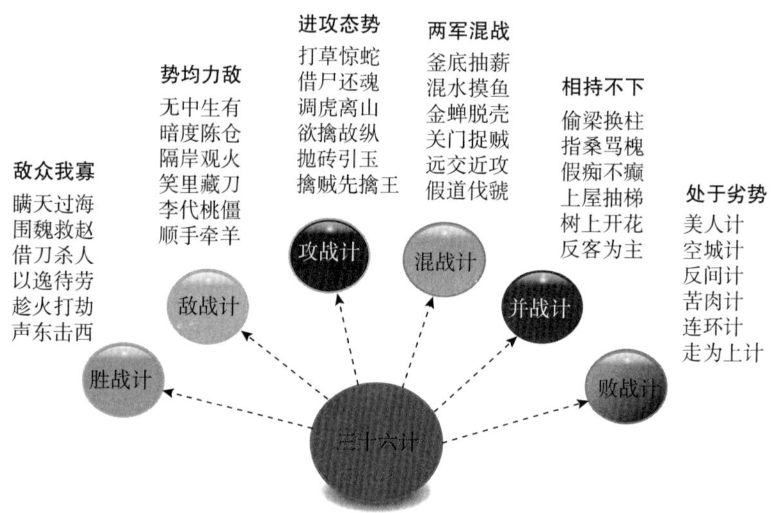

图 3-11 《三十六计》记忆模型图

2. 利于学员更好地思辨

如讲领导力，我们可以借助很多结构化图形。

领导力包含的六项能力是三组能力，把这些能力两两对应起来，用图形表现出来，如图 3-12 所示，我们就会发现其中的逻辑关系了：持续成长靠学习力，多谋善断靠决断力，整合资源靠组织力，培育团队靠教导力，创造绩效靠执行力，凝聚人心靠感召力。这样一种逻辑关系厘清之后，我们就可以对这些能力进行排列了。

排列之后我们会发现，学习力的对角线上是教导力，那它们之间是什么关系？一个输入，一个输出，把装进脑子里的知识再转化为我们的领导能力。领导力自然需要有这种输入和输出的能力。那么，输入的能力与输出的能力也有大小之别。这是一组变化。

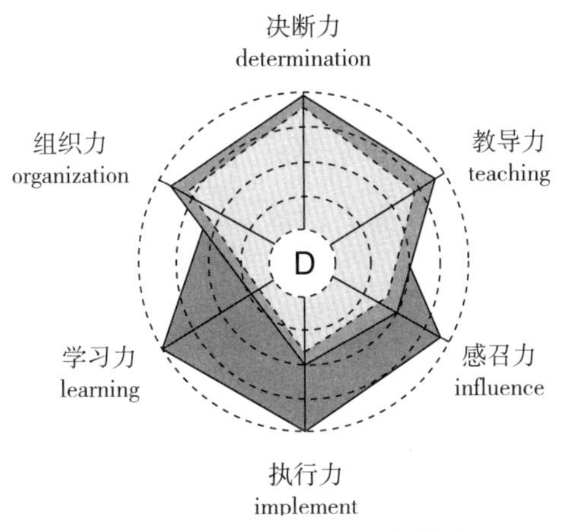

图 3-12　领导力六项能力结构图

第二组是决断力和执行力，一个思考，一个行动。领导仅会思考还不够，还要有很强的执行力。决断力、执行力有强弱之分。

第三组是组织力和感召力，一刚一柔。组织力的刚性和感召力的柔性也有高下之分。

这样的一入一出、一思一行、一刚一柔，如果不画图形，讲起来很抽象，听起来很费劲，不容易懂；而看了图形，再讲解就容易记住了，且一目了然，领悟极快。在课堂测试中，次日学员的记忆度保持在 90% 以上，比未做结构化的信息记忆提升了 60%。

而且，这个结构还可以是一个检测的工具。假定我们把领导力分为三个层次，最里圈的为一般水平，中间圈的为良好水平，最外圈的为优秀水平，然后就可以把每个人的领导力用定量的方法在模型上很清晰地标示出来了。假定我们定义决断力为 3 分，感召力为 3 分，学习力为 3 分，执行力为 3 分，教导力为 3 分，组织力为 5 分。通过给自己打分，我们就会发现自己的缺陷在哪里了。

如果自己的学习力不错，执行力也挺好，但是决断力比较差，那就是企业内部管理存在问题；如果教导力比较差，那就是对培养接班人的问题重视不够；如果组织力较差，说明企业存在机构臃肿、人浮于事的情况；如果感召力差，说明领导的权威性不够，或者是某些领导岗位的设置有问题。

我们通过这个模型图还可以发现什么？按照面积最大为最优的原则，补自己短缺的那些力。如组织力的面积比较大，则说明在这方面做得不错，那就补分值最少的那些力。

这个模型图对企业管理也适用。企业出现的问题，我们也可以用这个工具来分析：假定学习力出问题了，那么这个企业一定是患了营养不良症、厌食症或消化不良症；假如是教导力不行，那就叫作不孕不育症，因为不能够传承后代了；如果是组织力短缺，肯定是骨骼肌肉病；如果感召力不行，则肯定是患了精神病，领导人无法号召下属了。

培训师教给学员的，应该是一种结构化的知识。为什么有的培训课程不精彩？就是因为培训师自身没有将知识真正的消化，内化为自己的东西。自己还没有消化，就给别人讲，别人能够听得进去吗？效果自然可想而知。

二、课程常用的五类结构

事物的发展是有根本规律的，事物间的联系是有逻辑的，认识事物或事理的过程则由浅入深，由具体到抽象，弄清事物间的构成逻辑，如因果、层递、主次、总分等关系，才能帮助学员从实践中抽取和提炼出规律，然后反哺实践。

课件制作的专业性也是评价一个培训师水平高低的重要标准。专业性体现在培训师课件表现的逻辑水平上，是讲一件事，还是讲一类事；是讲一个方法，还是讲一类方法。这里和大家分享一些课程内容的结构方式，这些方式是在培训过程中经常用到的。无论是课程的整体结构还是具体的内容结构，都可以应用。

无论是关注事物发展还是物质运动，培训课程最终会凝聚到几个问题上来：why，what，how。最终是解决 how 的问题，有的解决方案是清晰和显见的，但有的在 how 之前，得先弄明白，what 甚至是 why。这在培训中是三项基本内容，why 要说清为什么，指理由、原因、意义；what 要说清是哪些或者有哪些，指目标、方案、要素；how 要说清怎么办，指步骤、流程、方法。

有两种基本式：以时间顺序构筑知识体系的方式更适合讲 how，以空间关系构筑知识体系的方式更适合讲 why、what。另外还有三种复合式，是时间和空间顺序结构的发展和细化，用以解决培训课程中常常会出现的几类课题：用比较关系构筑知识体系的方式，适合讲两类事物哪里不同；用心智模式构筑知识体系的方式，适合讲有哪些点可以测量，其变化有什么规律；用解析模式构筑知识体系的方式，适合讲两个维度此消彼长的应对方案。

1. 用时间顺序构筑知识体系的方式

这一方式适用于解决以 how 为主线的课程。如果课程是想告诉大家怎么办，通常用时间顺序来构建，解决问题的第一步、第二步……如企业文化的培育，共分四步走，如图 3–13 所示。

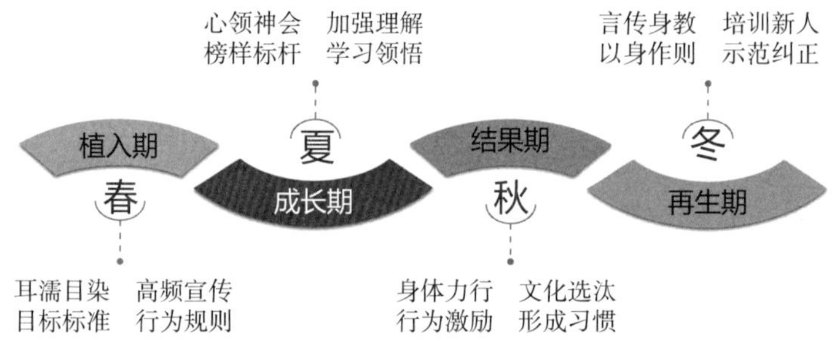

图 3–13　企业文化培育四步走

第一步是植入期，将愿景和使命植入员工脑海；第二步是成长期，让其心领神会加强理解;第三步是结果期，让员工身体力行，并做出选汰，使其形成行为习惯；第四步是再生期，让老员工带新员工，言传身教，以身作则，真正把文化内化成员工的自觉自动行为。这样的步骤以文化培育的时间为顺序递进。第一步没有植入的时候，第二步就无法成长；第二步没有达成的时候，第三步就不会产生行为结果；第三步没有巩固的时候，第四步就无法内化，实现再生。这个过程从时间角度是不可逆的。每一步都是下一步的基础，只有达成才能继续推进。

比如一个时间管理的工作方法，也是时间顺序，先记录，后分析，最后整合，如图 3–14 所示。

以时间顺序构成的内容往往有循环的可能，比如戴明环，如图 3–15 所示。

时间的小循环还可以构成大循环，比如现场工作的持续改善，就是数个循环对工作改善的推进，也是时间顺序，如图 3–16 所示。

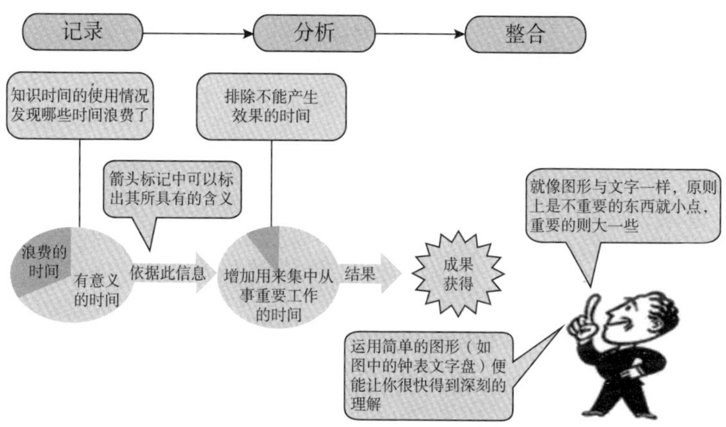

图 3-14 有效利用时间的方法

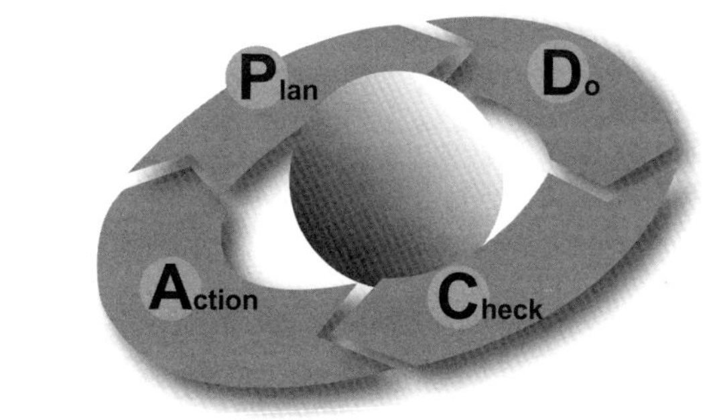

图 3-15 戴明环

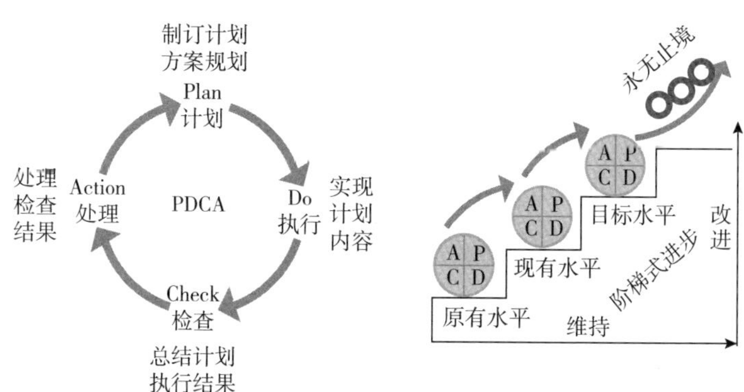

图 3-16 现场工作改善的推进关系

2. 用空间比较关系构筑知识体系的方式

做横向、纵向的对比就属于这种方式。有的管理培训师喜欢通过对中西方企业的对比来讲国内企业应如何洋为中用，很容易让人折服；也有培训师擅长纵向对比，谈古论今，效果同样不错。这就是“不怕不识货，就怕货比货”的道理。所以，课程的内容可以经常用到这样的对比结构，如讲“经理人常犯的错误”这门课，就可以把正确的做法和错误的做法分别列出来，一对照，一目了然。比如，讲解产品对比，具体如表 3-5 所示。

表 3-5 产品对比讲解

理财项目	活期存款	1 年定期存款	银行理财	现金流	货币式基金	国债逆回购
投资金额	无限制	无限制	有金额要求，一般至少 5 万元，收益率越高要求的资金规模越大	首次认购 5 万元起，其后购买金额无限制	一般以 1000 的整数倍购买	1 万元及其整数倍
投资期限	无限制，随时可取	1 年	期限较长，至少 1 个月	交易日均可购买	交易日均可购买	1 ~ 182 天
收益率	0.35%	3.25%	主要分布在 3% ~ 5%	主要分布在 3% ~ 5%，个别时间高达 6% ~ 7%	主要分布在 3% ~ 5%，个别时间高达 6% ~ 7%	主要分布在 3% ~ 5%，个别时间高达 6% ~ 7%

（续表）

理财项目	活期存款	1 年定期存款	银行理财	现金流	货币式基金	国债逆回购
变现能力	可随时支取	提前变现，只能收取活期存款利息	一般不可中途赎回或变现，一般T+0 ~ T+3 日到账	交易日可卖出变现，T+2 日到账	交易日可卖出变现，T+2 日到账	交易日可卖出变现，T+1 日到账

比如，讲解管理角色对比，如表 3-6 所示。

表 3-6　管理角色对比讲解

	常态管理	变革管理
战略方向	维持均衡 产生持续利润	打破均衡 开辟新的利润源
管理手段	人遵从制度 从人治到法治	打破规章制度 不拘成法
素能特征	面临常规性问题 需要经理人素能	面临非常规问题 需要企业家精神

3. 用空间方位构筑知识体系的方式

所谓空间方位，就是通过从上到下、从高到低，或者从左到右的方式来表示我们的知识体系。比方说，我们经常用的矩阵图方式，就是两维空间。金字塔也是我们常用的结构，比如前面我们讲的“经理人常犯的错误”，同样可以用金字塔结构来反映。其层级结构是比较明显的以空间方位构筑知识体系的形式，这种方式在做培训咨询的时候经常用到。

比如，高绩效团队的五个要素，关系和变化、空间构成，以及各要素间的关系，具体如图 3–17 所示。

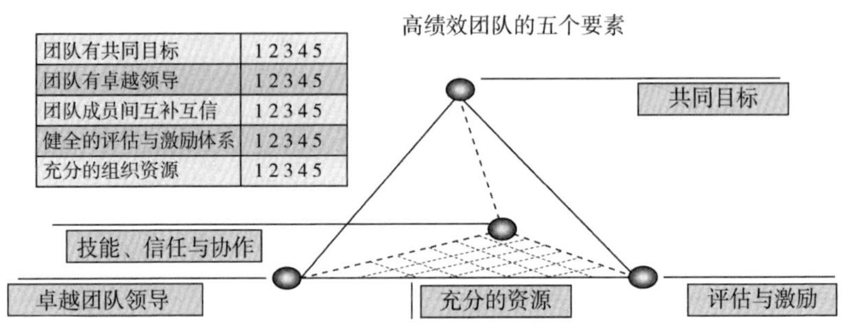

图 3–17　高绩效团队的五个要素

是否成为高绩效团队：一看是否能获得充分的资源，以及组织内部尤其是领导的支持；二看领导是否能凝聚人心，众望所归；三看团队成员能力构成是否是达成业绩必需的，而且相互间是否构成了以信任为基础的密切协作；四看游戏规则是不是利于激发创造性；五看整个团队是不是有清晰和共同的目标，是不是所有人都认同的，而非强加的。这五个要素决定了绩效高低，从空间的角度是，目标引领、资源底盘是制约要素，团队协作、领导能力、规则活性是三个变量要素。

比如，分析秦崛起的五大要素有两个层次：

其一，一个核心要素是战略选择，秦与六国间的形势是“六国卑秦，不与之盟”，于是秦就有了奋起的需求。要达成秦的崛起和强大，秦孝公问计于商鞅，商鞅给出三条道路：帝道、王道、霸道。所谓帝道，是用文化、用恩信达成天下归心；王道是以公正德智达成天下大治；霸道是以谋略武力达成天下一统。孝公选择霸道。于是，在这个指导思想下，商鞅从徙木为信拉开大秦帝国崛起的序幕。

其二,四项执行要素：秦惠文王的霸道之路由四个领域的改革构成，最终达成“富国强兵、秦灭六国”的目标，其中，战略选择是核心，四项执行要素中，文化和政治是软实力，军事和经济是硬实力，用一张空序图就讲得清清楚楚，如图 3-18 所示。

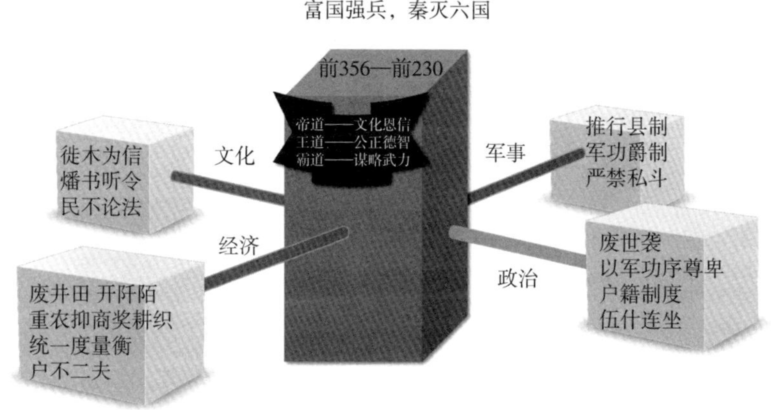

图 3-18　秦国崛起的五项执行要素

4. 用心智模式构筑知识体系的方式

所谓心智模式，更多的是一种逻辑思维的表达方式，这是比较前沿的一种表达方式。用心智模式构筑知识体系最具代表性的就是思维导图形式，如图 3-19、图 3-20 所示。

思维导图，又称心智图（mind map）。英国著名心理学家托尼·博赞（Tony Buzan）在研究人的大脑的力量和潜能的过程中，发现伟大的艺术家达·芬奇曾在他的笔记中使用了许多图画、代号和连线。于是，他隐约感到这可能正是达·芬奇拥有超级头脑的秘密所在。在此基础上，博赞苦心钻研，于 20 世纪 60 年代发明了思维导图这一风靡世界的思维工具。

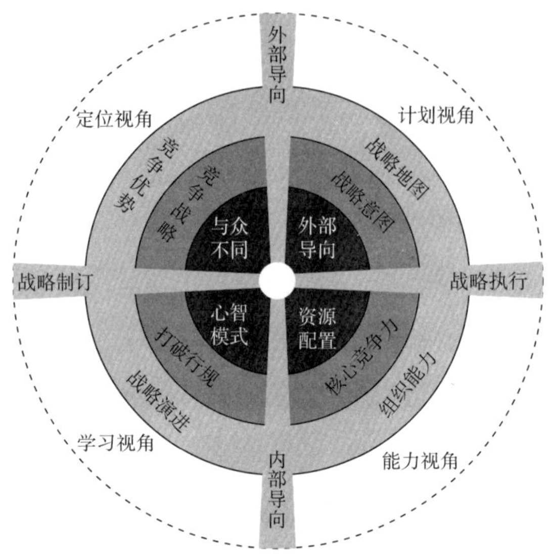

图 3-19　思维导图之领导力模型

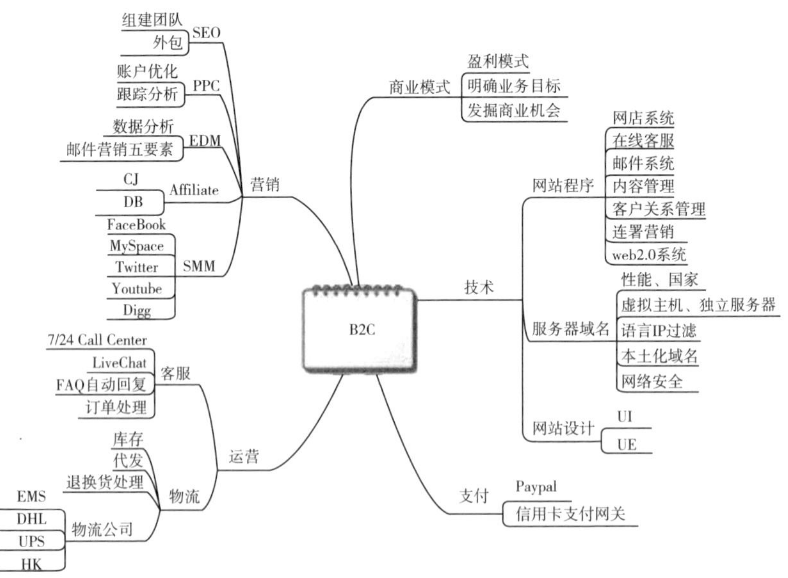

图 3-20　传统思维导图

思维导图就是一幅幅帮助你了解并掌握大脑工作原理的使用说明书，它有许多独特的功能：能够让使用者具有超强的记忆能力，能够增强使用者的立体思维能力（包括思维的层次性与联想性），能够增强使用者的总体规划能力。图 3-19 讲的领导力模型其实就是思维导图的一个变形，只不过它用传统的雷达图形式呈现出来了。

5. 用解析模式构筑知识体系的方式

这种方式适合讲两个维度此消彼长的应对方案。比如，新经济下的领导风格，只看到员工状态的因素，领导风格有授权、激励、培训和协商等，没有考虑组织外部环境变化的因素，适用于常规发展期，而不是现代尤其是国内企业面临的实际状况。

而图 3-21 兼顾了情境领导中员工不同状态的因素和组织外部环境的变化因素，在两个因素共同影响下，领导呈现的风格：企业常规期，内部员工的一致性高，则领导风格为无为；员工的一致性不高，则领导风格为协商。企业在变革期，承受较大的外部竞争压力，内部员工的一致性高，领导风格不可为无为，而是要提供各种支持，激发员工活力，以寻求突破；而此时如果内部员工纷争不[illegible]，那领导人不妨集权，用强势的工作作风保证组织的效率。比如，郭士纳上任后的八点训话，开除官僚、直接沟通、取消委员会决策制及不准用技术语言汇报工作等，都体现了集权带来的高效。这样一分析，领导人该在什么情况下展现何种领导风格，一目了然。

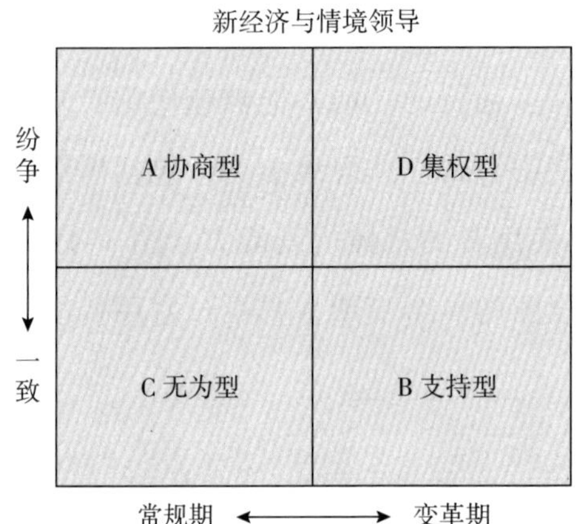

图 3-21　新经济与情境领导示意图

再比如，波士顿矩阵用于企业战略选择，也是一图明了，对策清晰，方法具体。如图 3-22 所示。

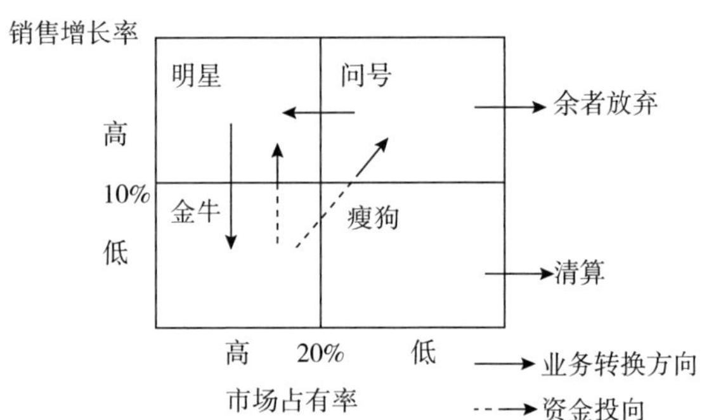

图 3-22　波士顿矩阵之企业战略选择

绘制四象限图：以 10% 的销售增长率和 20% 的市场占有率为高低标准分界线，将坐标图划分为四个象限。然后把企业的全部产品按其销售增长率和市场占有率的大小，在坐标图上标出其相应位置（圆心）。定位后，按每种产品当年销售额的多少，绘成面积不等区域，按顺序标上不同的代号以示区别。定位的结果即将产品划分为四种类型。

波士顿矩阵对于企业产品所处的四个象限具有不同的定义和相应的战略对策。

（1）明星产品（stars）。高销售增长率、高市场占有率象限内的产品群需要加大投资以支持其迅速发展。积极扩大经济规模和增加市场机会，以长远利益为目标，提高市场占有率，加强竞争力。

（2）金牛产品（cash cow）。处于低销售增长率、高市场占有率象限内的产品群，已进入成熟期。其财务特点是销售量大且回报稳定，可以为企业提供资金，由于销售增长率低，也无须扩大投资。它是明星产品投资的后盾。

（3）问号产品（question marks），也叫儿童期产品。它是处于高销售增长率、低市场占有率象限内的产品群。市场机会大，前景好，但在市场营销上存在问题，应采取选择性投资战略。

（4）瘦狗产品（dogs），也称销售衰退类产品。低销售增长率、低市场占有率象限内的产品群。其财务特点是利润率低、处于保本或亏损状态，负债比率高，无法为企业带来收益。对这类产品应采用撤退战略。

如果掌握了构筑知识体系的五种方式，既有时间的顺序，又有空间的对应，再设计一个课程，把知识体系模型化，我们就能事半功倍。

日本一个管理学家写了一本书叫《图解德鲁克》，当他把彼得·德鲁克的理论都画成图来表示的时候，发现问题了。于是，他和德鲁克交流，认为德鲁克的体系里面还应该加上这一条、那一条等。德鲁克问他是怎么发现的，他说自己是通过画图发现的。

尽管德鲁克是管理大师，但别人用结构化图形一检测，大师也会有疏漏之处。

利用结构化思维进行图形化呈现的过程，其实就是思维科学化的过程。所以，我们的培训课程内容要做到专业化，就一定要学会画图。如果一个培训师不能把自己所讲的理论和方法用图的形式画出来，说明他的能力还不全面，还没有真正理解课程内容的内在逻辑关系。把文字化的内容用形象化的图形表现出来，是培训师提高自身水平必须练的功夫。

第六节　制订一份好的培训计划

对于职业培训师来说，给自己的课程设计一份有说服力的计划书是十分重要的。毕竟，在竞争激烈的市场环境中，“吆喝”自己的优势和长处是使自己脱颖而出的重要手段，一门优秀的课程有一份独特的具有说服力的课程计划书，无疑是让客户更好地了解培训师水平和课程内容的良好途径。

如何撰写令人信服的计划书呢？方法其实很简单，走到客户中，仔细倾听他们的意见，梳理出其中最重要的部分，然后有针对性地去做计划书，以满足客户的需求作为我们做计划书的目的。用客户听得懂的语言去描述我们的计划书是获得客户信任的基础。在实践中，一些培训师往往自以为是，似乎文字越深奥、越玄妙，培训师越显得有水平，结果客户看不懂，效果适得其反，计划书最终失败。

不要把计划书搞得神乎其神，其实计划书就是一份陈述文件，说明谁会在什么时候做什么工作，做到什么程度。所以，在撰写计划书的时候我们要遵循下列步骤：

第一，在制订计划书之前，先要大量收集客户信息，保证自己对客户有足够的了解。

第二，列出一份提纲，方便客户对此有更清楚、直观的了解。培训计划书的提纲，一般包括以下内容：目的、现实情况、建议培训的内容、时间安排、要达到的目标、评估学员的收获、培训师的资历，以及完成该培训计划需要的投资。当然，每个培训师的情况不同，最好是根据自己的情况来设计一份提纲，这样针对性更强。

第三，计划书的内容要以客户的需求为出发点，语言简明准确，概括性强。

第四，仔细检查拟好的计划书，看看里面是否有表述和理解上的错误及错别字等。计划书的打印用纸要用高质量的，必要的附件一并附上，然后设计好独特的封面和文件夹，最后请专人递送。

一份完整的计划书样式如下：

封面。包括计划书的名称：××公司培训计划书，制订日期，培训师所在的公司名称和联系方式。

目的。开篇即陈述培训的目的，如根据××（公司）人力资源部经理（职务）张三（名字）的要求，本公司提交本培训计划书。它包含一份目前情况分析、一份建议实施培训的计划、一份时间表和预计投资额。然后，继续写出培训师对此目的的陈述。

现实情况。培训师可以把受训对象目前存在的问题、当前的需求、未来的预期或者其他自己认为有必要告知的信息写在这个部分里，并做出适当的分析。

建议培训的内容。在这个部分，培训师要详细阐述自己准备如何解决公司的问题，提供一个什么样的问题解决方案，指出培训计划有什么特别之处。为了使客户能够更直观清楚地理解这部分内容，培训师还可以把它再分为若干个小部分，分别加以说明。例如，信息收集、设计、内容、实施、评估，以及后续措施等。

时间安排。制订一个明确的时间表，列一个表格，把时间写在左边，把要完成的任务写在右边。

要达到的目标。要明白无误地告诉客户培训要达到的目标，列出一、二、三条，不要模棱两可。

评估学员的收获。采取什么样的方式来考核学员的学习效果，是定量的，还是定性的，或两者兼而有之？具体的方法是什么？培训结束之后的后续行动还有哪些等都要告知客户。

专业素质。这部分内容在计划书里也是必不可少的，培训师可以用自认为最能概括自己的一段话来阐述，只要能够达到使别人觉得自己的解决方案效果独一无二即可。可以附上培训师的小传，尤其是自己曾经服务过的、在业内有影响的重点客户名单及其赞语，以提升自己的专业形象。

投资和责任。这里要使用的词汇是“投资”，而不是“价格”或者“成本”，这能够帮助你的客户把你的计划书真正看成对他们有利的东西，让他们确信这是一种人力资源投资，而且投资一定会有回报，从而愿意主动出钱。责任部分可以包括培训师将提供的课程和服务，以及将要做的工作，如访问、面谈等。

结尾。可以写上“本计划的投资总额将为 ×× 元”“本计划书中的条款有效期截止到 × 年 × 月 × 日”。

附件。附件是对计划书的附加详细说明，它的目的是进一步说明计划书的可行性和可靠性。附件中可以包括以下内容：

项目工作人员的基本情况、本公司简介、相关清单和有关材料等。

最后在电脑上做好备份，调整版式，就可以打印出一份内容完整、外观漂亮的培训计划书了。

第七节　撰写学员手册

无论在后台做了多少工作，但从学员的视角看，他能够获得的主要材料就是一本学员手册，这本发给他的资料将贯穿整个学习过程，因而，学员手册是培训师与学员保持互动和合作的界面。

学员手册的撰写包括：

（1）前言。

写给学员的一段话。前言是学习理念的沟通与宣贯，在学习之初，学员以怎样的学习状态进入课堂，将会影响其学习效果，而且在学习之前对本次学习的理念有认同，就会有依从，然后才会有内化。

比如，美国管理协会的培训前言：

亲爱的__________学员：

您好，欢迎您加入____________________课堂，我们衷心希望，在这里，您能以最开放的心态和最饱满的情绪投入学习。

成人的学习有三种状态。第一种状态叫 learn，即吸收新鲜事物。第二种状态叫 relearn，就是“温故而知新”，用西方分析语言表述，这包括“重新对信息分类，重新评估信息的真实性，从具体移到抽象再移回具体，从全新的角度看问题”。第三种状态叫unlearn，是说把经验暂时放下，把自己完全放空，这样才能充分进入 learn 和 relearn 的状态，这样对成人学习最有帮助。

希望在接下来的学习过程中，我们一起 unlearn，relearn，learn！

预祝您学习愉快!

您的终生学习伙伴 AMA（American Management Association，美国管理协会）

理念可以有差异，比如有的课程前言中与上面的表述不同。对于成人学习，有的表述是这样的：

学习追求成果，成人学习尤重效率，那如何让我们在有限的时间内取得最好的学习效果，不外乎三个要点：

动起来，学习的有效方式是双轮制，老师代表外因，大家强烈学习的意愿才是内因，只有双轮齐动，才能一起撬动问题。

空出来，大家都知道空杯心态，就是学习先清空自己，但本次课程建议，要清理，但别清空，需要把你的问题和思考留下，把自己固有的思维模式和解决问题的习惯先清走，在这个课堂上带着想解决的问题与老师、同学一起碰撞，产生新的方法与智慧是我们共同追求的成果。

用下去，学习不是为了简单的知识转移，应用和创新才是终极目的，所以在课程中，希望大家保持“脑洞大开”，用辩证和创新的思维去接纳、理解他人的经验和实践，不断探索，大胆质疑，小心求证，获取的同时开辟新路，创新用成果背书。

（2）共同约定。

课堂的效率必有纪律的保障，对纪律遵守于否的奖赏和惩罚要事先承诺，比如预见可能出现的以下情况。

听课纪律的问题：迟到、早退、走动、手机铃声响、接打电话等。

完成课堂任务的问题：案例和资料是否预习、小组讨论及质量、作业完成与质量。

课后测试的问题：能否通过测试并达标。

以上问题均可以在这个部分中予以约定，并可以要求大家课前再仔细阅读后签字确认，方便对课堂进行统一管理。

（3）课程大纲。

一份清晰明确的大纲是学员的学习路径及地图，能从大纲中清晰地了解到本次学习的全部计划，大纲的逻辑编排方便学员做到心中有数，也鼓励学员浏览全貌，了解各模块之间的联系，并在自己最想学习的部分加以标记。

（4）时间计划。

有的学习长达一周或者更多，明确的时间安排，方便学员安排学习节奏。

（5）内容。

有的教材内容与培训师在课堂中呈现的完全一致，但我认为与培训师版教材有差异的学员版教材的学习效果更好。

①关键词应留空。比如教师版中是这样的：

科斯定律：企业为什么要成为企业？是为了交易成本最小化，否则就没有必要组成企业。

德鲁克：所有负责行动和决策而又有助于提高机构工作效能的人，才可称为管理者。

加下划线的部分是要重点讲解的，学员版是这样的：

科斯定律：企业为什么要成为企业？是为了______________，否则就没有必要组成企业。

德鲁克：所有负责__________而又有助于提高__________工作效能的人，才可称为管理者。

应留空让学员填写，一方面加深印象，另一方面避免走神。

②容易出错的地方应留空。比如教师版是这样的：

企业培训的目的是提升组织绩效，这也是衡量培训价值的最重要标准。

学员版是这样的：

企业培训的目的是提升____________，这也是衡量培训价值的最重要标准。

这些关键词和易出错的地方就是“敲黑板、划重点”的“课眼”，以②为例，我们曾用这个空白做过数百场测试，大家的回答五花八门，但最终都不能聚焦到提升组织绩效上来，这说明大家对企业培训的目标认知有偏差，不能与组织需求保持高度一致，此时培训师的工作就有可能陷入“领导不支持、学员不积极”的被动境地。

（6）考题。

测试卷与提纲和重点呼应，内容中重点、相关点、扩展点的分数比为 7∶2∶1。

课后试题撰写要点：

①必知必会用单选；

②常有混淆用多选；

③认知易错用判断；

④考察多点用简答；

⑤综合运用用论述。

（7）公共答疑。

同一门课程往往有相似的问题，在课堂时间不足以覆盖和未留出足够时间答疑的情况下，可以汇编以往学员的问题，留给学员课后阅读。

（8）联系方式。

要求学员留下线下联络方式，比如邮箱、微信、公众号，方便收集问题，解决疑惑。当然最好要求学员以案例呈现，在情境中探讨，并请学员分享他的处理方法和经验，以达到教学相长的效果。

第四章

妙用亮点，精彩纷呈

设计的课程如果没有经过结构化的梳理，基本上就是信息的堆积，杂乱无章，不易于学员获取。只有将知识体系化、结构化，才能明晰课程的内在逻辑。然后添加相应的内容，这样才会有血有肉、精彩纷呈。

在梳理的过程中，我们还需要注意一个问题，那就是对课程亮点的设计。对课程亮点的设计犹如画龙点睛，龙要画得活灵活现，关键在于点睛之笔。许多培训师的课程之所以不够精彩，就是因为他们画的是一条瞎龙，看上去是一条龙，但却是一条“死龙”。为什么？课程没有亮点设计，抓不住听众的兴趣点，激发不了听众的兴奋点，无法与听众产生共鸣。

以前我和一位知名大学的教授交流，他告诉我他有一个苦恼，就是培训课程总是讲得比较平淡，学员兴奋度不高，有的还犯困。我一听就明白是怎么回事。作为知名大学的教授，按道理说，功力应该很深厚吧？但他属于学院派，有这么一个缺点：课程内容很好，但对课程亮点的设计不够。看完他的课件，也确实是这样，于是我们对他的原课件进行了升级完善。他再去讲的时候，就相当出彩了。

课程的亮点体现在能够让学员“耳目一新”上，亮点有如神奇的魔杖，让学员有被“叮”到的感觉，这种感觉都是因为满足了人的“脑欲”，人的大脑对“新鲜”“出奇”“独特”有偏好。知识的“新”、思维的“奇”和方式的“特”，这些都可以让课程大放异彩。

第一节　新知元素——满足学员对新知的探求

人是喜“新”厌“旧”的，任何一件“新”事物，对我们每个人都会产生极强的吸引力，尤其是新知识，可以满足学员的探求欲望。那是否意味着课堂应该一味求“新”？答案是未必，克里斯坦森的创新理论中的“新”就包括两类:破坏性的和维持性的。破坏性的“新”往往是伴随着革命性的、技术的；维持性的“新”是能够在现有条件下的小改善小进步，是获得利益的最有保障的途径。

培训课堂是建立在旧有认知的基础上，融合新知识的过程，因此要特别注意“新”的尺度：哪些“新”适合在课堂上设计为亮点元素，为课程增色；哪些“新”只是看上去很美，但却不适合放在一般的培训课程中。

大部分培训工作的主要任务是让学员习得新知识且将它们运用到工作中产生绩效，少量培训是研究分享和探索性质的。

因为缺乏实践验证，完全的破坏性和颠覆性的“新”，并不是培训课堂的主流。比如，有位培训师开发了一门课程是“无线通信设备的降耗设计”，当中有一项主要内容是国外在这个领域中全新的理论和技术，以及自己在一些项目上的实验，但在国内未加验证和没有足够的实践，也缺乏国外公司运用这项技术的环境参数，只是看上去“高大上”，就不太适合在以普及和复制为目标的初级员工培训课堂中讲授，较适合在小范围内对技术高手进行探索性质的分享。

而维持性的“新”则更有可操作性，比如同一门课程中还有一部分内容是培训师自己的降耗降噪设计创新经验，在企业中已取得良好的实践和成果。这个内容可以让学员听了就会，拿来就用，用了就有成果，就比前者更适合作为课程当中的亮点元素。前者最多可设置为拓展部分引导学员了解即可。

理论和技术的更新周期较长，而事例、数据、技能的更新周期较短，因而，新理论谨慎，新事例、新数据、新技能可以常变常新。所以，培训课堂之“新”多为“维持性”的改良性质之“新”，可以不断更替论据中的新事例、新数据。

培训是成人的集中学习模式，在有限的时间内能充分吸引学员、引发学员的兴趣和关注，如何体现“新”？

一、“新”从何来

1. 讲点大家不太知道的

用新鲜感带来兴趣，帮助学员触类旁通。培训师可能经常会遇到这样的情况，当给企业家们讲课的时候，有的人就会质疑：你懂这行吗？你懂造纸业吗？你懂化工业吗？你懂钢铁业吗？我们很可能确实不懂。因为被培训者是该领域的行家，而我们是外行。在这种情况下，我们如何打消学员的疑虑？通常，可以遵循专业技术问题隔行如隔山、管理问题隔行不隔理的道理，用学员最熟悉却又不知道的新事例来说服和吸引他们。

比方说，我们同企业家交流，问他："你熟悉自己的身体吗？"他肯定认为这个问题是"小儿科"，谁不熟悉自己的身体？但是如果我们进一步问："你是用几个鼻孔出气？"企业家可能一下子就回答不上来了。

这就是一个新事例。如果自以为是地回答两个鼻孔出气，那就错了。因为人是用一个鼻孔出气的，出气时是两个鼻孔相互交替使用的。每个人天天都在用自己的鼻子，但了解它吗？不了解。老板天天都在自己的工厂里走动，却可能并不了解工厂到底有几个消火栓。尽管是很熟悉的东西，却并非有深入的了解。所以，有新事例，培训师拿来用就有好效果。对于学员来说，既熟悉又新鲜，自然就具有吸引力。培训师把别人不知道的事情给说清楚了，就是行家，就对他人有说服力。

还可以用数据。数据在很多时候是最有说服力的，陈述事实用数据说话，往往能把描述讲至"有肌理感"。成人学员对数据是很有兴趣的，那些真实的细节有数据支撑，会起到四两拨千斤的作用。所以，培训师讲课时要学会将数据灵活运用。

如果一门课程讲十年案例不换，再好吃也会腻味。如果理论没有什么新的变化，就不妨时常收集点新的事例和数据，用新论据论述老观点，保持课堂的新鲜感。

2. 讲点跨界应用的

知识的"新"是相对的，在一个领域已然是常识的知识，用到另一个领域就可能是新的“见识”，比如心理学家们经过几十年的定量研究，探索了内在动机的基础。统计的数据解释了这样一个现象：为什么人们以极大的热情追求特定目标，即使是在缺乏外部奖励的情况下（金钱和夸奖）？奇克森特米哈伊在 1978 年、1997 年、2000 年各阶段考察了这个问题，以理解“即时体验的动态过程，以及在何种条件下产生最佳体验”。他用经验抽样法测量，绘制出“流畅感”的模型，如图 4-1 所示。

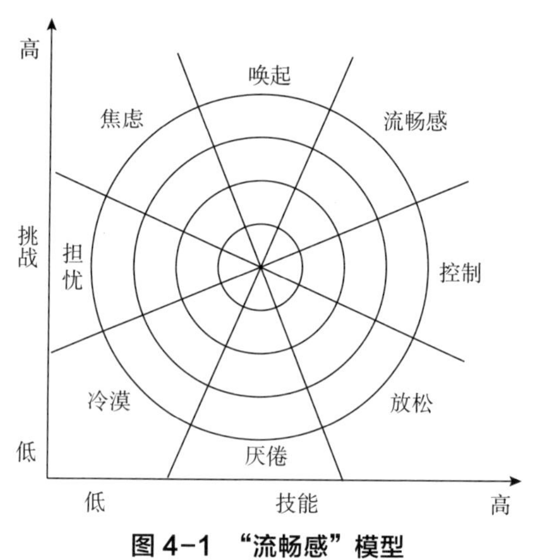

图 4-1 “流畅感”模型

这个理论在心理学界不算新鲜，但如果把它应用到团队管理和激励技巧中，就显得“新鲜热辣”。比如，人在“流畅感”状态下基本上就是“无须扬鞭自奋蹄”，缺乏外部奖励的情况下也能够做得很好，其表现为：

将注意力高度集中于当下正在做的事情，行动和觉知融合——全神贯注；

失去反思性自我意识（也就是失去对自己作为社会行动者的觉

知）——废寝忘食；

感觉自己能够控制和应付当下的与接下来的情况及行动——应对自如；

时间体验的扭曲（典型的感觉是时间比正常情况过得快）——乐在其中；

对活动的体验具有内在奖励作用，以至于常常借口说“过程就是最终目标”——自我激励。

能达到流畅感的员工状态不就是团队管理中所追求的吗？关键是如何实现和达成，在心理学中也有量化的研究成果：

- 现有个人技能与挑战形成拮抗平衡，即相对均衡状态；
- 那些“自带目的性人格”的人在人群中更易出现。

因而，应用在管理和激励中就有如下对策：

- 挑选对工作专注的和自我价值感高的人；
- 让员工从事适合自己特长的工作；
- 技能缺乏时或挑战过大时提供学习的机会；
- 挑战缺乏时及时加载工作量和难度；
- 营造适度的竞争环境；
- 增加工作乐趣；
- 及时评价和反馈；
- 做个人发展规划并关注个体成长状态。

对培训师而言，实践经验丰富，再使用这个相对于管理领域比较新的心理学模型，培训师在课堂中就可以据此创造出更多、更新、更贴合管理实践的新方法。

3. 讲点不同角度的

应以不同角度运用理论。比如，著名经济学家西奥多·莱维特（Theodore Levitt）曾经喜欢告诫学生："人们不想买一个四分之一英寸的钻孔机，而是想要一个四分之一英寸的钻孔。"该言论被广泛引用，但克里斯坦森认为该言论并未涵盖客户的全部需求，人们除了倾向于根据钻孔机的"特色和功能"来衡量过去的性能并设定未来的基准的功能需求，还有对体验的需求，即试图获得正确钻孔的经历。

这同样可以解释，同是交通工具，除了便捷到达的功能，还要有安全的、舒适的、奢华的、个性的、科技感的、未来感的驾乘体验。这就构成了众多汽车品牌的群星谱。受这样新角度的影响，同样是食品，解"饿"是功能性的，解"馋"则是体验性的；同样是婚纱摄影，留存影像是功能性的，"造一个王子公主从此幸福地生活在一起的梦"则是体验性的。

比如大家都知道，世界是平的，但有新的观点"未来是湿的"。克莱·舍基认为现在我们已经进入一个由数字社会创造的"湿世界"。借由湿件和网络技术所聚合的力量，蓬勃发展。湿件是储存于人脑之中、无法与拥有它的人分离的知识，包括情感、能力、才干和信念等。未来社会的组织方式将突破干巴巴的社会关系，而变成湿乎乎的人人时代，即人与人要靠社会软件连接，人与人之间可以凭借一种微妙的关系，相互吸引、相互组合、相互分享、协同合作。

过去从未过去，但未来已经来临，培训师的"新"若体现在解读事物角度的“新”上，课堂即可常新。

二、新旧搭配，事半功倍

课堂有“新”固然吸引，但忌全新，即新理论、新事例。习得性最好的内容是新旧搭配，在旧上延展新的结论，新的知识用既有事例印证。

1. 老树新芽——老案例的新解读

比如，有一个大家都耳熟能详的故事——“空城计”。司马懿数十万大军围西城，诸葛亮沉着应对空城计，颂扬的是智慧的化身诸葛亮，嘲讽的是多疑的司马懿。这是传统的解读。

司马昭主张攻打，司马懿却当众斥责他年轻莽撞、少不更事，对手诸葛亮一生谨慎，也敢四门洞开，必定有诈。为什么对着一座空城，城下的司马懿却没有看到诸葛之谋略，非常奇怪的他却特别关注孔明的谨慎？

其一，马谡的前锋精兵已被歼灭，又乘胜连下三城，蜀军其余各部都受到重创，此时的西城已在司马懿的“瓮中”，胜券在握。一座小小的西城，即使“十面埋伏”，充其量也不会超过一二万人，是“空城”也好，是“实城”也罢，先派几千名先遣小分队攻打西城的四门，其虚实便立见分晓，还用得着策马到城下“听琴声”吗？

其二，曹氏三代对司马懿的态度都是“鹰视狼顾，不可付以兵权”。司马懿被曹睿险些杀掉就是拜诸葛亮使“反间计”，谣传“司马懿谋反”所赐，被剥兵权，回乡养老。而此时诸葛亮立刻上表请求出兵伐魏。亮兵出祁山，连连获胜，势如破竹，曹魏诸将没人敢撄其锋，朝野震恐。在危亡之秋，曹睿不得已又重新启用司马懿，封为平西都督，领兵与诸葛亮对垒，借以挽救危局。司马懿心里明白，能得到这个“平西都督”头衔，完全是诸葛亮的功劳。他应当感谢的不是魏帝曹睿，而是自己的宿敌诸葛亮。

其三，曹睿并不完全信任司马懿，一是出征前有战略指导——“拖”，二是派出张郃为副将时时掌控，面对小小西城，胜则罢，万一失算，兵权顿失，而如果以怕“中了诸葛亮的埋伏”为借口而退兵，最多被认为胆小多疑、优柔寡断，损失可以承担，还同时让朝野认为不足成大事，放松戒备之心。若进，胜最多60分，损则归零，败可丧命；若止，声名有损，兵权稳固，兼绝后患。

因而，“空城计”固然是诸葛亮临危冒险巧设的妙计，但司马懿以诸葛亮行事谨慎，从不弄险为由，也就将计就计，假装“中计”而故意放诸葛亮一马，以遭人嘲笑胆小的小代价，换回执稳兵权、一展宏图的大机会。

用决策技术来看，两利相权，两害相权，司马懿更大的可能性是故意的，他的选择也许是当时情境下综合权衡后司马家族的最优方案。

2. 旧瓶新酒——旧知识的新演化

比如，亚里士多德提出，在解决事情时，要回归到事物的本质上，即所谓演绎法，以一定的反映客观规律的理论认识为依据，从对该认识的已知部分推知事物的未知部分的思维方法。亚里士多德提出的三段论，正是通过演绎推理对事物进行判断，得到结论。

最近很火的一个词是第一性原理，出自特斯拉的创始人埃隆·马斯克。马斯克在很多领域进行了非常多的颠覆性的创新，所以很多人问过马斯克，你为什么能够做这么多的创新？他的解释是："我是用第一性原理来思考这些问题的。"

这是旧知识的新演化，在每一个体系的探索中，都存在第一性原理，即存在基本的命题和假设。

马斯克决定做特斯拉的时候，遇到的最大的问题是电池的价格非常贵，一千瓦时要600美元。他咨询了很多专家和同行，得到的反馈是，因为电池技术没有发生本质上的革新，所以电池以后还是会这么贵，不会发生变化。

于是，他问自己：电池到底是由什么组成的？答案非常简单，电池是由铁汞镍和一些结合物组成的。他预测，按改良的技术，只要可以把一千瓦时动力电池的成本降至80美元，变成了之前价格的2/15，汽车的能源问题就可以解决。那么，他下一步的关键就是攻克电池的成本问题。他回归事物本源，用一个极其简单的方法，就把这个问题给解决了。

用同样的方法，马斯克开了另外一家公司，叫SpaceX。这家公司主要制造可重复发射的火箭。马斯克希望，在他有生之年，希望SpaceX能把人类带到火星上去。在技术不断提升过程中，马斯克也用第一性原理把火箭的发射成本降低了90%。

那我们如何运用这个演化去推动学员做更多的改变呢？就需

要将实践中的规律找出来，完成旧瓶可以装新酒的推论。

我们来看马斯克的案例中有没有一些共性呢？共同点有这几个：

第一，人们乍听这个目标，都觉得不太可能实现。我第一次听说 SpaceX 想把人类带到火星上去，像在听科幻小说，觉得它不可能实现。

第二，传统经验传递出来的信息，是这个目标没有可实现的路径。你去问所谓的专家、权威，他们都会告诉你："这不可行，没有方法实现。"

第三，解决问题的方法很简单。马斯克解决电池问题的方法，大家一听都会觉得太简单了，简单到大家会认为"这是答案吗"。

这就是马斯克的思考方式。他运用第一性原理，回归到事物的本源，从物理学的角度看待世界：一层一层地剥开事物的本质，然后从本质出发，一层一层地往里走。

我们可以学到的是，当我们用第一性原理回归事物本质，进行建模，只要进行非常严密的思维推导，就可以得到这个事物背后的创新依据，根本不需要有多聪明。创新是企业家精神的内核，创新就是从不泥古、不唯上开始的。

《道德经》里有一段话："上士闻道，勤而行之；中士闻道，若存若亡；下士闻道，大笑之，不笑不足以为道。"我们在生活中总是倾向于去比较，别人做过什么，我们就跟着做什么，也总是以他人的判断作为判断的基础，但往往成功都产生在他人认为不可能达成的地方。这样做的结果是，某个行业可以因此产生细小的迭代，却无法实现真正的创新。明道方可笃行，否则即是庸人。特斯拉的案例是对"道"的最好演化和注释，足以通古今、贯东西。

第二节 哲理元素——完成学员的思维升华

哲理是什么，浅一点说，就是道理，但是又比道理更深一层。佛学上怎么讲？“通贯事物本身之义”是道理，“通贯事物本真之义”是哲理。懂得哲理意义的人的人生绝对比那些体会不到哲理的人的人生要丰富多彩得多。

作为培训师，我们不仅要能够懂得哲理的意义，更要知道如何从生活中升华出哲理元素，并运用到我们的课堂中。那如何获取、提炼哲理因子？一般来说，有以下几种方法。

一、概括本质要点的精华概括法

把精华概括出来，就是将最本质的要点加以概括，把普通的语言提炼升华到新的境界。

比方说，品牌等于什么？李嘉诚总结的是品牌等于品行。细细品味一下，是不是很有哲理？

比方说，一些企业家总结什么叫幸福，总结了四条：第一是生得好，第二是活得长，第三是病得晚，第四是死得快。好，长，晚，快——企业家的幸福观，是不是有些道理？

比如，人的本质是个体先天的性格和过往所有经历的总和。

这里就包括了不只限于先天的因素，还拓展到后天的塑造和影响，这也是管理的本质，管理就是要激发每一个人的善意，是后天的、是可为的。

二、延伸时空纬度的时空超越法

向时间和空间的纬度延伸，也就是要往前看，走在时代的前沿，这才是高境界。管理观念也有延伸的问题，不能自我设限，画地为牢。如我们在讲企业规模的时候，常说大鱼吃小鱼，快鱼吃慢鱼。其实再跳出一步想，快鱼把慢鱼都吃完了之后，还能再吃什么鱼？对鱼吃错鱼。这就用到了时空超越法。

在实际经济生活中，企业不犯大的错误，虽不一定活得很滋润，但能活下来。而一旦犯了错误，即使曾经轰轰烈烈，却可能最终死掉。一件事决定了事业的成败，这就叫作对鱼吃错鱼。

三、寻求反向真理的相反相成法

相反相成法，就是用逆向思维的方法，在相反的方向上去寻求真理。因为任何事物都具有两面性，换个思路，茅塞顿开，我们的语言中就有很多这方面的例子，如大智若愚、大巧若拙、物极必反等。

鲁迅先生曾经说过："世界上本没有路，走的人多了，便成了路。"从相反的方向去寻求，可能更符合当下的情形："世界上本来是有路的，走的人多了就没有了路。"市场的竞争日益激烈，同质化严重，企业即陷入"红海"，无路可走，于是就有了"蓝海策略"，跳出"红海"，开辟属于自己的"蓝海"市场空间，达到赢利的目的。

再从相反的角度想“蓝海战略”，新的市场充斥着不确定性，探索成本高，完全离开“红海”是必需的吗？“红海”的存在证明了市场趋向，可以不离开原有的市场而寻求新的利润增长点吗？于是“红海中的蓝色航线”理论应运而生。

第三节　情感元素——激发学员的情感共鸣

情感，不等于刻意煽情，情感是一种自然地流露，随培训情景的发展而发展。如果自己不动感情，却要让别人动感情，这纯粹是作秀了。所以，作为培训师，我们要把自己的真情融入课程之中。

确实，利用情感元素促进学习是一种非常好的教学方法。因为人是有感情的，当感情被激发出来的时候，人就特别容易接纳新东西。欲要达理，必先达情，通过激发情感上的共鸣来达到认识上的一致。那么，在教学中运用情感因子有哪些具体方法呢？我们给大家介绍真情诉求法、崇高诉求法、情理交融法和轻松幽默法四种。

一、真情诉求法

真情诉求法大部分用在亲情、友情和爱情上。比方说，在给企业家讲商业道德的时候，就可以融入情感因子：

企业家奋斗的目标不仅是事业的成功，而且要营造温馨、和谐、幸福的家庭，靠体力的透支、冰冷的家庭关系所获得的事业成功，只是暂时的成功。

仅仅这样讲，还是比较空洞，但运用上亲情元素，就会不一样了。我们可以加一个亲情故事：

要过母亲节了，职业经理人A先生工作很忙回不了家，于是决定买一束花给母亲寄回去。他到花店里精心挑选了一束妈妈平时最喜欢的白色康乃馨，正当他准备去寄的时候，发现一个小女孩坐在马路边哭泣。

他走上前去问小女孩为什么哭？“我想给我妈妈买花，但是钱不够。”小女孩说。A先生听了很感动，于是帮小女孩给她的妈妈买了很大一束鲜花。此时，天快黑了，A先生提议开车送小女孩回家。“真的要送我回家吗？”小女孩问道。“当然。”“那你送我到我妈妈住的地方吧，我妈妈住得离这里很远。”小女孩说。

随着小女孩的指路，他们的车子开到了城外，然后，又到了山上，最后竟然来到了一片墓地。A先生这才明白，原来她妈妈已经去世了。小女孩高兴地把花送到妈妈的墓前，说道：“妈妈，我终于给你买了你喜欢的花了。”

此情此景，使A先生想到了自己，想到了自己的妈妈。于是，A先生将小女孩送回家后，径直返回了花店。他打消了给妈妈邮寄鲜花的念头，连夜开车5小时回到妈妈家中，他要亲自给妈妈送花。

将这种真情的故事用到自己的课程中，学员的情绪就很容易被感染。这就是真情诉求法。

二、崇高诉求法

还有一种更能引起学员共鸣的方法，就是崇高诉求法。这是一种被升华了的情感。比方说事业和理想的激励，就属于高水平的激励。一个优秀的培训师，不仅课要讲得好，而且自身要有崇高的人格魅力，要有情有义。商道中的“义”甚于钱，像乔家大院里的乔致庸到后来不再是为了赚钱，而是为了实现“货通天下，汇通天下”的理想抱负。讲这样的事例，就是崇高诉求法。再比如，我们提出的“以强企之行，实现强国之梦”的伟大理想也在课堂中激励和感召了众多企业家勇猛前行。

三、情理交融法

把情和理结合起来，动之以情，晓之以理，情理相融，效果更好。我们曾经听过这样一个故事：

美国“9·11”事件之后，在离世贸大楼废墟不远处的一家餐厅里，每到周末，就会有一个人来到店里，坐在同一位置上叨叨咕咕。他会一个人要两份同样的食物，但是，他自己并不吃。而且，他每次都要服务生给他点上蜡烛。大家都很纳闷，于是店老板决定下次这位客人再来的时候要弄清楚原因。

原来，这位顾客的老婆在“9·11”事件中丧生了。他曾经是一个不爱回家的人，非常讨厌他的老婆。因为，一回到家，他的老婆总会不停地向他唠叨，还会和他吵架。结果，他越来越不爱回家，老婆也就越爱唠叨。就这样，他和老婆的关系形成了一种恶性循环。

但是，老婆遇难后，这种循环被打破，再也没人向他唠叨了。很快，他便感到了孤寂。他想起了老婆的絮絮叨叨，想起了老婆的诸多优点，他甚至觉得，老婆的唠叨是这个世界上最好听的音乐。然而，现在什么都听不见了。

他想起了当年他们浪漫的初恋，周末在这个小餐厅相识。那时候，她最爱吃那种七成熟的牛脊骨，爱喝那种将军牌的红酒。他们在这种快乐的氛围里相识、相爱、结婚、生子。所以，现在一到周末，他都要来这家餐厅去追寻那些逝去的记忆。

每次摆好食物，点上蜡烛后，他会发现，老婆就映在烛光里。而这个时候，是他心情最激动、最愉悦的时候，他会情不自禁地说："太太，你说话啊，你说啊……"

生活就是这样，有很多东西，当失去了之后，我们才知道它的珍贵。当生命失去的时候，当阳光失去的时候，当美丽的环境失去的时候，我们才知道要珍惜当下的生活。

这个故事的前半部分是动之以情，后面的"有很多东西，当失去了之后，我们才知道它的珍贵"就是晓之以理了。这样，把"珍惜当下的生活"的"理"提炼出来，就很容易被听众接受。这就是情理交融法。

四、轻松幽默法

这是一种特殊的方法，在情感上设法让听众感受到一种愉悦和轻松，以愉悦的体验优化学习。将幽默加进课堂之后，我们会发现课堂上的气氛很活跃，在这样一种氛围下，学习会变得很轻松，知识很容易地就被接受了。

幽默不仅仅是情感，更是一种高级的智慧。有幽默的地方就有智慧的存在。比方说，我们在课堂上讲计划的时候，一般地讲，就是讲计划要提前做，这样很不生动，如果加进幽默元素，就会变得轻松愉悦而容易被接受了。

有人说，一年之计在于春，一日之计在于晨。但是我们发现这话不对，一日之计在于晨，那是早上才想一天的计划；一年之计在于春，到了春天才想一年的计划，这已经晚了。我想，做计划，不是在春天，不是在夏季，也不是在秋季，而是《大约在冬季》。

这里用了一个流行歌曲的歌名，就产生幽默感了，如此说明计划要提前做的道理，直观明白，不乏幽默感。再比如，讲承诺管理的时候，如果泛泛地讲是这样的：

承诺管理是双方通过一定的承诺，以契约方式来加强执行力的一种管理方式。承诺管理有什么？有承诺的标准和可衡量的标准。如果承诺的标准和衡量的标准都不清楚，承诺很难被兑现。

这样讲，很枯燥，换一个角度加入一些幽默元素：

大家都知道，现代人离婚率很高，为什么离婚率高，是承诺导致的。现在的年轻人都喜欢唱一首歌，“你问我爱你有多深……

月亮代表我的心”。这意味着什么？未来的婚姻会有阴影。为什么？月亮月亮，初一十五不一样，将来有一天变心了，可别怪我当初没有告诉你——月亮代表我的心。所以，心是会变的，是不是？

“月亮代表我的心”经不起时间的考验，而我们的古人说“海枯石烂心不变”就很好。海枯石烂和人的生命过程相比，那是多么长的时间！月亮却是短短的半个月就变了。

这样一讲，效果就会大不相同。

第四节　综合案例——凤凰展翅之谜

我们已经讲了设计一门精彩课程所涉及的几个元素，如果能够在课堂上灵活运用这几个元素，课堂一定会精彩纷呈。如我们在讲赢利模式时，用了“凤凰展翅之谜”这个案例。在这个案例里面，我们综合应用了前面讲到的这些元素，学员听了这个案例后，不仅对课程的内容理解更深刻了，而且体会到其他更多的东西。

我们都知道凤凰卫视，它的投资很少，可以说是省级台里投资最少的电视台。但它为什么会做得这么好？从当初只有一档节目《相聚凤凰台》到后来几十档、上百档节目，变得这么火？就是因为它改变了赢利模式，和别人常规的赢利模式不一样。

“优质的采编加优秀的播音等于优秀的节目”，这是人们通常认可的电视的商业赢利模式。但是，凤凰卫视的当家人刘长乐却改变了业内的这一赢利模式，总结出凤凰卫视自己的新模式，叫作“剪刀加口水等于优秀节目”。

目前，收视率很高的《凤凰早班车》就是“剪刀加口水”的经典。同样的新闻，别人花了几万元甚至上百万元到现场去采访，或者直播半个小时。但是，凤凰卫视不这么做，而是让主持人陈鲁豫坐在荧屏前读报纸，边读边点评。结果，收视率却高得多。

原因就在于鲁豫加入了自己的观点，运用了许多情感元素的设计方法。比方她说，现在发生的战事是两个大人打一个小孩。这两个大人，一个姓英，一个姓美，一起打一个叫伊拉克的小孩。然后她又说，布什总统自认为是班主任，但是他的班上出现了问题生伊拉克，在解决这个问题的时候，班主任大打问题生等。听众听了，就感觉很有趣。

相反，如果一个播音员只是照本宣科，就无异于机器人了，因为这里没有情感的交流，没有观众的参与，没有观众的评价。《超女》节目能火，道理也在这里，它给了观众一种自我满足感。

最好的节目是观众参与的节目，所以，凤凰卫视制作了大量类似的节目。当记者问凤凰卫视发展这么快有什么诀窍时，刘长乐如此总结：人有我新，人新我好，人好我变。

大家知道，讲赢利模式，本来内容是比较枯燥的，不容易使听众听得投入，但加入了情感元素之后，这课程就大受欢迎了。还有讲沟通的课程，与领导沟通和与部下沟通，在方式上有许多不同。简单来说，和领导的沟通方式更趋向于父亲般的沟通方式，比较严肃；和部下的沟通方式更趋向于母亲般的沟通方式，比较温柔。循着这一思路，通过比拟化的、充满情感的方式，再穿插一些幽默元素，就会得到很好的课堂效果。

第五章

掌控现场，自助天助

第一节　学员的四种类型

学习风格是指人们在学习时所具有的或偏爱的方式，换句话说，就是学习者在研究和解决其学习任务时，对外界信息的感知、注意、思维、记忆和解决问题的方式所表现出来的具有个人特色的方式。

学习风格有独特性，个体特征鲜明，在成长的过程中受特定的家庭、教育和社会文化的影响，通过个体自身长期的学习活动而形成学习风格，具有持久稳定性，伴随终生，很少随学习内容、学习环境的变化而变化。虽然可改变空间有限，但是它仍然具有可塑性。比如一个非常理性、热爱分析和反思的学员，在一个多人聚集的学习氛围里，由于“场效应”而表现出感性和直觉的一面，也不鲜见。但必须注意到，在学习结束后，回弹现象也很普遍。

研究发现，场独立性与场依存性是两种普遍存在的认知方式。第二次世界大战期间，为了研究飞行员怎样利用来自身体内部的线索和见到的外部仪表的线索调整身体的位置，研究人员专门设计了一种可以摇摆的座舱，舱内置一座椅。当座舱倾斜时，被试者可调整座椅，使身体保持垂直。研究发现，有些被试者主要利用来自仪表的视觉线索，使自己的身体恢复垂直；另一些人则主要利用来自身体内部的线索，尽管座舱倾斜，仍能使身体保持垂直。威特金将前一种人的知觉方式称为场依存方式，后一种称为场独立方式。

场独立性者对客观事物做判断时，倾向于利用自己内部的参照，不易受外来因素影响和干扰；在认知方面独立于周围的环境，倾向于在抽象分析的水平上加工信息，对事物做出判断。场依存性者对物体的知觉倾向于以外部参照作为信息加工的依据，难以摆脱环境因素的影响。他们的态度和自我知觉更易受周围的人，特别是权威人士的影响和干扰，善于察言观色，注意并记忆言语信息中的社会内容。

关于场独立性、场依存性对学员的学习偏好的影响，研究表明，场独立性学员较为理性，一般偏爱自然科学、数学，且成绩较好，场独立性与学习偏好呈显著正相关关系，他们的学习动机往往以内在动机为主。场依存性学员较为感性，一般较偏爱社会科学，他们的学习更多地依赖外在反馈，他们对人比对物更感兴趣。场独立性者善于运用分析的知觉方式；而场依存性者则偏爱非分析的、笼统的或整体的知觉方式，他们难以从复杂的情境中区分事物的若干要素或组成部分。

这两类学员对教学方法也有不同偏好。场独立性学员易于给无结构的材料提供结构，比较易于适应结构不严密的教学方法。反之，场依存性学员喜欢有严密结构的教学，因为他们需要教师提供外来结构，需要教师的明确指导与讲解。

独立和依存的度与培训师的学识、经验、资历也有一定的关系，与其行为的风格也有关。比如一些课程从结构上、逻辑上乏善可陈，但有的学员还是能从中有所收获，这大部分都源于学员的场独立性特征，清晰的学习动机，可自动抽取要点进行二次加工。也就是说，虽然不认同形式，但仍可以从纷乱的信息中准确地找出自己所需要的。一般来说，这部分风格的学员对课程会较为理性，如果简单地分为形式和内容，他们会分开思考，俱佳当然最好，内容好但形式差，也可以接受。

而场依存性的学员会更为感性，他们的知觉方式决定了他们是以印象和感觉来介入学习的，比如老师的鼓励、团队的氛围都可以激发他们的学习热情，但过于枯燥或者重点不突出会让他们感到格外迷茫。

对不同的学员必须用不同的培训方法，这样才能获到良好的培训效果。比方说，通信企业的一线员工一般比较年轻，就特别适合形式新颖活泼、技能步骤清晰的培训；而企业的领导干部，喜静不喜动，适宜室内授课，他们更关注内容，对形式不太敏感。

为什么会有这样的区别呢？因为年轻学员大多数具有场依存特质，是感受型的，习惯通过体验来认识和感知；而领导干部的特质是场独立性居多，善于逻辑思考，学习也是以实用为目的。比如，户外拓展训练对于年轻学员的培训很合适；但用在领导干部身上就可能需要对拓展训练做严谨的设计，在收结的环节能够和他们体验对应，共同升华，课程才算是到位，否则会受到学员的抵触。

所以，对学员的类型进行解析对于帮助我们做好培训有特殊的意义。而且，不要只听学员自己说是什么类型就确定是什么类型，而是要通过我们自己的辨析来确定。学员大致可以分为五种类型，如图 5-1 所示。

感受型——具体感知，通过体验来认识和感受；

反思型——思考解析，通过反思来认识；

推理型——概念升华，将新知整合于实践中来认识；

践行型——积极实验，将新知通过实践的应用来认识。

另外，还有一种复合型——介于以上四种类型之间。

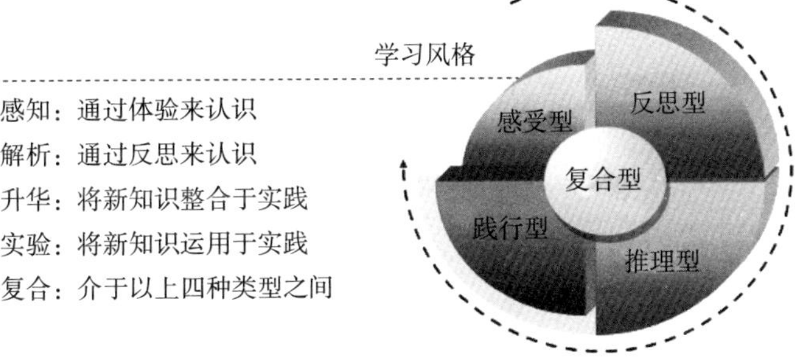

图 5-1 学员的五种类型

一把钥匙开一把锁。面对各种类型和接受能力各异的学员，培训师要冷静地对待这种客观差异，采取不同的培训方式和技巧，因材施教，不能“一方包治百病”。

一、感受型学员，重视其感受

感受型的学员有以下特点：表现较为活跃，感受能力超过思辨能力，不愿意被动接受说教，愿意一起分享感受，喜欢说“我感觉……我觉得……”。

听觉、视觉、感觉是人的三种不同的感受渠道：有的人以听觉为主，对这些人来说听是一种享受，可以闭着眼睛听课；视觉型的人则一定是望着你听讲的，他们很注重课程的观赏性，如果不看，在理解上反而会出现问题；感觉型的人一定是注重内容参与性的，他要试，他要摸，一定要亲自感受到才会理解得更好。

知识的传播不单是脑或耳的交流，更是心与心的沟通，感觉到了，就会产生心灵上的呼应。当然，这不仅仅表现在特别注重感受的学员身上，在其他类型的学员身上也同样存在，只是轻重程度不同罢了。所以，我们要以课堂语言的生动性来调动学员的听觉力，如课堂讲授法；以课程的观赏性来调动学员的视觉力，如演示法；以内容的参与性来调动学员的感觉力，令他们亲身体验，如案例分析法。大家只有都感受到了，而且主动参与了，才会从中得到升华。因此，重视学员的感受是很重要的。

根据九型人格的研究，人有三个智慧中心——脑中心、心中心和腹中心。三个智慧中心也是三个能量中心。感受型学员属于心区的人。心区的人依靠感觉去生活，思考方式比较感性，他们用感觉去判断会不会成功，用感觉去判断自己受不受欢迎、被不被认同，用感觉去识别对方是否真实。感觉是向导，也是坐标，一切凭感觉生活。所以，培训师要多用演示或者类比的方式帮助其理解。而且，这类学员很注重来自人的情感体验，尤其对老师的态度很敏感，如果被充分关注到，那其学习的注意力会高度集中，反之则会走神。

二、反思型学员，注重启发性

反思型学员一般较为冷静，不满足于感性认知，喜欢观察和思考，拒绝外来的压力，愿意自己独立做判断。这些人在课堂上表现出一定的叛逆性，善于独立思考，并按自己的思考做出判断。

如果要强迫他们接受培训师的结论，他们不会接受；甚至有些时候明明他们的观点与培训师的观点是相同的，但由于其叛逆性的特点，他们还是会唱反调。

对于这样的学员，我们要给予更多的鼓励。培训师要宽容大度，允许不同的观点存在。同时，我们还可以利用这样的学员作为课堂讨论的引子，因为他们的不同观点，可以引发更多人的讨论。

对于这类学员，要特别注重启发性。“引而不发，跃如也。”重在启发他们，给予他们思考的余地，然后鼓励其探索、质疑，这样，便会获得更好的效果。

这类学员属于脑区的人，他们的大脑像全自动电脑，他们活在思维里，依靠广泛地搜索信息并对信息进行加工来生活。他们喜欢思考人世间一切形而上学的问题，也喜欢不断思考人的潜藏动机。脑区的学员有喜欢质疑的思维特质，不接受非常排他的结论，讨厌被洗脑，对这类学员忌说绝对的结论，并且要注意兼顾各种结论的可能性，对这类学员的思考予以肯定。比如“经验有前提，方法有情境，假如换一个变量因素，结论就可能相左”，但大部分情况下可以“以上经验仅供参考等”这样处理，反思型学员的认同度就会较高。

三、推理型学员，逻辑要理清

推理型学员的特点是喜欢提炼归纳，分析能力胜于感觉。他们会及时发现逻辑上的问题，不能容忍逻辑的混乱，偏爱严谨的结构与理论体系。他们的思考是系统化的、条理性的。

对于这些学员，培训师的教学重点是基于辅助，协助他们思考新知识，把新知识融入原有的体系中去。因为他们最感兴趣的是如何使现有的知识在旧的框架中找到合适的位置。

所以，对于推理型学员，培训师讲课时要做到逻辑线条清晰，多总结概括。不需要过多地举例子，重点是帮助他们扩展知识。

这类学员也有脑区特质，因而培训师授课时要特别注意论点清晰，论据充分，推导严谨，而且引用的理论或者根据基本有出处，不是臆想的个人推断。如果是个人思考，也要标出纯属个人见解，让理论清晰的学员有严谨的体验。史观可以个性，但史料必须真实，理论讲解必须透彻，必要时适度重复，要允许复盘。

四、践行型学员，激发成就感

践行型的学员表现较为务实，厌烦空洞的说教，对实践型课题感兴趣，喜欢自己验证自己的新想法，凡事注重结果。这样的学员不管老师课堂上讲得好不好，也不在乎教学的技巧，只要对他们有用就行，哪怕只有一个办法对他们有用。他们追求结果，经常挂在嘴边的一句话是“讲得挺好，但对我不适用啊”。对于这样的学员，重点是引导他们的感觉，让其在教学中产生成就感。

践行型学员有行动的本能。如果有可能，一定要设置“试吃”环节，让他们亲身感受，尤其是技能获得类的课程，百闻不如一做，设计动手环节就能加强他们对课程的理解。

践行型学员有较为明显的腹区特征，他们生活在与生俱来的本能里。他们好像本能地知道什么是对的、什么是错的。同时，他们往往更能坚持自己的见解。如果要他们认同什么，请让他用直观的感觉去尝试。对他们而言，“实践是检验真理的唯一标准”，他们中还有一些人坚持只做正确的事情。但无论是哪一种，他们更多是在本能的驱动下完成这一切的。对他们的教法要注意以下几点：一是理论讨论无须过长；二是实务性内容必不可少；三是用对策性的设计激发他们的兴趣，真正能够帮助他们解决问题；四是指导达成学习的成果。

五、综合教法应用——抓住主倾向学员

1. 以大多数学员为主

前面我们对四种不同类型的学员分别做了分析，强调要因材施教，“知所说之心，以说当之”。那么，面对课堂上各种类型的学员，如何去辨析他们？如果学员不说话，又怎么看出学员是属于什么类型的？这里，我们提倡课堂的第一段主要以老师讲解为主，留给自己一个观察学员的时间。观察同时还需测试，有的学员看上去的学习风格和真实的不一致，你在讲解的同时，也要做现场调查，通过运用不同的方法，从大多数学员的反应中感受他们是以什么类型为主。

比方说，面对年龄偏大或表情严肃的学员，第一段讲解中你的理论讲得很精彩，但大家都看着你没什么反应，这时你插入一个小故事，发现所有的人都打起精神来了。这样，你就知道，他们其实是以感受型为主的。在一大段甚至一个小时的讲解中，你就可以发现学员的主倾向了。众口难调，但培训师只要抓住主要的倾向，解决团队的主要问题，就算及格了。

2. 以决定性人物为主

在我们的内训中，有时是企业的中层、基层管理者甚至是企业的高层领导都坐在那儿一起听，该以谁为主？那就以能影响团队的决定性人物为主。即使全体员工都说好，可是领导说不好，就意味着这次培训失败了。大家的反应一般，可总经理和董事长都说："你讲得太好了，下次还请你。"这说明培训成功了。当然，极端的情况不多，一般都是比较综合的情况。

所以，培训师要注意到，内训时候的主倾向更多的是由各层级的主要领导决定的，影响力决定了主倾向。如果领导认为你的课程不好，就会影响到全体学员的倾向。这个时候，就不要以数量，而要以主导性学员的倾向作为主倾向。

根据统计，在一个团队或者企业里，决策者只占 5%，坚决、积极跟随者占 15%，其余 80%是从众者。一个有经验的培训师会关注到那些有影响力的学员，特别是那 5%的决策者，他们是这个团队的领头者。抓住这 5%的决策者，然后，拉动或推动另外 15%的人，进而就可以掌握其余 80%的人了。

3. 个别学员个别辅导

有的学员需要特别关注，有的学员的问题比较特殊，跟课堂内容不相关，培训师可以从满足其心理方面处理，特殊问题单独沟通。对于极个别学员，我们可以做个别辅导，比如有的学员表达能力弱一些，对这样的学员就要加以鼓励，但没必要对全班都鼓励。对于能力强的学员，就要指出他们的问题，防止他们骄傲自满，这就是个别对待。

如果学员说没听懂，假如他是推理型的学员，就要给他做推理性的讲解；如果是感受型的学员，就要举一个例子、讲一个故事，他就会明白了。

4. 综合教法要灵活、兼顾

讲理论时有些学究气加分，讲案例时有实践性加分，讲辅助理解的段子时有诙谐甚至煽情加分，讲工具时有指导性加分，再来点时尚的网络语言，“有木有”“心塞”“扎心了老铁”“你高兴就好”更好。培训师做到理论扎实，案例贴合，语言风趣，应用实战，就是妥妥的优秀培训师。

每个人在不同的阶段都会表现出不同的特点，甚至他自己都不知道自己到底是理论型还是感受型学员，这就要求我们的教学方法要丰富多彩。

在课堂上，既要有案例又要有分析，既要有演示又要有讲授，这正是现代培训被叫作综合性的立体教育的原因。它通过不同的方面、不同的形式、不同的信息接收方式，让学员理解知识、感受知识。为什么要强调多种方法的综合使用呢？因为这样才不枯燥，才是因材施教。

比方说，问一个推理型和反思型的人珍珠是怎样形成的，他会这样说：“当一种刺激性物质进入牡蛎的壳内，牡蛎会自动分泌一种物质，称为珠母贝，其主要成分是碳酸钙，牡蛎的壳内衬是同样的物质，和珠母贝一层一层围绕着刺激物的核心，将刺激物包裹起来，最后形成珍珠。”

但对于感受型的人，同样的问题，他很可能这样说："想象你是大海底部的一只牡蛎，一粒沙子钻进你的壳内，让你感觉十分难受，你决定将沙子用一种叫珠母贝的材料裹起来，于是就形成了大大小小的珍珠。"

培训因人而异，所以我们在讲解的时候，就要根据不同的学员运用不同的语言。比如给孕妇做产前培训，告诉她不能喝酒。

对于推理型的学员，我们这样对她讲，她更容易接受："酒中含有乙醇，孕妇吸收了乙醇，会严重影响子宫内的胎儿生长环境，因此容易造成孕妇所生婴儿的患病和死亡。"

但同样的答案，如果是对感受型的学员讲，他可能就没有一点概念。乙醇？应该没什么大碍吧？该喝的时候还喝，反正不会死人。她不能理解问题的严重性，起不到教育效果。此时，我们应该这样讲："孕妇喝酒，酒精被吸收之后，她自然会感到不太舒服，于是她要醒酒。此时，她端起一杯咖啡喝下去，一会儿，她感觉好多了。但是，胎儿的周围充满了母亲喝下去的这些酒精和咖啡因物质，相当于把胎儿泡在酒精和咖啡因里。胎儿自个儿无法醒酒，且胎儿的肝脏此时还不具有排毒功能，这对胎儿能没有伤害吗？""胎儿泡在酒精里"非常形象生动。知道了这个，再无知的孕妇也不会去喝酒了。这就是对不同的学员施用不同的语言的教育方法。

第二节　培训师的四大风格类型

总是有培训师会问:“我应该具备什么样的风格?”“我最适合哪种风格?”“我应该向谁学?”其实，我们不用刻意追求哪种风格，形成自己本色的风格，才真正属于你自己。但是，要秀出真正的自己，在自己的风格形成之前，可以先模仿一种典型的风格，然后融会贯通，内化为自己的风格。我们把培训上的风格分为教士风格、学院风格、教练风格和演艺风格四种。

一、思想性为主的教士风格

教士风格兴于20世纪80年代。那个时期挖掘出一些成功学大师，如卡耐基、安东尼等。他们本身就是成功人士，做培训，可以说是“现身说法”。所以，他们的培训内容带有思想性的特点，独特之处也在于思想性。

比如，马云讲过的很多观点:

今天会很残酷，明天会更残酷，后天会很美好，但大部分人会死在明天晚上。

你穷，是因为你没有野心。

永远不要跟别人比幸运，我从来没想过我比别人幸运，我也许比他们更有毅力，在最困难的时候，他们熬不住了，我可以多熬一秒钟、两秒钟。

不要等到明天，明天太遥远，今天就行动。

在一个聪明人满街乱窜的年代，稀缺的恰恰不是聪明，而是一心一意、孤注一掷，一条心、一根筋。

独具见地、掷地有声。其宣扬的思想及解决问题的方法论是经过自己的成功验证的，自带光环，自然圈粉无数。就像马云自己都说过的："当你成功的时候，你说的所有话都是真理。"

如果培训师能有这样的背景和资历，那一定非常受学员追捧；但我们也要看到问题的另一面，如果教士风格被成功的形象和资历过度美化，也可能带来"言者自信，听者盲从"的后果。成功是有环境和条件的，教士风格的老师讲课，其精髓在于精神内核，而不在于具体招式，比如，马云讲他的成功之道就是"不懂互联网"，严介和说"最苦的商人就是跟商人打交道的商人"，杰克·韦尔奇讲"会开除那些能力高但对企业文化认同度不高的管理者"。这些话都只说了一半，马云不懂互联网，因为他负责思考商业模式；严介和不跟商人打交道，因为他有丰沛优良的政府资源；韦尔奇敢于辞掉能力高的管理者，因为他后面有克劳顿学院撑腰。这些都是在特殊的资源背景下的成功之道，是独特的，但不具备普遍性，将独门秘器奉为圭臬，就可能误导学员。

二、理论性为主的学院风格

学院风格就是学者风格，它的特点在于理论性强，理论框架非常好，功底扎实。

比方说讲管理，学院派的老师会这样讲：绪论，管理与组织，管理的昨天和今天，定义管理者的领地，组织文化与环境，全球环境中的管理，社会责任与管理道德，计划，制订决策，计划的基础，战略管理，计划工作的工具与技术……

比方说讲人力资源，会这样讲：先讲人力资源的发展史，然后讲人力资源的拓展和内涵，最后讲人力资源在实践中的运用。结构严谨，知识全面，但实操性的东西不会占比太大。

学院风格的培训师在场独立性较高的学员中颇受欢迎，反思型和推理型学员对这种风格的课程接受程度高，但感受型和践行型的学员会感觉枯燥晦涩。

三、实践性为主的教练风格

教练法是20世纪90年代开始兴起的，此风格是通过不断的演练提升学员素质。演练时特别注重对每个人行为的具体点评，如果你忽视了一个人，他的进步就会打折扣，这和一般教育有很大的不同。

教练风格的最大特点是实用，学员的获得感强，上一堂课必然掌握一些技能，对一些操作性特别强、要求落地的课程，这类风格非常适宜。

四、表演性为主的演艺风格

演艺风格，就像演员演出一样。如果说教练风格在于它的实践性，那么演艺风格则在于它的表演性和娱乐性。现在培训行业内许多知名的培训师就是这样一种风格，他们会用演艺圈里惯常的方法来做培训。比方说，他们会做大幅海报，把自己面带亲切笑容的照片放在上面。他们的培训现场是这样的：当他们进入培训现场的时候，全体起立，热烈鼓掌，灯光、音响全部开启。讲解时也是这样，先要热身，然后全体起立，做各种动作。通过肢体的运动，促使大家放松，然后在听的时候，学员就会进入一种学习状态。但是，最近几年，单纯的演艺风格有衰退之势，因为它存在一个致命的弱点——过度追求形式，内容欠深刻。

必须看到培训市场的不平衡性，并非所有的学员都具备良好的学习基础，可以接受高浓缩的内容。比如一线销售人员，有一个老师讲营销人员的素养，核心观点是一个优秀的营销人员能够抓住一切资源找到营销的机会，要有一双善于看到资源的眼睛和一颗善于学习的心。这个结论大家都认同，但直接给出结论，销售人员可能就要睡着了，于是他就把这个有价值的内容用一张演艺的糖纸包裹起来：

他有一次出差，在加油站遇到了一个开着豪车的人，他就下车与那人攀谈，聊得非常投机，对方对他一见如故，由此还发展为业务关系，为什么呢？原来那是一辆全球限量版的豪车，没几个人认识，他一眼看出来，让对方大觉惊讶，引为知己，才能创造出后面的合作机会。听到这里，学员一片艳羡的赞叹声。他接着提问，那自己又怎么会认识这辆车呢？原来，他在机场候机的时候，在书店中翻看汽车杂志，那一期的封面就是这辆车。

故事有待考证，但对于感性思考且做销售的人来说，用这样一个有传奇性的故事包裹后的内容，真是太对胃口了。虽然我们不主张讲虚假事件，但这个故事的目的并不是吹嘘自己，而是用借壳的方式传达了内容，也算是一种“对症下药”。

培训风格是培训师成熟的标志，是通过长期的历练形成的，犹如酿酒，经久乃成。所以，只有形成自己独特的风格，让别人听一次就欲罢不能，百听不厌，这才是真正有造诣的培训师。那么，培训师的风格培养都有哪些要领呢？

第一，解决个性化和标准化的问题，标准化是前提。在规范化、标准化的前提下，找准自己的个性。但如果先把个性作为前提，就是不正确的。就好像我们小时候练毛笔字，首先要描红，才能选择是学颜体还是柳体。如果你什么都不练，就练狂草，肯定练不出一手好字来。

第二，轻松而不轻薄。讲课要轻松幽默，但不要低级趣味。如果轻薄，就像江湖郎中一样，这样的培训师是不会受到尊敬的。

第三，平实而不平庸。平实，就是你讲的内容的实用性要很强，绝不讲空洞的东西，而且讲的东西还不应是炒别人的冷饭。培训师如果人云亦云，就没有自己的风格了，一定要努力做到在这个行业里讲的这门课程就数自己讲得最好。

那么，到底哪一种风格好呢？每种风格都有不同的应用场合，各种风格都有自己的“主场”，比如演艺风格对那些朝气蓬勃却又没有多少工作经验的年轻员工、保险推销员、一线营销人员是很有效的，因为它可以鼓舞士气。面对这类学员用学院风格就行不通。如果做不到根据学员类型来变换培训风格，那么，培训师可根据自己的特点来确定自己的风格。比方说，我们是搞技术出身的，不会做演艺派，那就可以用教练风格。总之，本色风格最容易出彩。我就是这样一个人，我就选这样的风格，不刻意去模仿别人。

就目前的培训行业来说，企业更需要真正能够解决问题的培训，所以我们更倾向于教练型的风格。风格的存在最终是为培训服务的，最好的模式就是兼有各种风格，能够在各种风格中游刃有余。讲理论的时候有学院派的严谨，加分；讲案例的时候有演艺派的精彩，加分；引领思想的时候有教士派的成功背书，加分；讲技能的时候有教练派的务实，加分。

在选择风格类型上，能做到博采众长更好。比方说，我是一个非常严肃的人，偶尔来一点幽默；我是一个非常轻松的人，偶然也会来一点凝重。也就是说，以自己的本色风格为主，然后融合一些其他风格的元素。培训师也要不断挑战舒适区，让自己的培训变得更加精彩。

本色风格再综合前面我们所讲的语言运用技巧、手势运用技巧，还有眼神运用技巧，会有助于培训师形成自己的独特风格。当培训师真正把各种风格融为一体的时候，就能达到“夕阳芳草无情物，解用都为绝妙词”的境界了。

第三节　现场应变六项对策

培训师课讲得多了，就会知道，无论准备得多么充分，无论什么级别的培训师，在课堂上，都有可能会出现一些失误。比方说思维短路，暂时忘了你最熟悉的东西，或者不小心讲错知识点，遭到别人指责等。如果经验不足，对这些小错误处理不当，会严重影响课堂效果。

那么，如何做到心里有数、处乱不惊？这就要求我们事先能够预见这些能给人带来麻烦的问题，掌握随机应变的对策和方法。一般来说，课堂现场容易出现的问题有以下几种：内容出现错漏、气氛比较沉闷、遇到故意挑衅找碴者、遇到行家高手、课堂秩序混乱和学员总有质疑。一旦出现这些情况，我们应该如何应变？

一、内容出现错漏怎么办

原则：小错补，大错改，不回避问题，但也不大惊小怪，不破坏课堂学习氛围。

技巧：镇定自若，巧妙纠正。

假如有一个地方培训师讲错了，当然可以大大方方地说："同学们，对不起，我讲错了，我重讲，行不行？"但这是一种态度，而不是技巧。错了当然要更正，但有的时候如果仅仅错了一个词，无碍大局，可以忽略，完全可以不用更正继续讲下去。在调研中我们发现，有的培训师总是纠正自己的错误，结果纠正得学员都没有信心听课了。

如果培训师发现一个观点讲错了，更正也要有技巧，可以说："刚才我讲到了这样一个问题——人力资源经历了几个阶段，我说经历了两个阶段，我说得对吗？"下面有学员可能会说还有一个阶段。其实本来是你讲错了，可是这样将错就错，既纠正了自己的错误，又变成了一种教学手段。这样做就比"哎呀，同学们，对不起，我漏掉一部分，现在我把它加进来"要好得多。

二、气氛比较沉闷怎么办

原则：找到学员的关注点进行调节。

技巧：多种形式，吸引参与。

有时我们会遇到学员打瞌睡、走神。其实，走神的学员也就一两个人，其他人都在聚精会神地听，结果你做了提醒的多余动作，反而干扰了其他学员听课。学员偶尔走一会儿神是正常的，面对这种情况，不要管他，继续讲你的就是了，因为要让所有人都聚精会神，也是很困难的事。

如果大面积的萎靡不振，那这时候你就需要将课程节奏略加调整，比如理论讲解的部分先告一段落，加入研讨的环节，比如把要讲的结论打住，转而向学员提问。

长时间学习对人的体力也是一种挑战，很多课堂学员非常疲倦但还强撑着听讲，这时候培训师就要"善解人意"。

有时候不妨跟大家开个玩笑，我经常在下午上课前跟大家讲：“大家学习很辛苦，困不困呀？”

有时大家都很响亮地回答“不困”，有时会有几个学员诚实地说“有点”。

我接着问大家：“那困了怎么办呢？”

这时就有各种各样的回答，但大多数笑而不语。

于是我说：“我建议，困了就睡。”

大家一片愕然。

我说：“困，是正常的生理需求，我们要跟自己的身体和解，道法自然，谁困了就眯一会，魂游物外，我在这里看得到每一位，谁因为困了眯几分钟，我肯定不说出来。”

大家一片窃笑，尤其是年纪较长的学员。

“但是，”我话锋一转，声调提高，“我只有一个要求……”

这是略作停顿，大家又再次注视过来，听我的下文。从学员的表情里就看出他们就知道没那么简单。

“请把呼噜调到静音或者震动的状态。”

我说完这句话，全场一片笑声，瞌睡也无影无踪了。

人最关注自己，当内容与他关联度不高时会感觉闷。如果一定要讲，那就用问句讲。如果内容有关联度，但形式太单一，就用多种形式讲，比如视频，比如讨论，总之要吸引参与就能很好地解决课堂沉闷的问题。

三、遇到挑衅找碴者怎么办

原则：冷静和包容。

技巧：迅速检索，正面询问，果断放弃。

第一，需要界定一下，什么是挑衅找碴，什么是正常讨论。有时候培训师会把学员正常的探讨或者不恰当的表达误以为是故意找碴，其实不然。因此，可以用探讨的模式，通过重复问题或者反向提问的方式来测试，如果讨论的重点在内容，那就继续，如果对方只是借机发泄情绪，再做处理。

第二，在心里快速检索一下课程内容和自己的言行有无冒犯到对方，比如没有注意到宗教、地域问题，或者有一些结论没有强调条件。如果的确有让人不快的地方，就借机澄清和解释；如果确定没有，可以正面询问到底他的想法是什么。

遇到这种情况，最可贵的是冷静和包容。人都会有情绪，也都会有管理不了情绪的时候。在正常的课堂上，学员即便是对培训师讲的内容有所保留，也会留在课间与培训师探讨，或者通过组织方与培训师沟通。在课堂中与培训师正面冲突的情况比较极端，有几种挑衅是发生概率较高的，比如讲投资的培训师信誓旦旦地推荐投资项目却不做风险提示而导致学员亏损的，比如有的培训师缺乏实据信口开河或讲到观点问题时过于绝对化，比如有的培训师讲课时明明有硬伤却强词夺理的。

当然，也有的是因为学员的认知很偏激，比如，一次在广州听一位培训师讲职业生涯规划，当时就有一位“90后”学员很大声地说：“老师，你就是在忽悠我们，就是给我们洗脑。”在课堂上公然大声质疑，搞得那位培训师很被动。

这时候其实可以心平气和地说："一年之计在于春，刚入职场的年轻人就是春天，大好时光，做好规划，能让我们的职业生涯更有效率，能有更自由的空间去追求更多可能性。当然，我讲的这种方法也只是很多方法中的一种，也只是一些人探索过的经验，没有规划、没有目标也照样生活，如果不认同，那可以不必照我说的做，'路上也有风景'。"还可以征求大家的意见，如果大家想往下继续，那就少数服从多数；如果大家也起哄，这时礼貌地退出也不失为一种方法。

我们要包容不同价值观的人，也包容一些缺乏理性的行为。

有一位老师是这样处理他遇到的挑衅的：

有一个学员站起来说："老师，我没听明白。"于是，我就给他重新讲了一遍。他接着说："老师，我还是听不明白。"我就想，他可能是抽象型的，又给他做了理论分析。可他接着还说没听明白，我就明白他是挑衅找碴型的。于是，我就向他提问："我们现在是在成人的培训课堂，当然每个成人的基础和水平都不一样，那么在一个课堂上有90%的学员听懂了，有10%的学员听不懂，怎么办呢？"他没明白我的用意，别人就很干脆地回答："放弃他。"我说："好，那我现在就要放弃你。"大家一笑了之。

四、行家高手出场怎么办

原则：相互尊重，巧用资源。

技巧：虚心求教，教学互动。

有时候培训师也会遇到真正的行家高手，也许他的经验比你更老到，他的学识比你更深厚，甚至他的思维比你更清晰，他会在恰当的时机抓住你的漏洞，然后一下击中你的要害。

遇到高手怎么办？正所谓不打不相识，这时候你就可以教学互动了。因为真正的高手都不是恶意挑衅，只是点到为止。此时互相尊重，让他把高招亮出来，作为大家共享的资源。此时，还要看课程主要的服务对象是谁，如果是基层学员，有高手可以现场利用，高手就是高级助教，设计一个相对独立的环节请高手作答，会变成好事，为课堂加分。

你可以说："在这点，您的思考和实践更深入，请上来，我们大家一起分享你的观点。"虚心求教更能体现培训师的高尚品德。

五、课堂秩序混乱怎么办

原则：找出根源，以静制动。

技巧：沉默是金。

有时候，一个问题就可以导致课堂秩序的混乱，大伙说个没完，一片混乱。你大喊安静，还是制止不住，怎么办？这个时候，你千万不能慌乱，而是看看问题出在哪里，找出"病根"才能"对症下药"。

如果实在控制不了局面，那就索性不讲了，默默地看着大家，这个时候往往会收到很好的效果。大家看到你不说话，就会马上安静下来。他们会想："老师不说话，是因为我们确实做得有些过分了。"于是，他们会重新专心听讲。

六、学员总有质疑怎么办

原则：不是课堂上所有的问题都需要回答，但是所有问题都需要回应。

技巧：乐从心法，尊重学员，达到教学相长。

“问题解答”，这是考验职业培训师专业知识是否雄厚、是否能够灵活运用的一个最有效的方法，也是帮助培训师不断提高自身要求的一个工具。“讲得好不如问得巧，问得巧不如答得妙”。因为学习是发现问题的过程，问题解答对学员的影响甚至超过了课程的精彩演绎。因此，职业培训师要将自己的专业知识体现在问题设计上，懂得以问题为训练的线索，掌握配合课程理性纲要设计各类问题，诸如主题性问题和关键性问题、观念性问题和操作性问题、启发性问题和提示性问题、区分性问题和界定性问题等。

不是课堂上所有的问题都需要回答，但是所有问题都需要回应。培训师要以自己有无准备及问题与主题有无关联来判断，要区别有的问题需要学员回答，有的问题只是为丰富课堂表述而设计。回答问题要运用乐从心法、尊重学员，达到教学相长。优秀的职业培训师不仅能够安排好培训课程，也能够及时解答学员的疑问，面对学员的质疑可以尝试如下方法：

首先，重复纲要，强调重点，对症解答。

其次，如果有多个学员质疑，那么就先倾听再归纳问题，集中回答。

再次，要具体分析，主动引导。有的时候，培训师讲得不一定明白，甚至有不完善的地方，那学员当然会质疑："老师，不对啊，不应该是这样，应该是……"有的培训师遇到这样的情况，就喜欢固执己见，说本来就是这样，学员还是没听明白。但有些学员并不买他的账，弄得培训师下不了台。

其实，学员质疑说明他在认真思考，这是很好的事情。他提出质疑，那培训师就应该具体问题具体分析，如果是他没听明白，那就再详细讲一遍给他听。一般来说，经过精心设计的培训课程，培训师就要相信自己不会有太大问题，这个时候要厘清自己的思路，引导学员，与学生达成认识上的一致。当然，如果真是出现错误，就像前面说的那样，要尽量镇定自若和巧妙纠正。

最后，课后马上改课件，在章节中加入相关内容进行说明与讲解，把大家可能出现的问题涵盖进去，从根本上减少疑因。

七、总结：自助者天助

成人学员最喜欢学养深厚还低调谦逊的老师，从不介意打击自以为是的老师，尤其喜欢打击没多少才能还自以为是的老师。

对培训师来说，自助者方得天助。

1. 打铁还需自身硬

充分的准备，有势能差才不会被挑战，这是职业素养；缺乏有效思考，缺乏实践体验，难以驾驭内容，是掌控不住课堂的。

2. 笃定的自信

让内心有力量，自信包括允许和控制，如若遇到了自己不知的盲区，内心也不会太慌乱。培训师不是万能的，当然要允许自己有不知道或者不确定的地方。强大的心理建设，让人有足够的精神规模，即使被挑战甚至被刁难也有足够应对的力量，在课堂上不会因此而慌乱甚至愤怒。

3. 心态开放

善于借力。坐在你对面的不只是学员，也是可以利用的现场资源，你可以用开放的心态求助学员。比方说，当你遭遇到严重挑衅的时候，自己救不了自己，那就用最后一招——不妨求助于学员："大家认为，这个问题我们还有必要继续讨论下去吗？"其实，大多数学员是公正讲理的，就会说："算了，算了，老师接着往下讲。"大家都是花了钱听课的，谁也不愿意有一个人专门和老师纠缠。在这种情况下，最重要的是培训师自己的心理素质要好。

4. 知耻近乎勇

如果你频频遭遇挑衅，经常出现错漏，课堂气氛经常沉闷，怎么办？那就不能继续讲了，这只能说明，你的水平可能还不够。你要做的是闭关修炼、回炉再造。在一个地方吃过亏不要紧，在同一个地方反复吃亏就是你自己的问题了。

其实，一门真正优秀的课程，是不需要用多少课堂技巧就可以很流畅地讲下去的，学员也很容易接受。如果频频用技巧，那就说明你本身的功力不够，需要深刻反思，做好课程环节的准备工作，其中课前热身演练是关键。自助者天助，这才是解决问题的根本。

第四节　精彩点评

做培训的，都会有这样一个深刻体会，点评是教练式培训必不可少的组成部分，是我们在教学中经常要遇到的。职业培训师必须具备点评能力。如今，优秀的职业培训师在培训过程中已经完全突破单纯讲授的训练模式，而越来越懂得运用双向互动模式。

优秀的职业培训师，有着过人的“差异化点评”能力，包括对不同人员、不同主题的点评，方式则包括在讲授中运用游戏、故事、模拟、讨论和演练等。这种抓现象、找感觉、寻方向、定角度，丝丝入扣、随形附影的点评方式有利于改善培训效果，实现培训目的。所以，点评越来越成为重要的训练能力而得到培训师的高度重视，也受到企业的关注，并成为衡量培训师是否职业化及功力深浅的重要能力指标。甚至可以说，点评能力是职业培训师的一半的功力。

对于学员来说，点评也具有十分重要的意义。为什么呢？它可以从另一个角度反映出学员的学习行为，同时可以促进培训绩效的提高。通过点评，我们可以把学员所做的和标准或标杆进行比较，告诉学员距离目标还有多远，然后根据实际情况做出调整。这样，无论学员已经取得什么样的成绩，他们总是能够做得更好。

点评，不仅有助于激发学员的学习动机，而且能够使其及时发现自己还存在哪些问题。同时，也可以使培训师根据这些信息及时地发现培训中还存在的各种问题，适时做出调整。否则，如果教学双方都心中无数，或重复学习，或忽略重点，就会造成浪费，甚至使不正确的行为继续下去。

那么，我们怎样才能做到精彩点评呢？

一、总体概括

点评的一般模式叫总体概括。在课堂上，如果培训师不肯定学员的优点，一味地指出他的问题，当然会遭到学员的抗议。其实，这是培训师缺乏对总体概括方法的应用的表现。

培训师在点评时，可以运用全局思维：

第一，“总的看来……”，然后，把学员做得最好的部分点出来。

第二，“值得欣赏的是……”。

第三，“如果这里能够……就会更……”，在肯定的基础上指出问题，对学员的内容进行补充和延展。

第四，“遗憾的是……”，把薄弱点指出来。这样，学员才会心甘情愿地接受。

一般的培训师能够做到这些就算完成任务了，但是，对于一个优秀的培训师、一个职业化的培训师来说，这只能算完成了一半任务。有时学员会很不服气地说：“你指出我做得不好，那怎样才叫好？”所以，为了点评更具完整性，我们最后再做一个小结：“建议应该这么做……”

那么，是不是每次点评都要这样？也不必如此，假如说在你的前面已有很多人做了点评，你就不要再重复一次，可以单刀直入，直接谈问题就可以了。不要重复别人说过的东西，只在一个点上做示范或谈观点就行了。当然，点评时要注意把握分寸，恰当最好。

二、完成超越

如果说用全局思维和辩证思维进行总体概括，指出优点和不足，那么点评还需要用创新思维完成超越。这是对培训师更高的要求，也会给学员带来更大的收获。那如何超越呢？

如果同时有许多人点评，比方说，新员工入职，有好几个培训师已在你的前面给他们做了培训点评，现在轮到你点评，你可以说："第一个老师讲得很好，说得很精彩。但是会说的不如会听的，一个新员工到了这里，不要夸夸其谈，要注意倾听。"

如果前面已有人说过类似的话，你还可以说："会听的不如会看的，有好多东西，别人不会说给你听，你要仔细观察，要自己领悟，你问别人，别人也不会告诉你，怎么办？要观察，有眼力。"

进一步类推，你还可以说："会看的不如会干的。你听明白了，也看明白了，干不明白也不行，所以，手头的功夫要好。"如果听、看、干、想，都被别人说过了，那你还可以说："听、看、干、想，要融会贯通，一层一层提高，做到超越。怎样超越别人？逼自己上台阶。"

总之，点评要超越别人的观点，而不是在别人的水平上重复。

三、三项原则

在现场点评的时候，我们有总体概括的模式可以效仿，但是，要点评得精彩，点评得到位，你就要有独到之处，能够点到别人的要害，评得别人心服口服。这里没有固定的模式可以套用，但是，我们有原则可以遵守。

首先是针对性原则。要准确，只有命中要害才能“一箭致命”。点出学员最根本的问题在哪里，学员才会心服口服。当然，这种能力不是一蹴而就的，培训师要大胆训练自己的点评能力，在课堂上、在生活中不断地练习和提升。

其次是综合性原则。要全面概括，善于提炼。这就要求我们在培训现场，精神要高度集中，不要忽略任何细节问题。

最后是超越性原则。要鞭辟入里、高屋建瓴。有高见才能让人对你刮目相看。

第五节　课堂掌控自测

这一节我们主要讲教学现场的掌控方法。恰到好处的现场气氛才能使你的学员真正有所收获，才能使你的水平得到提升。这里最重要的是了解自己，这是完善自己的基础步骤。

我们如何评估自己对课堂的掌控能力？可以通过表 5-1 来检测。“课堂掌控自测表”是我们在培训实践中经常要用到的，对培训师掌握和提升教学水平有很好的帮助。

表 5-1　课堂掌控自测表

问题		1	2	3	4	5	6	7	8	9	10
1	上课前我清楚教学目标										
2	上课前我了解了我的学员										
3	我不会偏离教学目标										
4	我会观察每个学员的反应										
5	出现异常现象，我会保持冷静										
6	课堂混乱，我会采取相应对策										
7	我会及时抓住出现的教学机会										
8	对学员的提问，我会清楚分类										
9	根据学员所提问题的性质，我会扩大或缩小问题										
10	我会把握教学节奏，张弛有度										

（续表）

问题			1	2	3	4	5	6	7	8	9	10
总分		较差（30分以下）业余（30~70分）专业（70分以上）										
指导者评语												

分值分布说明：

每一个指标都有不同的分值和自测者的水平对应，否定回答的分值为0。1 ~ 3分为较差，3 ~ 7分为业余水准，7 ~ 10分则为专业水准。每一指标的分值之和，则为培训师课堂掌控能力的测度。30分以下为较差，30 ~ 70分为业余，70分以上是专业水准。我们可以根据自测表，有针对性地做出改进，提升自己的能力。

（1）上课前我清楚教学目标吗?

教学目标的确定是保证课堂效果的基础。很多培训师在课堂教学的过程中往往偏离自己的教学目标，原因就在于其上课前对自己的教学目标把握不够准确。

如果你在课前不能很好地把握教学目标，则在这个方面的能力就是0分；如果非常清楚和明白，则是10分；有一点清楚则可以得到1 ~ 3分;一般情况下可以得到3 ~ 7分;清楚则是7 ~ 10分了。

（2）上课前我了解我的学员吗?

培训师大多数时候都是给陌生的学员上课，大家第一次见面，彼此有深入的了解几乎不太可能。但是，为了能更得心应手地掌控课堂气氛，我们应该通过各种渠道和方式去了解学员。

比方说，开课前，我们可以看一下学员的资料，了解其年龄结构、职位状况、学历结构……这样，就会对学员的情况有一个大体了解。同时，在课堂上，要运用一些方法，把握学员的性格倾向。对学员了解得越多，我们对课堂气氛的掌控就越强。

（3）我会偏离教学目标吗？

有时候一个案例、一个讨论受主导性学员的影响，可能令老师不由自主地偏离教学目标。如果此时一点都不受干扰、不偏离，那么可以得到 7 分以上，一般情况下得 3 ～ 7 分，经常则得 1 ～ 3 分。

（4）我会观察每个学员的反应吗？

观察学员的反应是了解学员的最基本手段，同样是掌控课堂的基础。当你在讲某一个知识点的时候，你要清楚学员对这个知识点的兴奋度有多高、反应有多大。面对学员不好的反应，你要找到原因在哪里，然后改进完善。

如果对学员的反应一点都不了解，只顾自己埋头讲课，那么不仅课堂效果不会好，有时候甚至会遇到挑衅、找碴等你想不到的麻烦。所以，一个专业的培训师一定要学会观察学员在课堂上的反应，掌握其情绪动态。

（5）出现异常现象，我会保持冷静吗？

从某种程度上说，如果你了解你的课堂和你的学员，那么，任何异常现象都会在你的掌握之中，专业的培训师遇到这种情况一定能够冷静处理，从容应对。如果你对现场情况的把握度很低，那么，一旦出现异常现象，比如说学员挑衅、起哄，你就会不知所措了。这同样是对我们培训师心理素质的一次很好的测试。

（6）课堂混乱，我会采取相应对策吗？

这与对课堂异常现象的把控相关联。如果我们能对现场应变六项对策加以灵活运用，就可以很快从业余水平提高到专业水平了。

（7）我会及时抓住出现的教学机会吗？

这是对培训师提出的更高要求，要求培训师有非常好的教学功底和丰富的实践经验。比方说，当学员的某段发言很具有代表性时，我们就可以巧妙地加以点评，借点评达到自己希望达到的教学目的。

（8）对学员的提问，我会清楚分类吗？

这同样是对培训师的高要求。能够清楚地把学员的提问分类，说明你在教学现场的掌控能力比较强。因为你已经明白提问者的意图，所谓知己知彼，百战不殆。要提高这方面的能力，我们要有意识地去锻炼，在教学的过程中，对学员提出的每一个问题都认真思考和对待，必要的时候可以做记录。

（9）根据学员所提问题的性质，我会扩大或者缩小问题吗？

扩大问题，可以使其变为教学机会；缩小问题，可以使我们从容应对。如果能够游刃有余地处理学员的问题，那就是专业高手了。

（10）我会把握教学节奏，张弛有度吗？

会把握教学节奏，是培训师在高级阶段的要术。对课堂节奏的有效把握和张弛有度，是培训师灵活运用课堂技巧的能力体现，也是准备充分和经验丰富的表现。达到这样的专业水准，需要专业的训练；没有专业训练，你很难发现自己的缺陷在哪里，纠正就更不知从何做起了。

第六节　课堂管理有方

克里斯·安德森提出群体加速创新理论，指出当创新者相互联系紧密时，一个创新者的新突破会被另外的创新者了解和掌握，从而带动更多的创造。以街舞为例，通过视频网站，全世界的街舞爱好者会把自己的新动作上传，相互学习，从某地到全世界，不断发展，创新达到了让人匪夷所思的高度。最新的 CES（Consumer Electronics Show，全球规模最大的消费科技产品交易会之一）中，无人机的下水、竞速、悬停等各种功能的实现和创新都体现了这一点。

培训课堂中的学习也是这样，成人学习的最大收益不是简单的知识转移，而是通过群体加速创新，实现交叉优化的效果。为了让这个效果放大，在课堂的管理上可以使用以下几个方法进行优化。

一、绘制课堂体验地图

1. 设置体验点

20 世纪 80 年代，北欧航空公司总裁卡尔森提出，平均每位客户在接受其公司服务的过程中，会与5位服务人员接触；在平均每次接触的短短15秒内，就决定了整个公司在乘客心中的印象。将与客户接触的每一个时间点定为关键时刻，北欧航空公司绘制了客户体验地图。如一位旅客的旅行轨迹为从搜索旅行方案开始到抵达目的地终止，这个过程共有26个客户体验点，有的感觉轻松愉快，有的感觉不便，有的感觉令人沮丧。将这些体验点绘制成客户体验地图，对图中每个客户的体验点都做出现状评价，然后集中优化改善，通过这一方法多个航空公司和其他行业据此做出了出色的改善。

培训是知识服务业，学员的学习之旅也是一次心灵的体验，从学员开始报名到课程结束，也有12个体验点，如表5-2所示。

表5-2　培训学员的12个体验点的调查分析表

	一般状况	较高体验（加分项）	较差体验（减分项）
1. 问卷调查	格式问卷	内容翔实，根据需求订制	无调查或问卷设计草率
2. 课前动员	参训通知及培训要求	提出课前要求，发出课前预习资料	无目的参训
3. 教学环境	具备培训条件	环境无干扰，设备齐全，服务响应及时	环境嘈杂，设备短缺，无支持性服务
4. 授课老师	水平尚可	严谨系统，表达充分，态度认真，关注学员	思想落后，表达随意，态度散漫，不关注学员
5. 教学管理	签到、考勤	破冰，竞赛，鼓励团队协作，创造学员交流条件	管理缺位，组织不力
6. 学习内容	基本与需求匹配	贴合学员需求，结合调查情况调整课程	与需求不符

（续表）

	一般状况	较高体验（加分项）	较差体验（减分项）
7. 案例相关	有通用案例	选取相关行业案例，有目标学员案例，分析多维度多层次	案例陈旧，相关度不高
8. 课堂讨论	小组讨论	深入引导并推动学员探索，充分发挥成人学员“自教育”	结论简单或学员无参与
9. 个案点评	设置学员问答环节	设计学员应用环节，针对学员表现进行个性化点评，对所有学员有启迪	无或者无法回答学员提问
10. 结营颁奖	课程总结	针对竞赛环节排行颁奖，用结营文件回顾学习历程	无
11. 工具应用	推荐阅读	有工具包、推荐书目、课题及作业	无
12. 学以致用	线下答疑	学员作业批改，学员作品验收；学员可收获完整成果	无

2. 优化体验点

比如，教学管理中设置竞赛环节，分小组对抗，每小组需要选出小组队长。这个环节在很多培训中都会用到，如果进行优化，会提升整个课程体验。比如，可以做如下优化：

首先，选举方式的优化。一般会进行民主选举，有两种情况：一种情况是学员互相是陌生的，这是个非常好的破冰环节，可以要求大家做一个简短的自我介绍，数天的训练营可以让每人说一分钟，小于两天的短课程可以让大家每人说一句话。这个环节也可以与小游戏组合使用，比如开展一个为期两天的青年领导力培训课程，学员来自各个学院，彼此不认识，于是公示一个评比标准，自我介绍后每人会得到不同的分数，决定分数的就是有多少人记得你的名字和关键词，而且同组的人会根据每个人的介绍来决定选出谁成为这一组的队长。这样，所有的人在介绍自己的时候就已经打起精神，做最好的设计，让别人记住自己，让别人信任自己。这个看似属于课程的辅助环节也成了课程的亮点之一。

另外一种情况是学员彼此认识，那就要注意避免熟悉的人坐在一起。在同一个部门有上下级关系的学员坐在一起就会有人情分，被选出的荣誉感会打折扣。所以，一般是“插花”原则，最好的选举环境是“半生不熟”，既不陌生，又不太了解。一般来说，公开课选举环节安排在一节内容之后，大家稍有了解的时候；内训可以在刚开课时进行这一环节，因为大家都不熟悉，这个环节可以节省初识的时间，开课后陷入“人情社会”之后再选就事倍功半了。

其次，选举的标准要增加理论的含金量。增加课堂趣味性和知识性，比如在领导力的课程中，培训师常常会让小组成员间用领导人的五大性格特质或者领导人的七个特质选出小组队长。这样大家在对照自己、观察他人时不只是在做团队建设，还充分利用这个环节增加知识，在游戏中已经开始课堂内容的学习了。

最后，各环节之间要有关联性。选队长时会出现一些状况，比如有的被选者会谦虚推托，有的小组会出现两个票数相同的被选人，这时趁机讲讲责任、权利和义务，讲讲领导者的四个演变，利用这些状况对大家进行启发和引导，会增强体验感。

二、巧用承诺锁定行为

有研究者曾在莫拉蒂海滩做过一个承诺实验，结果证明人对自己说过的话是倾向于达成的。同样，锁定达成的环境是符合SMART原则且公开的，可以将这样的承诺管理方法作为课堂管理技巧。

课堂开始，学员就对投入学习、遵守纪律、服从裁定等做出相应的承诺，比如，全勤奖励，迟到早退受罚；积极回答问题奖励，随意走动、接打电话受罚；小组竞赛积分的裁量权归老师。争议问题的解决途径，竞赛结果的优胜奖励，后进受罚等，所谓“先说断，后不乱”，用公示公开的方法让大家一起约定并承诺，在什么情况下怎么办，谁来办。在课堂上用人性锁定行为，君子一言，言出必行。

比如，我们在课堂中除了组织提供的奖品，还有一个课堂文化是优胜的小组可以要求最后一组达成自己的一个愿望。在开课时，大家都有冠军相，这时候做出有诺必践的承诺是没有负担的，对争得冠军也是很有信心的。在课前锁定的这项奖励，大家都当众承诺，课后即时交付的可能性几乎是100%。

三、树立标杆建立标准

20世纪初，英国乡村有一套牛奶配送系统，将没有盖子的牛奶瓶送到顾客的家门口，结果山雀鸟与红知更鸟不费力地得以享用牛奶。随着厂商加装铝制封装，这些鸟的这个食物通路就此关闭。到了20世纪50年代，几乎所有的山雀鸟都学会了自己刺穿铝制封装，重新开启获取食物的大门，但是红知更鸟却很少学会。因为山雀鸟从年幼就习惯于群体行动，而红知更鸟属于排他性较强的鸟类，彼此没有太多沟通与交往。集体行动的山雀鸟通过彼此相互学习互助，将个别鸟的能力通过传导转化为群体的能力，形成加速学习的效应，使自己拥有更多的生存空间与进化的机会。山雀鸟的进化，是群体中能够相互分享和学习的结果，也是不断训练和转化的结果。山雀鸟可称得上是“学习型的鸟队”，其学习的特质是群体内的相互影响。

同一个培训课堂上的学员大多数都有同质化特征，比如“领导力”课堂的大部分学员是层级相差不大的干部，“人力资源”课堂的学员基本上都处于与人资相关的岗位，这就有了相互学习和模仿的基础。在课堂上如果能树立学习标杆，就会增强同质化影响的效能。

标杆的设定需要公示的标准，比如，守纪标杆：无迟到、无早退、无接打电话、无课堂走动；学习标杆：回答问题数量多、正确率高、参与演练完成度高、获得评价高、完成测试通过率高等。这些标准是课堂中的公开公示标准。

同时，还要注意多标杆设定。每个人都有自己的特长和短板，只设定一个标杆会让大部分人失去兴趣和动力，多标杆就可以解决这个问题。

四、设计竞赛催化创新

人是好胜的，只要有人群的地方，就可以展开竞赛，竞赛会营造出有压力、有动力的学习氛围。学员的好胜心被激发了，学习目的的达成就有了自驱力。

在课堂中可以使用NBA式竞赛管理方式，分小组竞赛，同时统计个人得分，每组中会有MVP（most valuable player，最有价值球员），最后奖励优胜团队，并用冠军愿望来激励（有的企业会让员工自己设计奖励物，更有效）。结果每个人获得自己的愿望被达成的荣耀感，以及彼此真诚的表扬和赞赏，学习的自驱力在学习过程中不断强化。

什么时候最有战斗力？一般来说，在课程的前半程，大家齐头并进，中程就有所懈怠，后程由于分数的差异，那些再努力一下就得到冠军的团队和再努力一下就能脱离垫底位置的团队会更积极，大家的动力不一样，但积极努力的行为是一致的。为了让这种竞赛氛围保持下去，在每个课间都要公布最新的战况，而且把团队竞赛的成绩张贴在最醒目的位置上，再淡定的学员在看到跟别人的一点点差距后都会暗暗使劲，学习状态更为积极。

竞赛中注意公平公正，关键是标准简单、评比公开，公开就会带来公平感。

还要注意体验引导。在奖励物并非特别物质的情况下，大家就会转向精神体验。大家都获得了同样的愉悦感，但少了很多争执，都关注到了原来得到的不仅是冠军和优胜，更重要的是在参与的过程中收获的感悟。悟性高的学员会把这种感悟移植、迁延到工作中，对学员的成长会有更大的启发作用。

竞赛结束后奖励的仪式感同样重要。大家参与了，认真了，那么最终取得的成绩不管是有奖品，还是最后一组得到的精神满足，这个过程都需要郑重对待，有条件的话就举办一个颁奖仪式。从来没有人会拒绝荣誉，课堂的最后要用让所有学员都有满满的收获和载誉而归的光荣。

活用方法，效果倍增

教育学家诺斯（Malcolm S. Knowles）指出训练儿童和训练成人有很大的区别，提倡学习应划分为儿童学习和成人学习。

儿童因为阅历较浅，分辨力差，他们学习知识就像海绵吸水一样不加选择，不管水清洁与否，照收不误。而成人却不同，成人由于人生经验较为丰富，思想比较复杂，对学习的要求，无论是学习的内容、教学的方法、学习的目的，以及能否达到目的、怎样达到目的等，都要经过仔细辨别和思考，他们对学习的要求和期望较高。因此，了解成人学习的特点，对于加强培训的效果大有裨益。

概括起来，成人学习有以下特点及相应对策。

行为自主——成人必须想学才能学。

培训对策：抓住“痛点”和“梦点”。

“要让牛喝水，不是强按牛头，而是要让牛口渴。”强烈的自我学习愿望是最好的动力。学员有两个学习的驱动力：一个是“痛点”，一个是“梦点”。“痛点”是不学会即时被淘汰，“梦点”是让未来有更强的竞争力。国内某知名保险公司的企业大学内部课程的开发一直都围绕这两个点展开，培训中心从不需要去说服各分公司组织学习。

目的功利——成人只学他们认为需要学的东西。

培训对策：标示出清晰的学习路径和目标。

成人学习具有很强的目的性，如果是他迫切需要的，他会乐意去学习，这是其学习的主要动力之一。前面讲过的三级大纲的规划，其中配置的培训内容，那些与现实联系密切的知识和技能更能引起成人的注意，他们即学即用，能立即解决其实际工作中遇到的难题。有效性体现越快，越能强烈地吸引成人学员。

阻抗融合——成人在学习中喜欢运用过去的经验。

培训对策：心态开放，新旧搭配，用案例带入情境，让学员在思辨中得出结论。

成人拥有丰富的经验，喜欢把新的知识与旧的经验做比较，年纪越大，对新事物、新观念的接受态度就越谨慎，学习的抗拒力也越大。培训师灌输得越多，溢出得也就越多。就像弹簧，压力越大，弹力也越大。我们常常要求学员保持“空杯心态”，但客观上做到是很难的。从另外一个角度来讲，成人的原有认知和经验何尝不是教学资源，也是成人改善的基础。培训要做的不是推翻重建，而是融合和创新，使用新旧搭配的方式，用案例法让学员在情境中参与和理解，自行得出的结论会比培训师的单向输出更有效。

实践导向——成人喜欢在做中学。

培训对策：尽量压缩讲道理的时间，增加动手实践的比例。

有人把人的五种感官和实践（do）形象地比喻为通向大脑的六个通道，而这其中又以实践和视觉最为重要。所以，英国有句谚语：“If I tell you, you will forget ; if I show you, you will remember ; if I do with you, you will sure understand.”也就是说，你听见了会忘记，你看见了会记住，你做了就会明白。听—看—做，是思维与行动的结合。

抵制规制——成人在非正式的环境中学习最有效。

培训对策：将理论设计为游戏及沙盘，用竞赛管理课堂。

成人基本都经过规制的系统教育，以选拔和获得文凭作为学习导向，但这种环境规制了内容，也规制了扩展性。人的天性是喜欢受到个体的尊重和重视，自由地摄取知识的营养，收到积极和肯定的评价。如果在轻松、愉悦和友爱的环境下学习，心灵的开放度更高，更易于接受，效果更好。

带宽更大——成人可以同时接受不同的学习手段。

培训对策：应用视觉、听觉、触觉综合教学。

成人处理信息的带宽更大。在整个学习过程中，多途径的信息传递，能使感官得到更多样化的刺激，使学员对所学习的知识有全方位的了解，更能加深印象。所以，在培训的全过程中，综合应用案例、体验、游戏、录像、图片和演练等，效果会更好。

第一节　方法与内容的配合

我们经常看到，很多培训师在课堂上也会用到一些经典的教学方法，比如说案例法、游戏法、演示法等，但是，学员听后仍感觉印象不深刻。细细分析原因，就会发现，这些培训师基本上是属于“拿着螺丝刀当扳子用”的类型。因为，他们不知道自己所使用的教学方法是否和内容相适应。

一、教学方法与课堂目标的对应关系

在实际的培训过程中，一种教学方法不会适合所有的教学内容。每种课程内容都有其最佳的表现形式，如果你不知道什么是最佳的表现形式，在该用案例法的时候用了讲解法，该用讲解法时用了演示法，那么，你就达不到最佳的教学效果。

1. 课堂目标决定了教学方法

比如，课堂的目标就是让大家“知道和了解”，那么用讲授法较为有效，可以在规定时间内呈现更多的内容，也易于让整个内容安排得较为系统和完整。如果要提升讲授法的趣味性和记忆度，那么同时配合演示法就会更有效果。

如果课堂的目标是让大家“思考和探索”，那么用案例法就较为有效。比如，讲管理，你用一个定理来说明，不如用案例表达来得好。案例有情境、有条件、有角色、有选择、有过程、在讲案例的过程中学员会深入理解，并能够主动思考，代入感强;同时，学员会对条件的变化和过程的处理等变量因素进行思考，容易产生更好的解决方案。

如果课堂的目标是让大家“体会和感悟”，那么可以用游戏法。一个精心设计的游戏，让大家参与其中，从肢体到思想到心灵，体会会更深刻，分享也就更深入。游戏可分为室内游戏和户外游戏。

如果课堂的目标是让大家“运用和模拟”，那么可以用沙盘，比如商战沙盘、营销沙盘和财务沙盘等。

如果课堂的目标是“巩固和强化”，那么就可以用实操六环法，课堂中设计 PDCA 循环。

如果课堂的目标是“计划和达成”，那么就可以使用行动学习法，直接列出执行计划和方案，与课下执行联动。

如果课堂的目标是“变化和习得”，那么就使用教练法，让学员直接有输出的需求，以增加输入的动力。

2. 以学习规律管理学习效果

对学员来说，使用不同的学习方法，他们所能接受到的知识和对知识的掌握程度是完全不一样的。关于学习效果的保持率，有一个学习金字塔的规律，即在学习中学员的投入度与信息留存度成正比，如图 6-1 所示。

如果只是讲，学员接受的信息单一，记忆度不深，在一个月后留存约为5%。

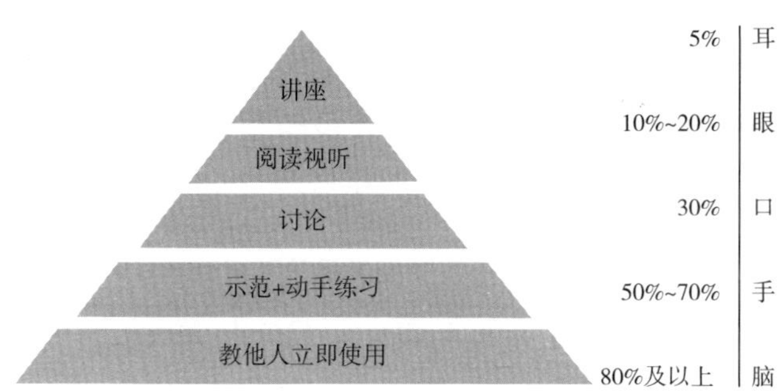

图6-1 学习金字塔

如果可以在讲的基础上加入阅读材料和视听素材，学员可以直观地看，一个月后的记忆度提升到10% ~ 20%。

如果在这个基础上加入学员讨论的环节，学员不只听到、看见，还可以表达自己的观点，一个月后的记忆度就可提高到30% ~ 40%。

如果还可以动手做，直接运用和实践，通过课堂的点评还能看到差距和改善方法，一个月后的记忆度就可以提升到50% ~ 70%。

还有一种方法是最高效的，就是让学员由接受者变身为输出者。在培训实践中，学习结束后，如果有教他人立即使用的压力，并且加以考核，学员不只本身要“知其然”，还需要他有“让他人知其然”的能力，就会催生学员探索“其所以然”的动力。因而，在很多培训设计中，都会安排学员课后将学到的东西进行高质量的“转训”，以他转训的学员的成绩来考核其学习效果，这样的方法能将学员一个月后的记忆度提升至80%甚至更高。

二、教学方法与学员类型的匹配关系

在上一章中讲到，学员的学习风格有感受型、反思型、推理型和践行型四类，这四类风格不只影响到培训师对课堂的掌控，也深刻地影响到教学方法的使用。如表 6-1 所示。

表 6-1　针对不同类型学员的不同教学方法

	讲授法	演示法	案例法	游戏法	模拟法	拓展法	实操法	行动法
感受型		√		√		√		
反思型	√		√					√
推理型	√		√		√			√
践行型			√		√	√	√	√

感受型的学员很感性，他们觉得讲授法很枯燥，很难理解。有很多学员在课堂中看似在听讲，但课下一问，大多表示“不明觉厉”——觉得老师挺专业，但就是没听明白。对这类学员演示法、游戏法和拓展法就较为适用。

反思型学员和推理型学员更理性，对讲授法的接受程度很高，他们对理论性的内容听得津津有味，尤其剖析和讨论案例是他们的“兴奋点”，在拓展和游戏中则表现一般。

践行型学员对能动手、有具体操作的环节特别感兴趣，也表现出很强的执行能力，他们对于讲授及演示环节的响应度一般。

三、用故事思维设计教学流线

我们给学员讲道理的时候，他们通常听不进去。比如我们讲“劳动的发展史就是人类生产方式的发展史”（恩格斯）时，学员就会觉得非常枯燥，很难听进去。但用故事来表达同一个道理的时候，课堂效果就非常好。比如：

人想获得更好的营养，有两个来源：一是靠女人采集，二是靠男人打猎。其中，打猎所获得的肉食明显提高了家庭的营养水平。但打猎有个问题，就是收获不稳定，大多数时候会空手而回。

后来人们发现，有的时候会猎取到超过需求的猎物，那时候没有冰箱，为了保存肉食，人们就把打来的猎物暂时圈起来，为了让它们活着，就喂养它们，需要的时候再杀掉吃肉。而圈起的猎物中偶然会有受孕的母兽，产下兽仔后，就会有乳汁，这样人类的小孩也有了更好的食品。小兽长大后还可以提供肉食，人于是有了较打猎而言更稳定的肉食与奶食的来源，于是畜牧业出现了。

为什么人爱听故事？有四个原因。

1. 体验是最直观的获取知识的方式

从人的认识来说，人的知识来源于三个层面：体验、理解和顿悟。体验无疑是最直观的知识获取方式。人有三个心理需求：安全感、认同感和刺激。理论的东西很难满足普通人的这三个心理需求，但好故事却能满足他们，最烂的故事至少也能满足其中之一。相对于惫懒的认知系统来说，通过体验获得知识既理所当然又毫无疑问——人天生就是喜欢形象化思维的，这也是为什么适合理论研究的永远是少数人。

2. 关注的优先级是人→实体→概念

从情感而言，人的关注点优先级是人→实体→概念。就像你拿一张照片给受试者来看，他们优先识别和寻找的其实是人或者脸，其次才是周边环境，因此在有大量信息的环境下，人从情感角度也会选择优先接收和人相关的信息。所以，在讲授的过程中听到“举一个例子”或“20年前，我……”的时候，听者的注意力会被突然激活。

3. 接受信息的过程中对故事更敏感

从人的兴趣点来看，大脑对于外界信息中有关自己的信息会有雷达般的敏感，尤其对于那些自己不曾经历过的事件充满了无尽的好奇，对于那些与自己相符或相近的行为又特别喜欢“对号入座”，感同身受。听故事会让个体有限的人生经验有了代入的对象，随着故事情节起起伏伏，也增加了自己的经验。

4. 故事信息能“投射”

人喜欢听故事，在故事中的体验更深刻和生动，故事中的信息如果能“投射”到学员本身，学员对信息的接收和处理会更为主动。好故事有情节、有高潮，可以将学员对故事的偏好引用到课堂中，用故事思维来构建课程。如果把整个课程当成故事来听，最吸引学员的就是这些故事情节，因此当出现这些信息点时要特别关注：

- 看到培训师时问：“你能教我什么？”
- 听到内容时问：“你或别人是怎么做的？”

• 总结收获时间："我的问题怎么解决？"

在这三个点上，学员的注意力会格外集中，因为它们都有一个共同的特点：与学员有相关性。

因此，充分利用人喜欢听故事的特点，用故事思维建构课堂的信息流线，在学员最关注的几个点上，用更多的时间和资源，运用各种教学方法充分传递信息，可以加深学员对课程的理解。如图 6-2 所示。

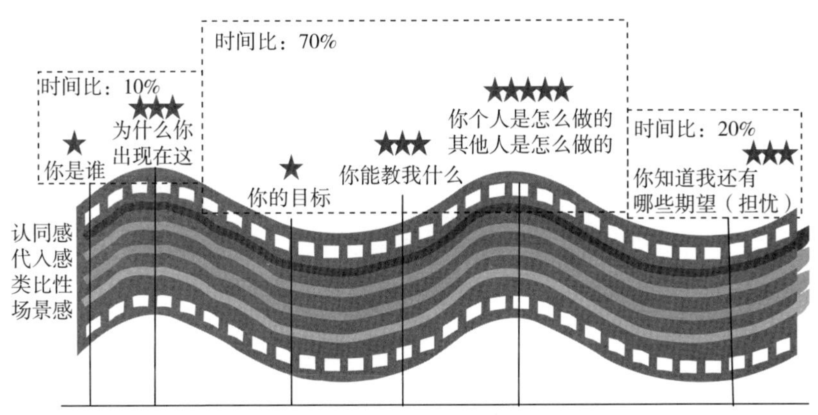

图 6-2　用故事思维建构课堂的信息流线

四、教学方法的丰富与创新

教学方法多种多样，这是"点"，如何让整个教学过程有条不紊，紧紧围绕学员的关注而展开呢？此时可以借鉴"五星教学模式"，以之为"线"，串起各种教学方法的实践和创新。

五星教学模式是当代国际著名教育技术理论家、教育心理学家、美国杨百翰大学夏威夷分校的梅瑞尔（M.David Merrill）教授一直倡导的新教学理论。该理论用以改进在线教学、多媒体教学中只重视信息呈现，忽略有效教学特征的教学方式，又叫"首要教学原理”，如图 6–3 所示。

基于五星教学模式，我们可以认为学习的核心主张是：在“聚焦解决问题”的教学宗旨下，通过教学不断重复四阶段循环圈——“激活原有知识”“展示论证新知”“尝试应用练习”和“融会贯通掌握”，其间共有十五个要素。同时，还应辅以“指引方向”“激发动机”“协同合作”和“多向互动”四个教学环境因素的配合，如图 6–4 所示。

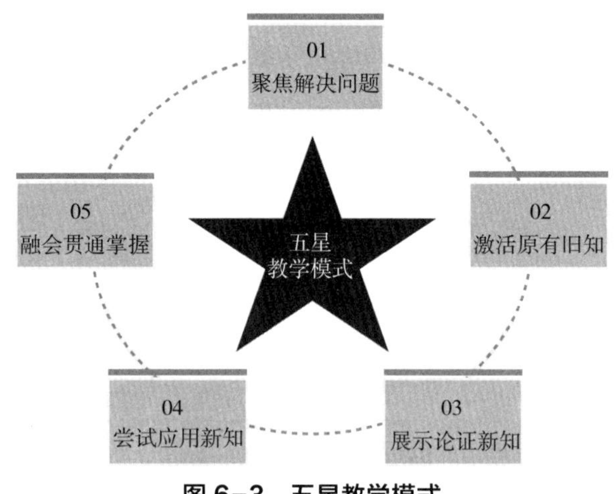

图 6–3　五星教学模式

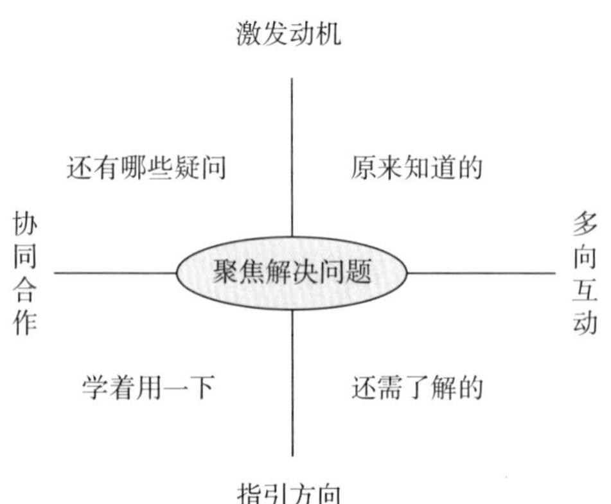

图 6–4　聚焦解决问题的教学宗旨

因此，把教学法分为五个主步骤，每步骤有三项要素标准，共十五项来对教学进行评估。各种教学方法的创新都是为了达成这些目标。如表 6-2 所示。

表 6-2 教学评估表

主要步骤	分步要素	教学方法及资源
步骤 1：聚焦解决问题——教学内容是否在联系现实世界问题的情境中加以呈现	标准 1.1 交代学习任务（show task）——教学有没有向学习者表明在完成一个单元或一节课后他们将能完成什么样的任务或将会解决什么样的问题	学员手册大纲展示
	标准 1.2 安排完整任务（task level）——学习者是否参与到解决问题或完成任务的活动中，而不是只停留在简单的操作水平或行为水平上	教师手册中学习地图的规划
	标准 1.3 形成任务序列（problem progression）——教学是不是涉及了一系列逐渐深化的相关问题，而不是只呈现单一的问题	教师手册任务目标的制订
步骤 2：激活原有知识——教学中是否努力激活先前的相关知识和经验	标准 2.1 回忆原有经验（previous experience）——教学有没有指导学习者回忆、联系、描绘或者应用相关的已有知识经验，使之成为学习新知识的基础	课前测试课堂提问
	标准 2.2 提供新的经验（new experience）——教学有没有提供那些作为新知识学习所必需的相关经验	课前资料及案例
	标准 2.3 明晰知识结构（structure）——如果学员已经知道了这些内容，教学中是否能为他们提供并展示先前掌握的知识和技能的机会	课前阅读推荐

（续表）

主要步骤	分步要素	教学方法及资源
步骤 3： 展示论证新知——教学是不是展示论证（实际举例）了要学习什么，而不仅仅陈述要学习的内容	标准 3.1　紧扣目标施教（match consistency）——展示论证（实际举例）是不是和将要教学的内容相一致？即①是否展示了所教概念的正例和反例？②是否展示了某一过程？③是否对某一过程做出了生动形象的说明？④是否提供了行为示范	讲授法 案例法 演示法
	标准 3.2　提供学习指导（learner guidance）——教学中是否采用了下列学习指导：①是否引导学员关注相关内容信息？②是否在展示时采用多样化的呈现方法？③是否对多种展示的结果或过程进行明确比较	演示法 小组讨论
	标准 3.3　善用媒体促进（relevant media）——所采用的媒体是不是和内容相关并可以有助于学习	在线学习
步骤 4： 尝试应用练习——学习者是否有机会尝试应用或练习他们刚刚理解的知识或技能	标准 4.1　紧扣目标操练（practice consistency）——尝试应用（练习）及相关的测验是否与教学目标（已说明的或隐含的）相一致？即①针对记忆信息的练习要求学员回忆和再认所学的内容；②针对理解知识之间关系的练习要求学员找出、说出名称或者描述每一部分的内容；③针对知识类型的练习要求学习者辨别各个类型的新例子；④针对“应怎样做”的知识进行的练习要求学习者实际去完成某一过程；⑤针对“发生什么”的知识进行的练习要求学员根据给定的条件预测某个过程的结果，或针对未曾预期的结果找出错误的条件	实操法 提问测试 课堂点评 问卷
	标准 4.2　逐渐放手操练（diminishing coaching）——教学有没有要求学员使用新的知识或者技能来解决一系列变式问题？针对已经表现出的学业行为，学员有没有得到教师的反馈	实操法 沙盘教学 小组任务
	标准 4.3　变式问题操练（varied problems）——在大部分应用或练习中，学员是不是能在遇到困难的时候获得帮助和指导？这种帮助和指导是不是随着教学的逐渐深化而不断减少	研讨法 创新竞赛

（续表）

主要步骤	分步要素	教学方法及资源
步骤 5： 融会贯通掌握——教学能不能促进学员把新的知识和技能应用（迁移）到日常生活中	标准 5.1　实际表现业绩（watch me）——教学有没有为学员提供机会以公开展现他们所学的新知识和新技能	收获分享 课后综述
	标准 5.2　反思（reflection）完善提高——教学有没有为学员提供机会以反思、讨论及辩护他们所学的新知识和新技能	辩论对抗
	标准 5.3　灵活创造运用（creation）——教学有没有为学员提供机会以创造、发明或探索新的富有个性特点的应用新知识和新技能的途径	行动学习 翻转课堂

具体的教学任务（教事实、概念、程序或原理等）应被置于循序渐进的实际问题解决情境中来完成，即先向学员呈现问题，然后针对各项具体任务展开教学，接着展示如何将学到的具体知识运用到解决问题或完成整体任务中去。只有达到了这样的要求，才是符合学习过程（由“结构—指导—辅导—反思”构成的循环圈）和学员心理发展要求的优质高效的教学。可以认为，教学产品的效能同是否运用了五星教学模式之间有直接的关系。

五星教学模式较适宜于可概括化技能的教学，对指导性或体验性（tutorial or experiential ）教学也特别适宜。教学活动的基本程序也可以概括为“讲授（tell）—提问（ask）—练习/实践（do）—表现（show）”。但以往的教学将重点放在前两个环节，典型的做法是讲述和问答型教学，即先呈现教学内容，然后在一个教学单元结束后提出选择题、是非题、简答题等来加以检查。这种类型的教学只是记忆信息而已，并没有达到最基本的掌握要求，因为它并没有其他方面的证据表明学员真正掌握了所学的东西。所以，讲述和问答型教学连一颗星都得不到。现在必须大力倡导并加强后两个环节——练习 / 实践和表现。

在各环节的创新中，除课堂资源外，还可利用互联网时代的技术工具，创新学习途径和方式。比如：

知识传授部分：把课堂中关于知识的部分拍摄或者录制成微课，有单纯听的课，也有可以观看画面、有示范动作的课程。微课一般都比较短小，满足随时利用碎片时间学习的需求。

学习管理部分：有的利用互联网的计算和统计优势，把课程的学习过程用软件记录下来，后台软件可以记录学员签到、学习和答题得分情况。还可以根据学员的错误率统计出教学难点，让培训师找到难点，帮助学员重点攻克。

激发行动部分：与游戏法结合，整个学习过程就是一个打怪升级的过程，从最初的招募开始到取得成绩结束，多条线分组对抗，用竞赛和积分激励行为的落地和创新。

第二节　课堂讲授法

课堂讲授法，是以讲解、提问、回答和交流为主的学习方法。课堂讲授法是培训课堂的基础教学方法，运用得最多最广泛，其重点是在学员感知的基础之上，教会学员怎么做。

课堂讲授法在所有教学方法中虽占用教学资源最少，只要有场地，就可以随时开讲，但是对培训师的考验却是最大的。课堂讲授法犹如说书，一个人、一柄木，就能撑起整个课堂，可以非常高效，在单位时间内传递大量有价值的信息。但它对讲授人的能力要求很高，信息的传递不是以发出方而是以接收方的接收质量决定的，不同的个体在课堂讲授法的运用上效果差别是巨大的。如果在运用课堂讲授法时操作不当，结果要么照本宣科，学员昏昏欲睡；要么自己讲给自己听，学员不明所以。如此讲授的课堂效果微乎其微。所以，培训师要明白，课堂讲授，既不是演讲，也不是领导式的讲话。在运用此方法的时候，一定要把握以下要领。

一、循循善诱的讲授法

颜回说："夫子循循然善诱人，博我以文，约我以礼，欲罢不能。"

这里有两个要点：一为善诱，一为循循。何谓善诱，就是按照学员的思路，让学员自己走到那个地方去。何谓循循，就是正视学员现在的程度，一步步来。

对比来说，一般领导讲话往往是指示、命令式的居多。主体是讲话者，听者只要接受理解就可以了，是信息的由己及他，比方说：

我希望大家就这么去做。

但是，善诱者则不同，更多的时候是这样说的：

请问各位，这样做可不可以？是不是还有更好的办法？做起来会有什么困难？

这里运用了循循善诱的办法，也可以叫作诱导法，就是尽可能地去启发学员一起来思考，是信息的交互。著名的“苏格拉底法”就是典型的诱导式教学方式。

一位叫曼诺的年轻人请教苏格拉底。

曼诺：“美德是学来的，还是天生或者通过其他途径获得的？”

苏格拉底：“很惭愧，我连美德是什么都不知道，怎么能说出它是怎样获得的呢？”

曼诺：“真的吗？那个有名的智者高尔吉亚在雅典的时候，你没有见过他？”

苏格拉底："见了，不过我记性很差，请告诉我他是怎么说的，或者讲讲你的看法，什么是美德？"

二、讲授不是演讲

有的培训师讲完后，会说一句"今天我的演讲就到这里"；也有培训师讲完课后，主持人会说"感谢某某老师的精彩演讲"，这是对培训的误读。演讲，更多的是表达演讲者的主观认识、观点和通过对情感的抒发来引发听众的思考，让听众理解和认同自己。而培训课堂中的讲授法则不同，它的目的是让听众在明白道理的基础上，知道怎么去做。如果用分值来衡量，设定合格的课堂讲授法是100分，那么，培训师讲的部分只能占50分，让听众知道怎么做，才能得到另外的50分。所以，演讲是培训中讲授的一个部分，或者可以说是一种手法。在培训的发展中，有一些阶段和场景是需要演讲的，它是作为知识的普及和面对众多听众时无法展开交互的一种选择。但这不是真正的培训，没有学员的参与和反馈不是完整的课堂。

我们经常说"讲得好不如做得好"，所以，培训师运用课堂讲授法要让学员知道什么才是终极目标。打个比方，师傅要教徒弟怎么跑、怎么比赛，如果由师傅演示，可能做得还不如徒弟好，但师傅知道怎样恰当地讲解，让徒弟在明白道理的同时知道怎么做，并且做得越来越好，这就是课堂讲授法的最佳运用。

三、课堂提问有技巧

我们已经知道，课堂讲授法重在循循善诱，那么，在这些讲解、提问和回答中需要特别注意的是什么？是提问和回答。问答像在打球，培训师问就是将球抛给学员，学员回答就是将球回传，然后培训师根据球来的方向和力度再次将球抛出，再回传，在不断地发出和反馈中完成对信息的传递、问题的解析和困惑的解答。

所以，在这里我们对课堂问答技巧做重点讲解。一般来说，我们在课堂上向学员提问有这样五种方式：

1. 整体式提问

对群体对象提问：

请问什么是导航者呢？请大家思考一下。

2. 特定式提问

对特定对象提问：

培训师在提高组织绩效方面应有什么样的理念？我们请 ×× 回答。

3. 开放式提问

今天上午的学习，大家有什么收获？

可能答案会有很多种，这就是启发多种思路的提问方式。

4. 封闭式提问

封闭式提问就没有给学员那么多的思考空间了，它会限定答案，比如：

我们的这种方法是表达了一种情感还是理智？

5. 修饰式提问

这是主要强调语义色彩的发问，不是真正的提问，比如：

这样道德败坏的人，我们还能跟他做朋友吗？

答案不言自明，不需要回答。

另外，培训师在讲授时提问要注意如下几个方面：

在应用这些提问方式的时候，培训师首先要明白最可能的答案是什么。为什么有的时候一提问，答案却不是你要的，而是乱七八糟的回答？这就是你对学员可能会做出的回答没有事先做充分的估计；如果事先做了充分的估计，完全可以换一种提问的方式，比如封闭式的提问等。

还要注意的是，不要频频发问，不要用咄咄逼人的方式发问。有的培训师很喜欢说“对不对”“是不是”“行不行”，不停地走到学员面前发问，结果弄得大家都很紧张，都不敢看你了。所以，在讲授的时候，不要让学员感到有紧迫感。你是来启发别人思考的，不是来给大家施加压力的。

还有的时候，在教学现场会出现问话不到位的情况。遇到这种情况怎么办呢？要渐进式问话，分几次到位。比如“这种题材用什么方式表达最好”，本来培训师想问“是用课堂讲授法还是演示法”，但是学员却回答说幽默法。这时可以再做一个引导：“用我们经典教法中的哪一种更好？”通过多次发问达到我们的目的。

另外，在提问中要注意学员的回应，有的人把问题问完了就晾在一边了，这是不正确的。我们要充分利用这样的机会，及时对学员的回答给予肯定、鼓励和感谢。因为我们提问就是要达到检验、强化和引导的目的。所以，我们心里要明白问这个问题的目的是什么，是为了检验、强化，还是引导？要检验，就要有明确的答案，比方说：

上午，我们讲了手势的作用，有哪一位学员可以为我们重温一下？

这是检验。还有强化：

谁能给我做一个整体式的提问？

这几种提问的方式在实践中可以结合运用。特定式的提问又可以是开放式的提问，比方说：

张××，你说，这两天的学习，你有什么收获？

这就是既特定又开放式的提问。同样，也可以是整体式与封闭式结合的提问。通过这样一些提问，引导出我们需要的答案和效果。

四、课堂应答方式

培训师在课堂现场回应和解答学员的问题，同样是课堂讲授法的一个重要组成部分。回答要达到的目的是告知、解释和扩展，并且通过回答来表现我们的专业水准。在课堂上，主要有五种回答技巧：直接式、描述式、附和式、拒绝式和反问式。

1. 直接式回答

对问题的简洁回复。

问："老师，怎样才能真正解决一站在课堂上就紧张的问题？"
答："解决问题的最根本办法，在于你自己超量的准备！"

2. 描述式回答

对问题具体的回复。

问："什么叫幽默？"

答："可能我也说不清楚什么叫幽默，但是，我可以给你举一个例子。有人问《纽约时报》主编博加特，什么是新闻，博加特说，狗咬了你这不是新闻，如果你咬了狗，这就是新闻。讲一个故事，描述一下，大家就明白了。"

3. 附和式回答

肯定学员所提的问题，很多情况下我们虽然不赞成学员所提的意见，但是我们回答的时候，可以先予肯定。

问："在教学中谁重要，老师重要，还是学生重要？"

别人回答："老师重要。"

你并不赞成，那你在回答的时候要这样说："老师当然重要，师者，传道、授业、解惑者也。天、地、君、亲、师。学习上也是一样，老师处于一个主导的地位。但是，在教学中我们经常会看到，同样的老师讲授同样的内容，学员所得不同，所以，在老师因素不变的情况下，学生更重要，老师讲得好不如学生听得好。"

你看，答案发生了扭转，就好像柔道和太极，先收回来，再推出去。老师直接说"不对"，这叫长拳；而优秀的老师会说"是的……但是……"，这样比较柔和，谁都有面子。

4. 拒绝式回答

否定所提的问题。"无可奉告"这句话在外交场合用得很普遍，但老师不能说"无可奉告"。老师和学员是亲密的朋友关系，不能用外交辞令。如果老师要拒绝，就要婉言拒绝："这个问题，后面我们会讲到。"也可以说："我们的课程里没有这方面的内容，但是，我也很感兴趣，下课以后我们可以单独探讨。"

5. 反问式回答

将问题交还给提问者。

问:“到底是老师重要还是学员重要？”

答:“你说呢？你有什么看法？”

当然，我们在使用这种方法的时候要注意，在很多时候，学员其实知道答案，就是明知故问，要考考你。这时，你就可以用这样的方式来回答。

运用反问式回答方式，注意语气要柔和。在实际操作中，我们可以适当变换问题的形态。有人提问，你不便于回答，那你可以把它变成一个对全体的提问:“好，刚才张 ×× 给我们提了一个重要的问题——学员重要还是老师重要？哪一位来跟我们分享一下你的想法？”这样就把问题交给学员，让学员来回答这个问题。

在我们的课堂上，应用告知、解释、扩展、引导、强化和检验等方法，就比单纯地用课堂讲授法好很多。课堂讲授法被称作训练法之王，应用面最广，条件限制最少，只要有讲话的地方都适用，但是，也有缺点，即相对枯燥，不太生动。

在实践中，我们更多地把这些方法作为语言的技巧、问答的方式，有机地贯穿于讲课之中。

课堂讲授法是适用范围最广的一种方法，也是培训课堂的基本方法，但是如果没有讲授的功力和点评的“点睛”，学员最终的理解还是不完整、不透彻。在这个基础之上，再做演示、讲案例、做游戏，学员的收获才能更丰富。

第三节　现场演示法

人都喜欢简单、有趣和直观的东西，课程可以讲，让学员听得清；还可用视觉工具，让学员看得明。

一、演示为讲授增能

有演示的课比单纯讲的课精彩。比如，我们讲职业形象的问题：

职业人一定要有职业形象，否则别人不会接受你，大家注意了，要特别注意职业形象……

这样去讲，尽管讲了道理，学员也明白了，但是效果平平。因为你没有做到完美表达，只是白白浪费时间和精力而已，学员一定会听得犯困。

同样的内容，如果使用现场演示法，效果就会好多了：

好，大家请看，这是一本书（向学员展示一本书并翻看封底价格），标价 15 元。现在，我不小心这样（当场撕掉或者抓皱封面），这本书就变成另外一个样子了（把损毁过的书展示给学员）。如果，此时要卖掉100本书，其中包括这本（再次扬扬手中的书），你要不要？（把书递向学员）

（看着摇头的学员，继续说服）要吧，跟其他书没有区别，你看，里面内容没缺啊。要不10元？（再次把书递向另外一名学员）

（学员依然笑着摇头）

为什么你不想要呢？它内容没变，但是，你认为它是破书，是次品，是吗？（学员认同地点点头）

这就像我们的职业形象，内容像你的职业能力，能力没变（意味深长地看一眼学员），但你贬值了。（重重地把书甩到讲台，停顿2秒）今天，我和大家一起来分享关于职业形象的知识……

这样去讲，别人听了就会印象深刻，这就是演示达成的独特效果。撕书的这个环节很多学员都记忆犹新，为什么？在接受“能力不变，形象让你贬值”的观点的同时伴有的那“刺啦”一声和皱损的封面，还有培训师意味深长的一眼，在学员的脑海中构成了巨大的视声立体的效果，比单一语言的信息要持久和鲜活得多。

二、演示常用的两类工具

现场演示法中常用实物和图表两类工具。

1. 实物演示工具

最好是唾手可得的实物。一类实物是指操作课程的老师，可以用具体的工具和仪器演示，用来说明方法；另一类实物是与所讲内容可以进行类比的物件，用来说明问题。

有一次，参加一个聚会。由于白天上课有点拖堂，我下课就在路上打包了一个汉堡，一路小跑拎着纸袋进入会场，大家已经吃得差不多了，有一位老师正在跟大家聊健康话题：

她说："我们每个人都有很多人生目标和欲望，我们每天都很努力，达成一个又一个目标，比如咱们培训师，想开发一门受欢迎的课程……"她环视大家，大家点头，这时她拿起一个碗，"想成为企业的优秀讲师吗？"见有人点头，她又拿起一个碟子，"还想成为行业金牌讲师吗？"她又拿起一个盘子，这时手里的东西已经有三件，她抬眼看到我，跟我招手，"借你的袋子用一下。"我就把打包的纸袋递给她。她将手中的袋子抖动一下："这些欲望和目标的达成都得有一个载体，这个载体呢，就是我们的健康。"她边说边将这些碗、碟子和盘子一一装进了袋子里。

这时她看了看大家，所有人都望着她手中那个被餐具撑得鼓鼓的袋子，有人流露出担心的表情。

这时，她继续说道："有欲望是好事，能让我们有追求的动力，但是大家别忽略了这样一个事实，就是——你的健康能不能装得下这些欲望？"说完，她抓着被撑得紧紧的袋子拎离桌子。

所有人都一声惊呼。因为袋子刚离开桌子，撑了几秒钟，就"噗"地破了，餐具都掉到桌子下了。一阵叮叮当当后，大家都若有所思。

"事情也许没那么糟。"转瞬，她又从椅子后面拿出了另一个袋子，一个帆布袋，从容地把掉出来的东西都装了进去，再拎起来，安然无恙。

她莞尔一笑，又拿起了一个大鱼盘：“或者，你还可以冲击一下全国百佳。”

我承认我被震撼到了。我对健康的观念一直都有，但没有哪一次像这次一样，让人听完就想立刻行动。

由于职业的关系，为了工作我常常加班加点；有时候辗转于各机场，哪怕飞机延误到深夜，我第二天也得精神抖擞地站在讲台上；有时候工作集中，我会连续进行几天的课程。失眠、白发、健忘和越来越低下的免疫力，那些餐具掉落在桌子下的响声、那个袋子破损的声音，一直留在我的记忆中。自从那次聚会后，只要有点时间，我就去爬山或进行其他运动。

实物演示是讲授的“神助攻”，是从眼睛、耳朵触及心灵的过程。不过我们要做好实物演示，也会遇到一些困难，比如有的老师对我说，不知道用什么实物演示。在实际运用中，我们的经验是：找到观点与实物之间的关联点。可以做这样一些训练：

正向训练：由事到物。比如要讲领导者在团队中的角色和位置，你可以用哪些实物进行演示？

逆向训练：由物到事。比如看到有人用面包喂鸭子，鸭子随着面包的不同落点追来逐去，当面包太多的时候，鸭子就不再追逐……这样的现象你有什么联想？可以用来讲什么内容？

2. 图表演示工具

比如，为什么管理者首先要建立工作绩效标准呢？

某地产公司老总被集团指示：在建项目要尽快回笼资金。该老总将此事交于公司新聘任的营销总监负责。该营销总监的个人能力很突出，加班加点搞出一份项目计划书，要点如下：

拟将本项目打造成本片区的项目标杆，特征是片区均价每平方米8000元。我们的项目要实现价值突破，争创每平方米9000元。为此，我们需要用营销方法突破，让客户在预售时段接受较高的价格。先要做部分景观及销售展示，将会带来一定的成本上升。现在项目平均成本是每平方米3720元，约需增加成本每平方米230元，即3950元。销售期争取控制在常规销售期内，即180天达成销售比例80%。

地产公司老总迅速将这份计划书上报集团公司。那么，这份计划有没有得到集团公司的首肯呢？答案是否定的。为什么？

这个问题因为来自实际工作，深深地吸引了学员。但现在有个障碍，就是这么多情况、这么多数据，在没有足够的时间消化的时候，学员有可能跟不上讲课的节奏，听不明白就影响课堂进程，再重复解释也会让时间失控，那怎么办？这时就需要用图表演示，一画图，大家就清晰了。如图6-5所示。

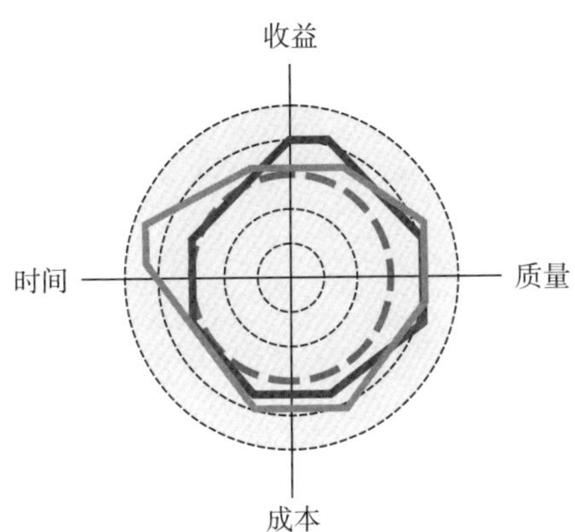

图 6–5 销售成本及收益控制表

我们来建模。衡量这项工作要通过四个方面，即收益、成本、时间和质量。如果我们把片区内项目一般能达成的标准定为 3 分，也就是浅灰色虚线标出的部分，那么营销总监的工作就是在收益和质量两项上进行突破，也就是深灰色标出的部分，然后，我们再把集团的战略部署标出，那就是浅灰色的部分，大家看，问题出在哪里？

这样一演示，学员清晰地看到三者的差别。

图表演示还可以用来解析要素之间的逻辑关系。比如，要讲清梦想、目标、资源和能力的关系：在企业中，每个人都有自己的资源，也有自己的能力，那么，到底应该怎样设定自己的目标呢？我们的回答是：既要考虑自己的资源，也要考虑自己的能力，资源和能力的交汇之处乃是我们的目标，用一个简单的图就可以表示这个道理，如图 6–6 所示。

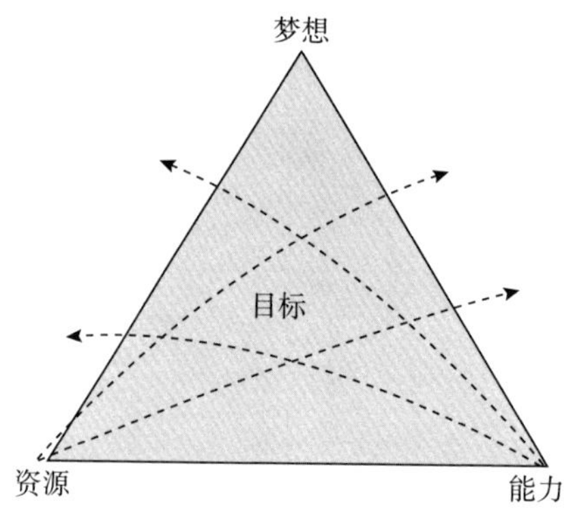

图 6-6 梦想、目标、资源和能力的关系

我们的目标由低到高，反映了我们的资源和能力的不断积累。随着积累的增加，我们的目标会越定越高，直到接近我们的梦想。

还要注意，目标离梦想不能太远。有些行业很赚钱，比如黄色或黑色行业，可有的人给他多少钱他都不愿去做，为什么？离他的梦想太远了，这不是他的梦想，他认为目标宁可低一点，也要在距离自己的梦想最近的地方。所以，资源、能力和梦想决定了个人的目标高低。

同样的道理，如果用文字来表示企业的经营目标，可能比较复杂，但用图表，就很容易说明问题了。

在运用现场演示法的时候，要注意把握三项要领。

一忌繁杂。演示设计要操作简易，追求简单。如果过于繁杂，那演示起来反倒令人不明白了。

二忌歧义。演示有时也会产生适得其反的效果，当演示不当的时候，就达不到我们想要的目的。所以，在演示的过程中，千万不能缺少对演示的必要讲解。

一位牧师在布道的时候，告诫信徒不能喝酒，喝酒有害健康。为了证实这一点，牧师准备了两只杯子，一只杯子里面装满水，一只杯子里面装满酒。然后，牧师抓来一只虫子，先把虫子放在装水的杯子里面，虫子爬出来了。

然后，牧师又把虫子放在装酒的杯子里面，马上，可怜的小虫子被酒精夺去了生命。于是，牧师问信徒："大家都明白了吧？"

"明白了。"

"明白了什么？"牧师问。

"喝酒，肚子里就不会长虫子。"

你看，牧师本来想告诉别人"喝酒有损健康"的道理，却被信徒们理解成"我们应该喝酒，因为酒精可以杀虫子"，这就是适得其反了，原因在于牧师没有加入必要的演示讲解。

三忌肤浅。好的演示，要能让学员深刻地认识和领悟其中蕴含的哲理。所以，培训师切忌对演示内容做肤浅的讲解。在对学员进行启发的时候，要深入挖掘内涵，杜绝有演示无讲解的情况。如果说完美的演示占到 2 分，那么，后面的诱导和启示则应占 8 分（满分 10 分）。

第四节　案例教学法

案例教学法是什么？案例教学法是提供实际发生的事例，让学员通过讨论分析找到解决问题的办法。这是一种具有高度启发性、实践性的培训方法。它以案例为基础，使学员设身处地地体验决策人所面临的问题，通过分析、与人讨论和交流思想等方式逐步提高学员分析问题、解决问题的能力。

一、案例教学具备独特优势

1. 案例教学具备五大优势

1921 年，哈佛商学院正式采用案例教学法，之后这一方法在北美乃至全球的商学院中迅速传播。1994 年，案例教学法正式传入中国，一开始用于企业高层管理人员的培训中，即现在 MBA 的前身。同时，根据中国的实际情况，如师资、文化环境和管理者特点等，案例教学法在中国也演化出很多不同的形式，在课堂上被广泛采用，教学效果显著。当然，能有这样的效果，得益于案例教学法的一些独特的优势。

第一，着重对能力的培训。和其他方法不同的是，案例教学法着重对能力的培训。通过案例教学，学员可以自行诊断和决策，提高分析和解决问题的能力。运用案例教学法的目的并非仅仅要求学员找到问题的答案，而是使学员在相对开放的环境中发挥主观能动性，积极思考，从而增强运用知识与经验的能力。

第二，客观真实和开放。案例的素材取之于实践，有客观真实性。案例提供了一个模拟真实实践的决策环境，学员在模拟情境中学到的知识、技能和价值观反思更容易应用于真实的管理环境中，却完全不必承担真实环境中决策失败的风险。课堂以案例为工具，给学员提供足够开放的思考空间，因为真实的管理环境往往没有标准答案，能够很好地调动学员的学习兴趣。

第三，强调全员参与。学员是案例教学的主体，培训师的职责是组织与引导案例讨论，让学员积极参与其中。在案例描述的具体环境中，学员围绕案例所反映的问题进行讨论，并在此过程中相互学习，共同进步。

第四，案例答案的多元化与最佳化。“用别人的棋复自己的盘”，开放的环境带来更有想象力的思考，可以探索和推演各种可能性，使学员从多个角度出发，根据案例所提供的信息做出分析、判断，提出和创新解决问题的方案。

案例本身未必存在唯一答案，有时某些案例所反映的问题会存在多种解决方案。此时，培训师应该引导学员进行研讨，加以辨别，寻求最佳答案。这种多元化、最佳化答案的选择，无疑可以开拓学员的思路，调动他们的学习积极性。

第五，案例教学着重于培训师与学员之间的互动。案例教学，要结合学员的实际工作或学习的需要，侧重于培养学员的实际工作能力和解决问题的能力，同时，要符合企业人才培养的需要。

那么，我们如何在教学中开展呢？

2. 案例教学七步法

第一，内容引导。将学员的思维引导进案例讨论之中，给出讨论的方向。

第二，划分小组。激发学员朝不同的方向思考。可以展开小组间的讨论，互相交流想法。

第三，提供案例。对所要讨论的案例进行必要的讲解。

第四，宣布规则。规则的制订和宣布是案例教学法的重点，可以保证学员的思考和讨论在培训主旨范围内进行。案例本身不能做到这一点，需要用前提和规则，否则会出现学员游离主题，东拉西扯，讨论失去控制的情况。

第五，讨论分析。在给学员一定的思考和内部讨论的时间后，再进行全体的分享。

第六，激励引导。这是对培训师的较高要求了，因为在讨论的过程中可能会出现多元化的结果，这个时候培训师就要善于引导，引导大家围绕主题讨论，以免学员游离主题，或者浪费教学时间。

第七，总结升华。把学员讨论得到的切合主题的观点进行提炼、升华，将其上升到理论层面予以认识。

二、案例教学的五个关键点

1. 区别范例培训与案例培训

2004 年 × 月 × 日，××× 党委常委、××× 市委书记 ××× 同志因忘我工作，积劳成疾，被病魔夺去了年轻的生命。××× 同志的逝世，在全区引起了极大震动，人们无不深深地为我区失去这样一位优秀的干部而扼腕痛惜。面对这样优秀干部的英年早逝，我们该怎么做？

这是范例培训法。先给出一个标准的模式，然后让学员追溯其成功的经验并加以学习，在解决类似问题时进行借鉴。社会树立的一个又一个的榜样，意在鼓励其他人向他们学习，这就是一种范例培训方法的应用。

赵 ×× 学习成绩名列前茅，快高考了，大家都认为他是北大的苗子。但他最近有些变化，有人反映他偷东西，有人反映他猥亵本班女生。昨天，李 ×× 又来告状了，说晚上赵 ×× 偷她的钱包，被她抓个正着。面对这样的情况，如果你是政教处主任，该开除赵 ××，还是让他参加高考？大家分组讨论。

这就是案例培训法了。案例培训法与范例培训法有着本质的不同。案例培训法是给出发生的事件，让学员凭借自己和小组成员的知识、经验寻求自认为最恰当的解决方法。

2. 案例具有鲜活性

做现代企业的管理培训，要尽可能用新的经典的案例来进行案例教学，所以我们在编写和挑选案例的时候一定要深入思考，明确案例教学目标，要以“于细微处提炼精神，于烦琐中汲取精华”为宗旨，选择恰当、适用的案例。

选择案例有哪些具体的标准呢？案例必须是典型的，具有普遍性、代表性、针对性。典型未必真实，可以是多个案例的组合体，比如哈佛的经典教学案例“洞穴奇案”就是由法学大家富勒从三个真实案例中提取组合而成的。比如，有很多老师会用《西游记》《三国演义》等文学作品做案例，这些名著中某些片断因其对现实的良好折射也具有了作为案例的典型意义。

同时，在设计案例的时候要多问自己一些问题。例如，所提供的案例是否与学员的培训需要紧密相关？主旨与学员的现实状况是否有相关性？难度是否适当？内容、过程和结论是否具备可讨论性？生动性如何？是不是有标准答案？辅助资料是否充足？相关表格是否就绪？等等。

3. 引导要及时

和演示法一样，及时和恰当的引导也是案例教学法的关键所在。在讨论的过程中，有的发言会出现偏离主题的情况，或者领悟得不到位。此时，培训师就要循循善诱，及时引导。

4. 点评要有指导性

点评的深入与否直接关系到学员的理解和收获程度。所以，在做课堂点评的时候，培训师既要给出理论上的透彻阐述，又要精辟分析学员观点的优缺点；既要有总结，又要有提高。这就要求培训师对理论必须融会贯通，要反应敏捷。

5. 掌控好时间

案例教学过程中的案例讲述、讨论和点评等环节，必须在规定时间内完成。只有在规定的时间内采用“绿灯思维”的方式进行讨论，才能确保案例教学的效果。必须让学员清楚地知道，在实际工作中，允许我们决策的时间是十分有限的。一味地拖延案例教学的时间，不仅影响培训效率，也会造成思维的惰性。

我们来分析一下下面这个案例：

案例情景

阿强是一家医疗器械公司的维修工。近来，该公司连续发生几起原材料失窃事件，于是，公司重申了规章制度并把“盗窃者一律开除”的告示张贴到公司大门口。上个月，保安从阿强的提包里查出一架台灯。经审查，证实是从一台报废的机床上拆下来的，前几起盗窃案与他无关。

在准备将他开除时，全公司 280 名员工联名写信给董事长，提出去年下暴雨，仓库进水，休班在家的阿强主动到公司，奋力抢救，避免了十几万元的损失，为此还扭伤了胳膊。公司只是提出了表扬，当时没有重奖他，这次也不应当重罚他。

分组讨论

安排学员分 4 个小组进行组内讨论——该不该开除阿强，并阐明理由。

自由发言

每人限时3分钟发言，包括分析问题、表明观点和立场，以及阐述理由。当时，全体学员表现得相当积极和活跃，纷纷各抒己见，发表感想，甚至进行激烈的辩论，而这些在案例教学上都是被允许的。有的学员认为应该开除阿强，否则不足以严明规章制度；有的学员认为不应该开除阿强，企业要讲人情，开除一个阿强会失去一片人心；也有学员现身说法，讲起了类似的案例；还有学员把矛头对准了该公司的管理问题。真可谓是仁者见仁，智者见智。显然，这个情形达到了激发学员参与、活跃学员思维，以及多角度分析问题的效果，这就是案例教学的独特魅力所在。

培训师进行点评

在这个环节中，培训师要从两个方面进行点评：一方面是对案例讨论的过程进行点评，对其中学员的心态、思路、方法和使用工具进行点评；另一方面，就是对案例本身进行点评，例如，可以从这样三个角度进行点评：

第一，管理是细腻的。事情由阿强引起，所以解决问题的源头是做好阿强的工作，毕竟解铃还须系铃人。

第二，管理是有条件的。阿强事件是有具体的现实环境的，换了其他人、其他地方或其他时间，结果会不一样。

第三，管理是系统的。从企业管理的系统观点出发，不能头痛医头，脚痛医脚，问题的解决不能仅仅停留在是否处理阿强上，只有对问题的根源和相关要素进行系统管理，才是一个最佳的解决方案。

三、案例的总结与升华

案例是具体情境下发生的，其情境和情节是特殊的，那如何才能通过案例实现从特殊到一般，让学员在案例中收获的可以借鉴到工作中成为普适经验？这就需要对特殊情境下的案例规律加以提取，将案例升华为理论模型。

比如，有这样一些讲服务的案例：

前两天，我来到成都。成都这个地方讲风水，卖房子开盘是半夜零点，我还没有听说过这种事。零点银行都已经下班了，那天房地产老板和我说，只有招商银行的人在零点出现了。

在上海，也有一件事令我很感动。客户排队，有一个女同志患有癫痫病，犯病以后用牙咬舌头，眼看她要把舌头咬断了，怎么办？我们的员工就把手指伸进她的嘴里，舌头保住了，客户特别感动。

深圳一个支行有这样的事：客户不知道怎么有这么多钱，开始拿两万元现钞的旧钞来兑新钞，我们服务很好，他就试探，我还有很多钱能不能兑换？回答是可以，来吧。结果，他一下拿了350万元，又脏又臭，我们的员工一张一张地帮他弄，还请他吃饭，他很感动，于是，他说他们家还有400万元旧钞。在深圳这个地方，深藏不露的人很多。这个人后来成为招行的宣传员了，无时不讲啊，当然不说他钱的事，因为他太多钱了，他讲别的事……

——摘自马蔚华《在深圳市政协学习论坛上的发言》

这是几个非常鲜活的案例，如果这门课程探讨的是如何提升服务品质，仅仅就案例中的具体行为展开学习，就是授人以鱼，而无法授人以渔。我们的目标不是让大家学会在半夜提供服务，在客户患病时出现，不辞辛劳地帮助客户清点钱款。如果不能从这些案例中发现服务品质背后的东西，那么培训的效果就会止于行为的模仿，而不能产生行为的创新。

我们可以用品质管理大师狩野纪昭绘制的这个模型来讲解招商银行的这些服务案例。如图 6–7 所示。

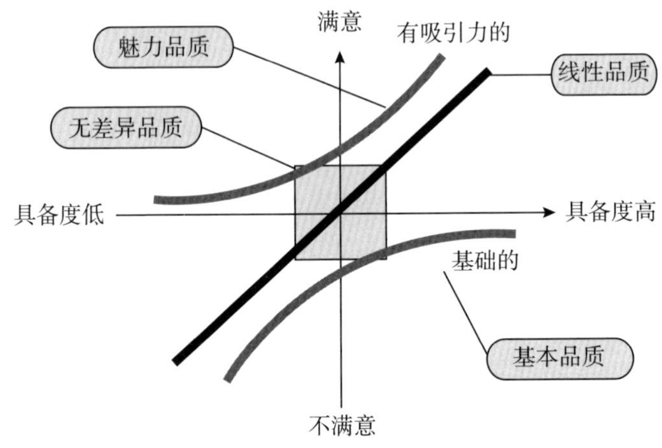

图 6–7　狩野模型

狩野模型（Kano model）是一个非常有创意的品质表示模型，一般也被称为二维品质模型。所谓二维（two-dimension），即包括两个维度：其一为基于顾客观点的满意程度，属于客户主观感受；其二为基于产品品质观点的提供，属于客观的产品机能或功能。

客户对服务品质的体验和评价有三类情况。

1. 无差异品质

产品品质与客户满意度无关，或称无差异；换言之，此品质要求非客户所重视的。

我们发现，招行的服务案例中为储户清点存款的细节最多，但这对于银行服务整体来说属于无差异品质。为什么？银行的主要盈利板块是存贷差；也就是说，这个行为对于所有银行来说是为了盈利而做出的服务，是所有经营者都会提供的。之所以招商这个清点的服务在当时还能被称为典型，是由于当时的国有银行未商业化，对服务极其忽略。放在今天看，银行对客户的这项服务已然是基本标配，客户对这项服务不再有感。它的曲线特征是在初期，做就能获得满意度，但到后来持续做，其满意度不再增加，当其他竞争者也可以提供的时候，这项服务的满意度还有下降的趋势，因而无差异品质无法构成企业的核心竞争力。

2. 线性品质

若能满足客户需求，客户满意度就高；反之，无法满足或者不是客户所需求的，客户便给予负面评价。

招行在成都配合开发商的销售需求，在现场办理贷款和金融服务的案例属于这个类别。它的特征是开发商有特殊需求，这个服务是根据客户的需求提供的。招行捕捉和满足了这种需求，服务品质就上升了。线性品质是两个维度的平衡，即客户的需求和对这种需求的满足能力在同一个拮抗平衡点，这样客户满意度才是最高的。

3. 魅力品质

具有魅力特质的品质需求，一旦被满足，客户满意度将以指数级增加，并且增高幅度远高于其他品质下的。基于此，魅力品质即是客户“意想不到的品质”，并可达到客户深度满足。

招行上海分行营业部的客户患病得到招行员工及时救助的案例就是魅力品质，它有“意想不到的”特征。意想不到的、出乎客户意料的服务最能在服务竞赛中胜出。当然不止客户患病时这一种意想不到，更多的意想不到是“先于客户所想，优于客户所望，实于客户所为”。比如，招行率先推出一卡通存通兑、航空联名信用卡、差旅管理中央预算公务卡、女性钛金卡、壹基金爱心卡、双币信用卡、VISA MINI 卡和 MISS KITTY 卡等，都是在客户“意想不到”的地方，给了客户惊喜的品质。

在这个基础上，还可以引导学员思考：

• 三种品质的关系是什么？

• 我们的工作重点是抓哪一项？

• 魅力品质如何保持？

• 三类品质的界定有阶段性吗？其迁延和变化的条件是什么？

这样的讲课，就升华了学员对于服务的认知。以具体案例为切入口，实现从看到行为—分析原理—创新行为的循环，提升了课堂教学的质量。

四、案例的全渠道来源

有学员问："哪里能得到那么多精彩案例？" 我常常跟学员开玩笑："世界本不缺少案例，缺少的是发现案例的眼睛。" 诚如斯言，历史、社会、生活、工作为我们提供了取之不尽的海量案例，但好案例的发掘和萃取是一个积累的过程，可以利用的渠道也是非常丰富的。

1. 经典史实

浩如烟海的史料，随手撷取均可引用，比如：

七国争雄——秦敌六国的战略路径；
陈平万金——刘邦任人，授权与控权；
丙吉问牛——管理者的 20/80 原则；
冯谖市义——企业软资产布局；
豫让吞炭——以国士待之，彼以国士报之。

2. 文学作品

文学作品是现实生活的折射，不只是皇皇巨著，还有经典影视剧都可以成为很好的案例来源，比如：

《三国演义》——博弈；
《西游记》——团队；
《红楼梦》——管理；

《水浒传》——组织；
《杜拉拉升职记》——职场心态；
《乔家大院》——人力资源管理；
《阿凡达》——冲突与应对策略。

3. 生活广角

当时在建的广州标志性建筑广州塔（小蛮腰）在亚运会开始前的建成验收环节被航管局叫停，而“限高令”在绘制图纸阶段就推出了，结果因为前期信息搜集得不完整，导致在工程后期花费1000万元来改低高度。

这个案例反映出的问题很多，比如决策的信息到位，过程节点监控，蜂窝式信息反馈网络的建立，等等。

4. 工作实践

案例也可以来源于工作实践，比如：

加纳港口高额滞留货物货仓费用始末；
“作业窗口”刘建成维修班组伤亡事件。

第五节　游戏教学法

“寓教于乐”原本是作为一种文艺创作法则被提出来的。古罗马著名诗人贺拉斯指出：“诗人的愿望应该是给人益处和乐趣，他的东西应该给人以快感，同时对生活有帮助。……寓教于乐，既劝谕读者，又使他喜爱，才能符合众望。”作为一种文艺创作原则，“寓教于乐”要求文学艺术既要以善的内容给人以潜移默化的教育，使人情感净化、心灵升华；又要以美的形式给人以审美的愉悦，使人获得精神的满足，美的享受。

“寓教于乐”也是培训的重要法则，如果以游戏的形式承载成人的学习，则能保持学员在课堂上高度的关注度和参与度，做好游戏教学，须注意如下几点。

一、游戏教学法能激发学员的内在兴趣

儿童的天性是玩，成人玩起来比孩子更疯，更会玩，也会玩出更多花样。工作是辛苦的，学习是枯燥的，成人对于能够释放天性的环节有更高的响应度。

美国心理学家布鲁纳认为，最好的学习动力是对所学材料有内在兴趣，而最能激发学员兴趣的莫过于游戏。在游戏教学法中，

培训师融特定的教学内容于游戏中，变静态教学为动态教学，使学员在轻松、愉快的氛围下有效地掌握知识和发展能力。经过培训师不断地实践和尝试，游戏教学法因其独特的魅力长存于教学活动之中，以至于在成人培训的课堂上，类如“破冰”游戏成为一个固定的环节。当然，破冰不一定都用游戏，但游戏的魅力可见一斑。成人培训课堂中的游戏更可以扩展到教学内容的承载上。

运用游戏教学法，能够活跃课堂气氛，使学员在轻松愉快的氛围中学会知识。比如，课程中有这样一个小游戏：

大家都手持一张纸条，代表人的一生，这时候培训师与大家约定这个纸条代表 80 年，即我们每个人手上都拿着 80 年的时间。

然后提问：“我们一生中有多少时间用来工作？工作中可以创造多少价值？”

学员的回答从 3 年到 40 年不等。

然后引导学员做第一步：把纸条四等分，然后去除前一段和最后一段，这是求学和退休的日子。

大家手中都剩下两段，只有 40 年了。这时再提问：“我们一生中有多少时间用来创造价值？”

这时候的答案就明显比上回少了很多。

然后让大家做：

撕掉睡觉的时间，大约每天 8 小时，40 年撕掉 1/3 的长度；

撕掉吃饭的时间，包括买、做、吃、洗，每天 2~3 小时，（男女有不同）；

撕掉保持个人卫生的时间，包括洗漱及全天上厕所，大约每天 1 小时；

撕掉交通时间，包括上下班路途所用的时间，每个人根据自己的情况撕掉相应的长度。

除了这 4 项每个人必须支出的时间外，下面几项让学员根据自身情况撕掉一次，记录一次，学员会有五花八门的时间支出：休假的时间，陪伴孩子的时间，上网、逛街、闲聊、发呆的时间……

游戏过程中大家都兴致盎然。游戏玩完了，大家都拿着手中短得可怜的纸条或感慨，或深思。

这个游戏可以用在时间管理课堂的开始阶段，用以体现时间管理的重要性，激发大家对“时间都去哪了”的思考。这样既使不太好用主观下结论的内容都尽在一“撕”之中，又充分激发起学生的学习兴趣和学习主动性，顺利进入课堂的主体内容——如何进行时间管理。在授课过程中，由于教学方式足够开放，让学员觉得内容与己相关，培养了学生的创新精神。当然，类似 how 的问题在游戏中可以有多种可能性。

游戏还能够帮助一些学员克服“羞于启齿”“消极”“自卑”等不良心理，在一定程度上帮助学员改变自己的性格弱点。比如，在有关沟通的课堂上，让大家做“应对姿态的雕塑游戏”，如图 6-8 所示。这是萨提亚家庭治疗模式在培训课堂上的延展。有很多成年人不善表达，而且沟通的课程只单纯靠讲就显得过于枯燥了，还有说教之嫌，那么用游戏的方式可以让大家有更好体验：

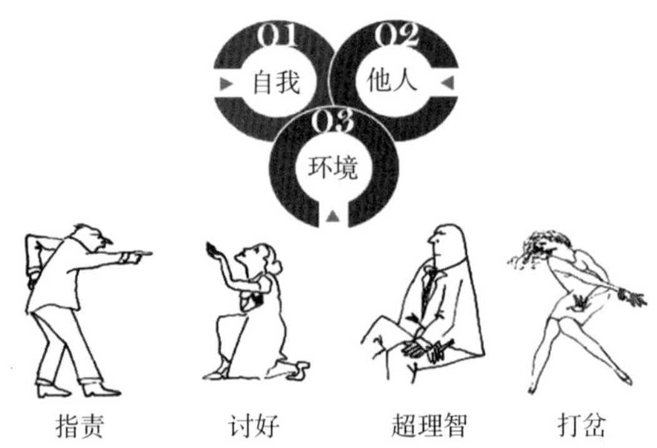

图 6-8　应对姿态的雕塑游戏

• 自己在沟通中常用的模式是"讨好""指责""超理智"还是"打岔"？

• 为什么会用这类模式？是基于悲伤、恐惧，还是愤怒、逃避？

• 当他人对你使用这种模式时，你的感受是怎样的？

• 你对他人相应模式的回应是怎样的？

• 结果怎么样？常常会发生什么？

• 怎样调整会更好？

这种雕塑游戏，只需要学员按照指引做动作，按照步骤说出即时的感受。让大家在情境中体验，而非直接告知结果，就能获得良好的教学效果。借助游戏可以使学员间增强情感交流，增进对彼此的了解和理解，最终提高教学效果。

二、游戏适用的情境

一般来说，游戏较适用于年轻人、一线员工，因为他们有玩的热情，更有说玩就玩的激情，在课堂上易于调动。年长的学员或者中高管一般不适合玩游戏，因为他们喜欢动脑，不喜欢动手，而且还有年龄带来的矜持。这样的说法有道理但不尽然，其实游戏人人都喜欢，年轻和年长、一线和高管，只有兴奋点不一样。年轻人和一线员工好玩就会玩，年长者和高管对游戏本身的设计较为挑剔，有意义也照样会玩。

三、游戏的设计与变化

培训游戏有哪些类型？按课堂中不同的用途，培训游戏可以分为如下几类。

1. 破冰游戏

这类游戏一般用于课堂的开始环节。在这个环节中学员彼此不熟悉，通过游戏可以迅速带热气氛。尤其在学员较多的情况下，用这样的课堂游戏热身后能迅速进入学习环节。常用的破冰游戏有：

破冰游戏一：幽默的力量

这个游戏要求你和朋友一起做。游戏的内容是学动物园里的动物的叫声。游戏开始时游戏者可能会感觉不适应，或不舒服，但游戏结束时也许已是笑声满堂。游戏的滑稽好玩和幽默风趣有助于学员发挥创造力，启发灵感的闪现。此时模仿出的种种出人意料或者奇怪的叫声是否真是某种动物的叫声已经不重要了，重要的是逗得大家捧腹大笑。

游戏的目的是体会幽默的力量。我们知道，情绪有正性与负性之分，有些正性情绪，如兴奋、好玩、幽默可以激发人的创造力；而许多负性情绪，如痛苦、焦虑、恐惧则会阻碍人的创造力的发挥。我们每个人都曾经有过因成功或失败而导致情绪波动的经历，想一想正面乐观的情绪是不是创造力的催化剂？因此，在最困难的时候，不要忘记幽默可以使你保持乐观的精神状态。

破冰游戏二：大树与松鼠

这个游戏要求事先分组，3人一组。2人扮大树，面对对方，伸出双手组成一个圆圈；一人扮松鼠，站在圆圈中间，培训师或其他不表演的学员在需要时做配合。

培训师喊“猎人来了”，扮大树的人不动，扮演松鼠的人就必须离开原来的“大树”，重新选择其他“大树”；培训师或其他人员就临时扮演“松鼠”插入大树当中，未插入“大树”当中的表演者应表演节目。

培训师喊“着火了”，扮松鼠的人不动，扮演大树的人就必须离开原先的同伴，重新与他人组合成一棵新的“大树”，并圈住“松鼠”，培训师或其他人员此时扮演大树，未扮演大树的人应表演节目。

培训师喊“地震了”，扮演大树和松鼠的人全部打散并重新组合，扮演大树的人也可扮演松鼠，扮演松鼠的人也可扮演大树，培训师和其他人都参与进来，未组成大树和松鼠的人表演节目。

游戏目的的是考察大家的反应能力，并且活跃气氛、振奋精神。

破冰游戏三：抓鬼

游戏人数在10个人以内最适合。参加者围成一个圆圈坐着，先选出1人做“鬼”。游戏者以“鬼”的位置为基准，从“鬼”开始算起，按数字由小到大排序，每个人都有自己的一个数字代号。当“鬼”的人都是1号，“鬼”的右边第一人是2号，以此类推。游戏从“鬼”这里开始进行，如果“鬼”开始说“1，2”，其意思就是由第1个人传给第2个人；2号在接到口令后，就要马上传给任何一个参加者，例如说“2，5”，2是自己的数字代号，5则是自己想传给的那个人的数字代号，此数字可以自由选择。

如此一直循环进行，如果自己的数字代号被叫到却没有做出回应，就要做“鬼”。“鬼”的代号永远是1，于是，当“鬼”被换的时候，所有人的数字代号重新排列。

游戏的目的主要是训练参与者的反应力和记忆力，以最快的速度准确判断自己的所在位置。这个游戏有趣与否，取决于参与者反应的快慢。

2. 启示钟类游戏

这类游戏一般设置在课程内容开始前，让学员有所体会，比如，空杯心态。在这类游戏中，参与的学员有所思即可，带着思考和疑问走入下面的内容，它的作用是引出后面的知识点。比如：

游戏一：时间管理

桌上放有两个大小相同的类似水盆的容器和六七块大小不一的石头。其中，一个容器中盛有一大半的细沙，另一个容器是空的。现在让你把所有石头和所有细沙都放到那个空的容器中，但条件是细沙和石头都不能超过容器的上端平面，你会怎么做？

有的人会先把细沙全倒入空容器中，然后费了九牛二虎之力也无法将所有石头都塞进细沙里，从而达不到规定的目标。

可如果你先把所有的石头都放进空容器中，然后再倒入细沙，你会发现在摇一摇、抹一抹之后，轻而易举地就完成了任务。

做完游戏后让学员思考：在这个游戏中，容器象征着什么？细沙象征着什么？石头象征着什么？这个游戏又说明了什么？

如果容器象征着我们每个人有限的时间，可以是一天，也可以是一生；细沙象征着那些每天纠缠着我们的似乎永远也忙不完的紧急的琐事；石头象征着关乎人生效能的大事。如果我们总先忙琐事，那么很难成就大事。而如果我们能做到要事第一，那么处理起琐事来也会游刃有余。

如何才能做到要事第一呢？有哪些工具才能帮助我们区分事物的重要程度呢？艾森豪威尔时间管理法是一个不错的时间管理工具。

游戏二：无敌风火轮

人数：3 组 ×5 人。每组人数越多，难度越大。

道具：报纸、胶带、剪刀。

游戏规则：

（1）所有队员站到始发点，然后为每队分发若干张报纸，并配备胶带和剪刀；

（2）每队将报纸粘贴到一起，做成一个大纸圈（风火轮），风火轮必须做得足够大，能容纳本队队员站进去；

（3）风火轮制作好后，每队的队员需要站到自己的风火轮里，向前移动，走过指定的距离；

（4）游戏从制作风火轮开始，到最终驾驶风火轮到达终点结束，用时最少为胜利者（建议距离为 10 米以上）。

在驾驶风火轮期间，如果风火轮裂开，则必须返回出发点，修补完后，重新出发。

注意：

拿到报纸等物品后，每队所有人员最好能先分配工作，然后在最短的时间内完成风火轮的制作。制作的风火轮最好能大一点，不然容易被踩断。

驾驶风火轮时，最好提前选择一个队长，且队长在最前边，掌握行走节奏并发号命令。

游戏的目的是让学员体会团队的合作精神。游戏还将培养学员的组织计划与协调能力，培养大家服从指挥、一丝不苟的工作态度，以及增强队员间的相互信任和理解，并让学员体会团队是如何选择计划方案及如何发挥所有人的长处的，感受团队的创造力。

游戏三：你有别人没有的

请每位学员找一位搭档，然后每人拿一张卡片，在下面 3 个选项中至少选择一项具体列出，写在卡片上，然后互换卡片。

（1）一个特别漂亮的身体特征；

（2）一两个非常迷人的个性特征；

（3）一两项出众的才能或本领。

要求学员读出自己手上卡片的内容。

游戏的目的是使每个人都明白自己至少会有一个优点，如果你能善于发现他人的优点，并真诚地给予赞美，你就将赢得一个又一个真诚的朋友，而且在这种认可中得到相互激励和启迪。

以上 3 个游戏，在时间管理、团队建设和沟通技巧的课堂中被频繁使用，具体规则大同小异，都起到了让学员受到启发，产生继续探索和学习欲望的效果。

3. 传送带类游戏

课程的主体设置可以以游戏为主线。比如财务管理沙盘，整个课堂就是一场游戏。比如上面讲到的“撕纸条”，如果只让大家有所悟，那就是一个启示钟类游戏；如果接着往下做，就可以设计成为一个传送带类游戏：

每人手中有剩余的纸条，还有撕掉的其他纸条；

请学员在撕掉的部分里找出那些其实可以不撕的、少撕的；

请学员说出相应的方法，得到老师首肯即可以黏贴回去，最后最长者获胜；

请学员将所有时间进行分类，分为消费、浪费和增值；

请学员列出如何减少浪费、控制消费和扩大增值。

这样，整个时间管理的必要性、理念、方法和技能，都贯穿在这一个游戏中。

四、游戏的控制与延展

1. 游戏必须控制时间

培训中游戏教学环节的目的不是玩，是学，所以占用课堂资源的游戏须有度，度的把握就是掌控时间。比如一个团建游戏：

一张报纸站一队人，游戏的开始是一队人用一张报纸，门槛低，大家都可以做到；

第二轮加大难度，半张报纸站一队人，这就需要大家在限定的时间内做到，队员间要配合，对于有些队就有难度了，这时就会有淘汰；

第三轮变成 1/4 张报纸站一队人，难度又大了，这就需要有些力气大的队员做出牺牲，把自己当成底座，把体重轻的队员举上去，同时其他队员配合，把握平衡，才能胜出。

这个过程，随着游戏的体验值上升，三轮足矣，再玩下去就是拼技巧了，时间投入增多了，但游戏的体验值却会下降。

2. 注重主题延展性

同样的游戏环节，大家有丰富的体验，主题可以进行多向延展才是好游戏。比如，在课堂中常用的一个扑克牌游戏：

让各小组学员派出代表把扑克牌拼成指定图形；

出现错牌、缺牌、图形断开、遮挡、方向和花色错误、提前动牌及响铃后动牌即出局；

时间最短即为优胜，获得积分。

这个游戏的主题延展性很好，学员在参与游戏后，在领导力、团队分工协作、高效沟通和 PDCA 等方面都很有收益。

五、如何选择合适的游戏

1. 选择和设计游戏时要遵循的方针

（1）门槛低。所有学员都可以参与，不因智力和体力而对游戏结果有明显的影响。

（2）收益高。游戏中可以得到的体验很丰富，所谓“横看成岭侧成峰，远近高低各不同”。

（3）相关度高。与其职业行为的相关度越高，游戏教学越成功。

2. 选择游戏的步骤

（1）挑选。仔细挑选一个和培训主题相关的，并且有具体情景的低风险游戏，时间要短，内容要富有创意。

（2）做好准备预案。清楚游戏所要揭示的问题，同时准备一个备用游戏，在游戏正式开始前进行预先演练。对于在学员中出现只记住游戏本身而没有记住游戏意义的情况应当有所预见。

（3）控制。严格把控游戏时间，把重点放在分享环节，不为了游戏而游戏，在有限的时间内产出最大的收益。

（4）评估。基于以上综合因素对游戏的目的和内容进行评估，以确定最终是否使用这一游戏。

第六节　培训效果的 ATC 督导法

为什么说很多企业的管理培训收效不高？前面我们讲到了，课堂效果不是培训效果，培训效果的好坏关键在于能否改进工作方式，提升工作效率。很多时候，培训的课堂效果非常好，但是学员往往是“十分钟激动”，一出了培训课堂，学到的东西又扔到九霄云外去了，根本不能对工作效率有任何的改进和提升，反而造成了极大的资源浪费。

那么，如何弥补这种课后收效不高的缺陷？可以采用超常绩效培训模式——ATC 督导法，如图 6-9 所示。

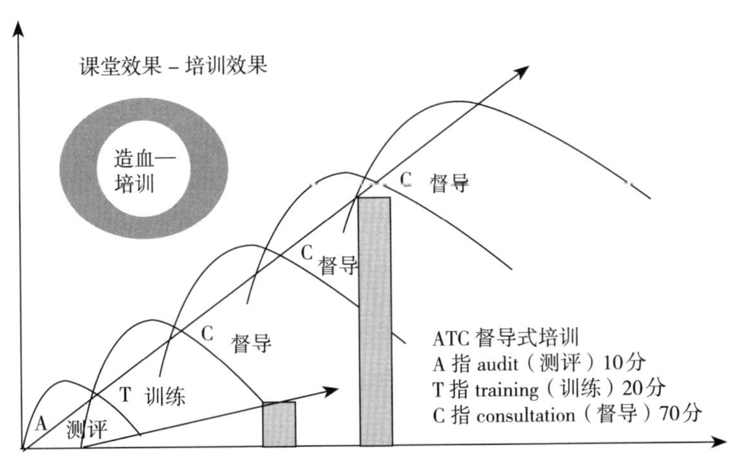

图 6-9　培训效果的 ATC 督导法

在这里，A——audit（测评），T——training（训练），C——consultation（督导）。ATC督导法是我们从国外引进的一种能让企业获得高绩效、高成长的培训与学习模式，经过近十年的实践和完善，已经在数百家企业得到了普遍的应用。

ATC督导法的宗旨就是通过咨询专家对企业的了解、调研，进行独立的诊断和分析；根据企业发展的实际情况，就企业存在的问题进行全面的测评和设计，以结合企业的实际情况有针对性地设计个性化的培训课程并实施。同时，培训辅导也贯穿了整个培训的各个环节，对培训的前、中、后进行跟进辅导；根据诊断结果设计培训课程和训练方式，最后对培训结果进行督导评估。

与一般的咨询或者培训相比，ATC督导法着重抓住组织和团队学习与提升的三个环节：一是对需求的把握——通过对企业的全面诊断和分析实现对企业培训需求的把握；二是知识与技能的传导——通过科学的教学方法实施培训，宣导理念，传授技能；三是使知识、能力、态度一体化并形成习惯——通过工作的过程对学员加以督导、固化和改进。如图6-9曲线所示，当学员对新的知识和技能开始遗忘时，培训管理者要适时进行督导，并循环进行，保证培训效果的不断提升。

我们来看一个ATC督导法的应用案例的背景：

某呼叫中心，培训安排密集，培训资源集中，员工们每一年都会接受各种大大小小的培训，有的员工甚至因此成为培训“专业户”。可是，大多数培训并没有为企业带来预想的效果。该呼叫中心的领导感觉培训不够好，效果不明显，是虚而不实；有的培训的针对性有待增强，满足于“形式化”，效果不够明显；有的培训方式不够灵活；缺少实践操作层面的培训。

这让培训管理者和培训师也很无奈。一方面，培训项目安排过多，培训师疲于奔命；培训形式单调，缺乏互动交流；培训课程内容陈旧，讲课内容水分多干货少。另一方面，在很多时候，培训的课堂效果都比较好，但是学员往往是“十分钟热情”，一出了培训课堂，就把学到的东西又扔到九霄云外去了，学员没有行动就没法把课堂的培训化作企业的生产力。换句话讲，就是没有得到企业最初想要的结果，根本不能对工作效率有任何的改进和提升，也造成了极大的资源浪费。

那么，如何弥补这种课后效果不持久、不明显的缺陷呢？我们可以采用 ATC 督导法来弥补和改善。

其实，ATC 督导法在呼叫中心已有运用。一般情况下，这种培训方法比普通培训的时间周期长，会分阶段循序渐进地开展，有以咨询项目形式出现的，也有以现场督导形式出现的，还有两者相结合出现的。与普通培训项目相比，经过 ATC 督导法训练后的培训对象，其培训效果更为显著持久，能将训前的问题焦点改善为训后工作的亮点。本节就以呼叫中心班组长训练营项目为例，与大家分享一下 ATC 督导法在实际工作中的运用。

一、测评：找到问题根源，对症下药

“A”——audit：就是审计审查，或者叫作职能诊断。

职能诊断即由专家或项目培训执行人员对目前管理现状进行诊断、分析，判定问题根源，界定问题，指出哪些问题是能够通过培训解决的，什么样的培训是对症下的“药”；根据“诊”再提出方案，同时帮助学员发现问题，然后指导进行系统实施，达到整体提升的目的。一般情况下，培训开始之前都会有培训调研、收集培训对象问题等环节。通过与企业或参训人员的初步接触，增进相知程度，然后再客观地分析企业或参训人员的现状。培训师会根据收集的问题制订课程内容，决定培训教学方案。

在呼叫中心，班组长被称为“兵头将尾”，他们的能力高低会直接影响员工的工作表现和任务指标的完成情况。因此，每一年呼叫中心针对班组长能力提升的培训层出不穷。在班组长培训项目中，利用ATC督导法，就要在培训之前给班组长做个诊断，即管理能力测验，目的是针对确诊问题给出整套的培训实施方案。这是培训的第一步，是整个培训的入口，这一步非常重要，如果入口就错了，培训的方向也就错了，整个培训自然就不可能取得良好效果！

二、训练：针对具体问题，有的放矢

“T”——training：针对问题培训或训练，现场的效果就会提升。

培训是灌输理念，传播知识，教授方法，培养技能，说给学员听，做给学员看，让学员试做；根据“诊”的结果，按照方案的系统要求，为企业适时设计所需课程，同时根据诊断开出的处方，选择适合的培训方式，按照步骤实施培训。真正的培训不是看你用了多少培训技巧和套路，而是针对培训对象的问题，运用套路中的策略将其解决。但是只有现场效果的提升还不行，还要落实到应用中。

在班组长培训中，从训前班组长提交的“作业”入手，提出相应的员工辅导方法；通过工具检查表和现场数据汇总分析，比较标杆员工和表现较差员工的工作数据，找出员工间的差距和影响员工关键指标的因素；通过数据分析和听取录音找出关键行为来缩小员工的差距，提升员工能力。然后让参训班组长分组开展辅导工作，现场通过头脑风暴、抽样对比、录音听取、小组讨论等方法，帮助班长们从各自的项目主题中发现问题、找出短板及对应的解决方法，并提供工具量表帮助班组长完成内部绩效管理。

通过培训，让班组长熟练掌握以下技能：

会看数据，发现问题：通过分析员工数据，能做到及时掌握班组情况，从数据中知晓短板，发现问题，并具有辅导能力和沟通能力。

关键行为，复制标杆：通过前期和在现场了解到的绩效考评重点，根据各组课题与班长共同听录音，找出影响员工能力的关键点，将录音中关键点汇总筛选出来并填写到工具检查表中，将标杆员工的关键行为罗列出来，方便复制和帮助其他员工提升。

科学工具，有效提升：通过工具检查表找出关键行为后，进行处理和检查。

对每个小组进行有针对性的辅导，总结出班组长辅导员工技能提升的方法，以及标杆员工与一般员工不同的关键行为，教会大家如何发现员工的关键行为并进行复制，最终达到提升后进员工和一般员工的目的。

三、督导：监督执行情况，辅导改进

“C”——consultation：督导或咨询。

主要是对预定方案实施过程的督导、指导。这个环节的作用在于引导学员做到位，指导学员创新。一般的培训讲归讲、做归做，讲和做是分离的，结果培训时学员像弹簧一样被拉开，但离开课堂回到工作岗位后又像弹簧一样回到原位。这种情况让培训管理者和培训师很无奈，而“以做带训”的培训模式可以很好地解决这一难题。在班组长能力训练的现场培训过程中，安排班组长在培训现场给新员工讲解业务，检验班组长的辅导方法是否有效，这样的现场展示环节气氛轻松活跃，且学员能积极响应并踊跃参与其中。同时，跟踪班组长到工作例会现场，一同参与班组提升活动，检验班组长的辅导工作是否按贯彻实施。结合班组长的表现情况，定期开展班组长能力提升的培训辅导。通过这样连续不断的现场鼓励与纠正，参训班组长就会把培训的内容真正化作日常的工作行为，并最终形成习惯，如此培训也就真的落地生根了！

从对项目进行的后期跟踪情况来看，许多参训班组长培训训后也纷纷表示，通过这样“以做带训”的培训能够更快、更多地学习和掌握到新工具和新知识，对工作帮助很大。

通过前期诊断梳理出班组长日常工作职责，并以此作为培训

的基础素材，与需要提升的内容结合，在现场开展班组长分析、辅导、归纳总结等三个主要能力提升的培训学习。整个培训项目集多种方法、形式于一体（图 6-10），既对人员开展辅导，又根据企业实际情况产出落地材料，将班组长三大能力所包含的五个核心职责进行全方位的定位和阐述，对各层级的班长所必需的五个关键能力也分阶段进行了划分和描述（图 6-11），对于后期的班组长能力提升有指导意义，并在管理中对班组长层级与能力的匹配情况进行明确规范。与一般的培训项目相比，这样的培训方式更加贴近企业实际生产运营和人才培养的需要。

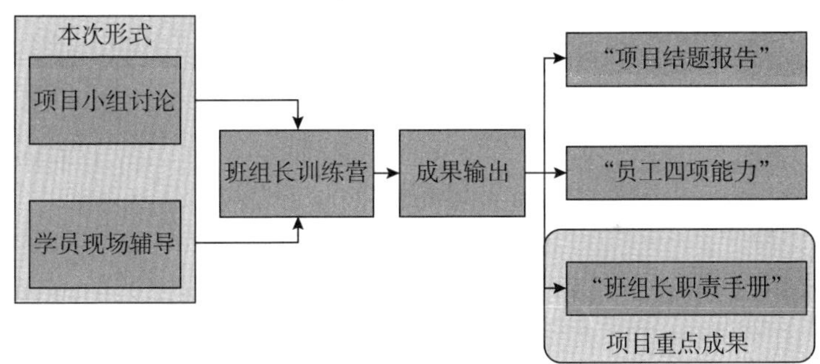

图 6-10　班组长培训项目方法

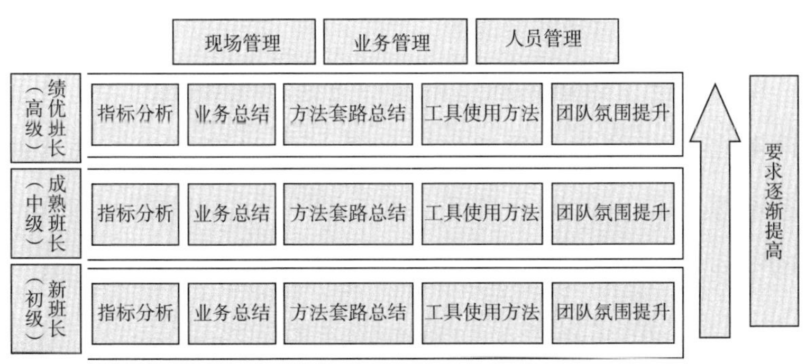

图 6-11　搭建班组长三大能力体系基本框架

四、ATC督导法在领导力培训上的应用

不会教导，就不会当领导！结合平时所积累的培训案例和培训设计，以“浅显易懂、逐步深入、精细全面”为特点，ATC督导法通过成功复制经验来实现再次提升。培训管理人员和培训师也需要学会“坐在学员的椅子上”，即以受众为中心来思考问题。作为呼叫中心人才培养的重要组成部分，针对员工技能需要不断改进培训方法，进一步满足客户日益增长的服务需求和市场需求，提高员工服务水平，从而推动服务品质持续提升，在企业和广大客户之间架起一座理解、沟通和信任的桥梁。

对ATC督导法的应用，除了传统的课堂培训，还可以将重点前移至测评，后移到督导，尤其将督导设计为循环行为不断进行查漏补缺。

燃点：培训的价值在于学员行为的改善，而行为的改善燃点在课堂。

引点：在前期的测评中，找到培训的重点。

爆点：后期的督导和改善。

大多数类型的培训都适用这一方法，比如国内某上市公司开展的领导力培训，前期使用领导能力量表和访谈法、观察法进行领导能力的综合测评，找出领导力的缺口，如图6-12所示。

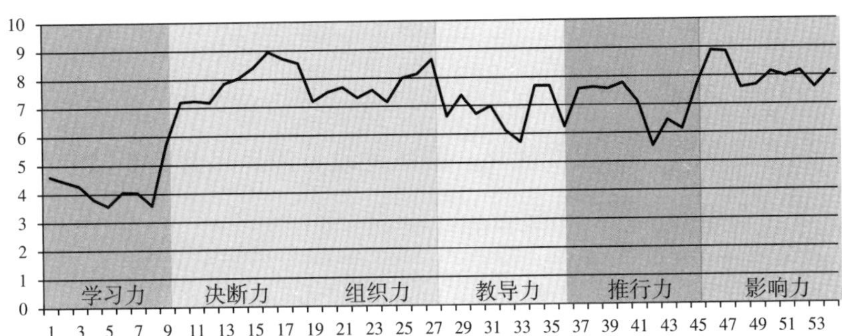

图 6-12　领导能力的综合测评

1. 测评

分值划分： 前期测评显示较高的得分项为影响力及决断力，组织力、推行力一般，教导力得分较低，学习力普遍处于较低水平。

优势点： 管理层均表现出较高的责任感，在工作中体现出担当和勇于负责的品质，对公司的整体认同度高。对达成公司整体战略的信心较足，呈现出整体的向心力和凝聚力。

障碍点： 得分一般的组织力和推行力两个维度。组织力表现为能够进一步推动分配及管理工作，但对于在工作中可以形成有效的制度体系、设立简约高效的工作流程等管理工具的运用程度需要提升。

原因分析： 得分较低的是教导力，是由于在大多数新开发区域中，团队较新，虽有基本的传帮带和业务指导，但还未形成团队标杆更替整体成长的良好态势，人才的成长与培养成为战略达成的制约因素。得分最低的是学习力，普遍表现为在业务压力下，很少有时间或者机会关注外部信息，有的管理者表现为思路单一，在新的挑战和新的目标前缺乏突破路径。

2. 训练

针对目标学员的现状，在 2017 年领导力训练中，主要的训练方向是组织设计、流程优化、团队建设、团队培育七步法、创新思维、七步成章和行动学习。

3. 督导

历时一年，以工作任务为导向，以区域市场为单位，每单位配备督导老师进行无边界辅导，各区域市场展开业绩竞赛，从业绩达成、优化流程和团队成长等各指标进行 PK，充分激发团队创新能力。在集中研讨环节扩展获客渠道，由原来的依靠展会及经销商渠道，扩展到使用微信群、组织社群共享、发展大学生创业团队及互联网个性订制等渠道；将原营销流程中物流环节由五步缩减为三步，应收账期缩短为 15 个工作日，内部开发 21 门课程，团队新人出单期缩短了 3 个月，出单率上升 35%，区域市场由原来的 13 个扩展到 24 个，团队增员 70%，整体效果良好。在年终项目总结时再次测评时得分如图 6-13 所示。

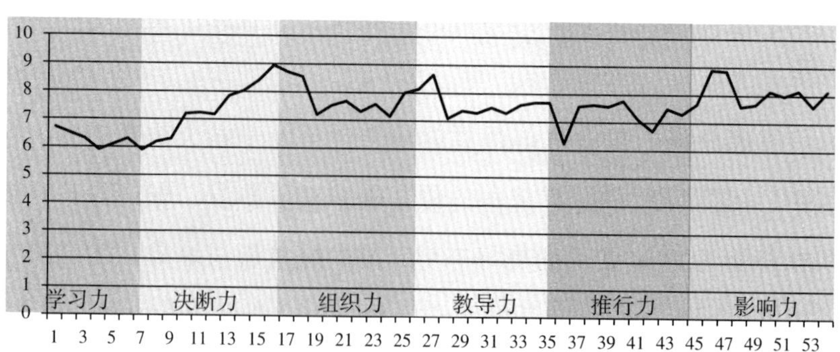

图 6-13　培训督导后的领导力测评

两者相较，得到的成绩是显著的，领导能力短板得以补齐，整体失衡的状况得到了改善。如图 6-14 所示。

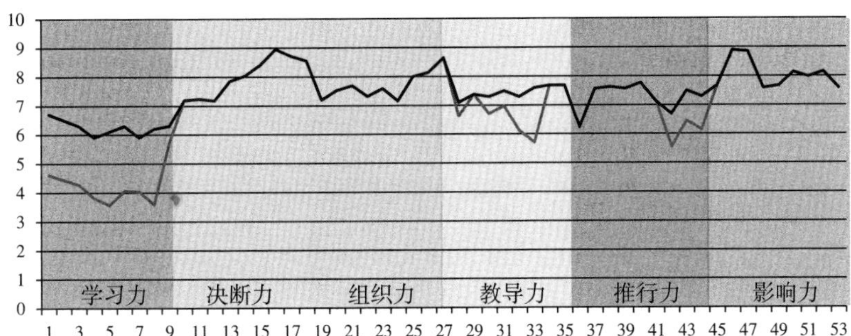

图 6-14 培训前后领导力测评比较

善用工具，学习轻松

“工欲善其事，必先利其器。”在课堂的学习体验中，培训师作为主导，需要善于利用各种资源，如利用课件展示、教具应用和氛围营造来提高学习效果，优秀培训师都会有那么几件趁手的“兵器”。

第一节　教学必备器材

一、PPT 是培训师的第二形象

培训课堂是个信息场，主信息源来自培训师，辅助信息中最重要的就是 PPT，它是培训师的视觉沟通利器。PPT 的使用需要注意以下几点。

1. 符合学员对信息的处理模式

大多数课堂，学员一边听讲，一边看大屏幕，此时信息是交叉的，尤其是 PPT 展示的内容，学员从接收、理解到想象，再到认同，这四个步骤是一个完整和连续的过程。PPT 的内容就需要符合学员对信息的处理步骤。

这四个步骤中最关键的入口是学员接收的信息，可丰富但绝不可杂乱，否则会影响理解，限制想象，阻碍认同。越是简单和确定的，注意力就越聚焦，接收度就越高。简单不是以课程缺失信息容量为代价的，要让课程既“含金量十足”又“获得感十足”，就需要解决丰富和简洁之间的矛盾。

可以将属于课堂讲授部分的信息处理成两块，一块是显现的纲要和关键点，交由 PPT 呈现；另一块是纲要的展开和关键点的阐释，留给培训师用现场讲解来完成。

PPT 的呈现要特别注意两点：一要特别注重逻辑，可以先使用 X-Mind（思维导图软件）组织内容大纲，确认后再转化为 PPT 文件；二要特别注重逻辑视觉化，尤其是单页信息特别多的情况。

能用图形就不用文字。研究表明，大脑处理视觉内容的速度比文字内容快 60000 倍。视觉内容可以说是一图胜千言。

PPT 最大的用处是作为视觉辅助，帮助培训师完成教学。辅助手段切忌喧宾夺主——满版文字。当出现文字时，学员会忍不住去阅读，还要在文字中找到重点，往往会忽略培训师的讲解。因此不如用图直接表现重点，让学员用较短时间就可以看到主要内容。

更不可取的是培训师按照 PPT 上的文字一页页念，成为“人肉复读机”。如果课程的内容完全等同于文字内容，培训师读的速度远不及学员阅读的速度，反而对学员的阅读造成干扰。

能用关键字就不用全文。有的页面会引用一些观点，用全文呈现不如用关键字。

课件也要讲“颜值”。培训师的审美水平会迁延到课程上，美观、精致的课件就是最好的品质代言。

制作课件时常见的错误有：字多、配色难看、陈旧的剪贴画、无关的内容、杂乱的动画、陈旧的模板。高颜值的课件有简洁、贴切、美观的特点。

文字简洁。课件中的文字“少就是多”，要不断提炼和总结，用关键词优于全文（必要引用例外），一般内文文字不超过 50 字 /

每页，与图呼应。文字的字号不能太小，最小的说明性文字为18号文字，标题不小于32号。

配图贴切。专业课件推荐配图为逻辑结构图，要么是要点，要么是步骤，要么是模型，也可以少量使用有新闻性质或者有寓意的图片，但图片须与内容密切相关，建议不用画质不高的卡通贴图，图文无关只会减分。在重点强调的位置还可设置动画效果，引起关注，在有逻辑纵深和内容延展的地方设置隐藏和折叠，比如超链接文本、图表或视频，便于掌控解析时间。

排版美观。配色和谐、排版精美，有基本的审美素养。如果不擅此道，就要善于借力，把专业的事交给专业的人，比如美化大师等专业平台能够提供海量的精美模板和结构图，只要培训师有鉴别和欣赏能力，就能从中取优，节省大量制作时间。

二、多媒体视频文件的剪辑

新闻报道、影视作品、自拍视频都可以作为课堂多媒体文件的来源，但在课堂培训时，不能拿来就用。素材是丰富的，但同时会带来干扰，而且原文件中的主要意图和培训需要的部分不尽相同，因而需要从别人的文件中挑出自己需要的，这就需要加以剪辑。

先规划剧本，再做剪辑。

剧本的规划：明确主题→故事大纲→撷取细节→整合成片。

以《安德的游戏》为例：

原故事讲述为抵抗外星虫族的攻击，人类成立了国际舰队，并在孩子们的身上安装了监视器，最后一名叫安德鲁·安德·维京的小男孩被选入学校培训，希伦·格拉夫上校开始训练他，使其变成一个领导力极强的指挥官。

计划将《安德的游戏》剪辑后用于青年领导力的培训，主题为：卓越领导人的五个特质——稳定性、外倾性、开放度、凝聚力和目标感。

故事大纲不再是一个战胜外星人的叙事性故事，而变更为由点连线的领导特质展示的提取集合体。在影片故事的前提下，这样剪辑是可以得到学员共鸣的。

这个主题较原影片更聚焦，那么就需要在原影片中取舍相关细节，如表 7–1 所示。

表 7–1 《安德的游戏》的内容细节提取

提取内容节点	时长	镜头语言表达意图
外敌压境，模拟训练中只有一个人可以成为领袖	20 秒	时势造英雄，天降大任于斯人
安德杰出的天分、卓越的战术运用、零重力战斗教室里进行的激光训练，都证明他拥有非常出色的战术及体能	1 分	优秀是领导人的基本底色
安德成为班里的佼佼者，他的特殊才能也引起了其他新学员的嫉妒，竞争者开始对他产生质疑，安德备受排挤，被群殴	1 分	经受环境的压力保持稳定性，机敏应变，不被情绪左右和驱使，有胸怀才令人折服
凭借对人性不可思议的理解力，安德逐渐与队友打成一片	1 分 30 秒	在与佩查建立友谊的过程中，他展示出机智灵活、富有同情心的特质，得到了真正的欣赏和牢固的友谊，也获得了团队建设中坚定的“盟友”

（续表）

提取内容节点	时长	镜头语言表达意图
严格训练下，安德的能力很快得到提升，带领他的队友在模拟战中对抗敌军	45 秒	过程当中的放弃也是人性的真实写照，但责任感和使命感让安德再下决心。由于有利他目标的强烈驱动，安德再次投入更加艰苦的训练，但其成效较只为证明个人能力时更为显著
真正的战争来临时，安德受到了队友的支持和信任，赢得了最终的胜利	2 分 30 秒	队友的信任是成功的关键，信任来自安德以开放的心态，从善如流，不计较个人恩怨，以公正客观的角度发掘每个人的优势，让原来有成见的持对立态度的队员发生转变，最终依靠一个优秀的团队而非依靠安德本人赢得了全面胜利

一个近两小时的影片，最终剪辑成时长 7 分零 5 秒的培训教学片。

有的影片内容有限，不一定能按重建主题的需求连缀成流畅的教学片，只能用其中部分片段，这时就需要培训师在当中起到画外音的作用，或者用字幕的形式把需要交代但没有画面的部分做一个适时的补充说明或主题提炼。

我们把电视剧《汉武大帝》中关于一代名将周亚夫的片断剪辑出来，用以表现“居功不可自傲”的主题。

教学片中提取的主要画面有两个细节：一是周亚夫陪太子巡视北大营；二是周亚夫赴景帝宴。这两个片断集中体现了周亚夫“居功不自傲”的行为，人物特征鲜明，情节精彩，但对于不熟悉这段历史的学员来讲，只看到这两个片断，对主题的体会不深刻，就需要培训师加字幕的辅助信息。

首先是简述背景，青年周亚夫“军细柳”获文帝赞赏，景帝年间“七国之乱”三月平叛，建不世功勋，官至相国，但因反对废长立幼、王信封侯、招抚匈奴，被景帝疏远，托病在府，后景帝欲再次起用，于是安排了陪同新太子巡视……

这段背景，跨度长，如将片中所有镜头都剪出来，不仅费时而且会冲淡主题，以培训师的旁白做简要介绍即可。

在影片播放完毕后，还可以用司马迁的评价“足己不学，守节不逊”来收结，回应主题。

三、课堂时间提醒装置

课堂的时间管理是培训师的基本素养之一，守时是培训师的美德，也是对课程驾驭能力的考验。培训课程的容量大，如不能有效管理时间，会造成不能按既定时间完成所有教学内容，如大幅延时会引致学员反感，“过犹不及”，在预告的时间内完成所有教学内容，则学员的体验达到峰值，反之超时递减。不是所有的学员都会宽容延时，时间观念强的学员在结束的时候会以“雷鸣般的掌声”表达不满，有的学员还会因延时与之后工作时间安排冲突而提前离场，让课程效果打折扣。

进行课堂时间管理需要做好如下工作：

课件内容切成若干个时间段，分别控时；可按章节分，一个章节为一个时间段，在课程设计时规划时间（包括演练和问答环节）；可按时间段分，一般按一个半小时一个时段，一天的课程分为四个时间段。

各时间段内都设计一两个可折叠的内容，一般折叠内容放在：

内容展开部分：课件中呈现的结构图是完整内容的缩影和精华，时间充分时可展开讲述其中某些重点的应用部分，例如出处文件、全景统计表格、错误示范，以及新闻报道或视频等。时间不足时保证讲清结构要点即可。

案例陈述部分：课程中的案例讲解多准备几个时间版本，一般有一分钟版、三分钟版和八分钟版。精确掌控需要反复练习，练习时可用金字塔结构规划。

课堂演练部分：如时间充裕，让学员演练的环节可适度放宽，如时间紧张可将讨论变为提问引导。

在现场设置时间提醒装置，最好现场有时钟，也可以在电脑上设置，还可以让工作人员配合提醒。

提前准备，避免意外状况出现。提早到达熟悉一下场景，检查电脑和投影设备，确保不会出现异常情况。美国总统选举时到各地演讲拉票，都会进行事先排练，为保证演讲对听众的影响力，工作人员会在现场地面标识出步行的数量和方向，所有现场的精彩都是精心准备的结果。

准备预案，做好 plan B。万一停电了，万一机器故障，万一 PPT 中途黑屏怎么办？这些都是课堂中常见的意外，要做好预案。一般来说，如果现场电脑或者文件出了故障，等待修复期间，课不能停，或者用白板板书代替 PPT，或者调整课程内容，插入案例、演练或讨论环节。

第二节　特殊教具

一、演示教具

演示比语言更有说服力。在课堂中使用演示法的两个常用工具是实物和图表，使用教具可以让抽象问题具体化，可以激发学员兴趣，帮助其理解。其中，用实物演示是个难点，主要难在教具的取材和制作上，尤其在预算有限的情况下，需要就地取材，让普通的物件都可以成为教学工具。

1. 教具就在我们身边

物理学家麦克斯韦指出：一次演示实验所使用的材料越简单，学生越熟悉，就越能透彻地获得想验证的结果。但很多培训师苦于在教学中找不到适用的工具用于演示。其实教具就在我们身边，要善于发现和利用。

比如，在开发青少年领导力的课程中，由于学员是青少年，对抽象问题的理解不如成人深刻，就需要使用教具来启发和演示。

比如，谈到未来目标的树立，这个主题只用语言的形式怎么讲都会引起青春期孩子的反感，于是就尝试用 cosplay（角色扮演）

的服装作为教具。目标是一个个具体的职业，可以是科学家、宇航员、体育明星、演艺明星、老师、警察、军人、厨师，也可以是普通职员，准备若干服装让学员根据自己的梦想去选取。如果实在找不到饰品或者道具，那就用戏剧的行话来说，“先扮上”，穿着梦想角色的衣饰进行梦想的描述。结果往往是孩子们在穿上衣服的同时“秒进”角色，课堂开展活跃异常。

比如，谈到情绪的觉察能力，怎样才能让这个年龄段的孩子体验到情绪进而可以觉察？于是，就用了彩色的斗篷作为教具，没有斗篷就用彩色的布匹。让每个孩子用斗篷做道具，描述自己当下的情绪体验：

红色→热烈、冲动；

橙色→富足、快乐、幸福；

黄色→骄傲；

绿色→平和；

蓝色→冷漠、平静、理智、冷酷；

紫色→虔诚、孤独、忧郁、消极；

黑色和白色→恐怖、绝望、悲哀、崇高；

灰色→冷静。

类似的应用还有用水彩画做“画中有话”，说不出来的感受就画出来。

2. 教具的设计应方便操作与学员参与

比如，在战略管理的课堂上讲解企业的竞争力时，因为竞争力是相对的，要看行业平均水平，看竞争对手水平，再对比自己的现状，然后做出调整。前两条行业和竞争对手曲线相对固定，企业的战略曲线是可以变动的，这时，我们用一条软绳加上磁铁块就组合成了可以变化的曲线。成人学员在描述自己企业的竞争力，并与竞争对手对比后进行调整时，可以设计多个方案，用这个教具就能达到多方案现场推演的目的，比使用电子文件简便灵活。

二、游戏教具

1. 现成的游戏工具

扑克牌或者游戏币，可以用来奖励、计数或者设计游戏。

比如，前一章讲过的游戏教学法，扑克牌就是这个游戏环节的主要道具。规则可以根据教具的特性做微调，可以用花色、顺序、数字制订游戏规则；还可以用铃铛与秒表计时，角色设计中可以有分、找、排、查，以及设置计时员和观察员，方便团队进行分工。

有的培训师会用扑克牌中的点数作为课堂计分奖励的工具；有的培训师会把扑克牌的博彩规则用于课堂规则，比如在某一环节答题优胜可以抽取得分，抽取到花牌得分翻倍等。

2. 为游戏专门制作的工具

比如，在招聘游戏中，所有应聘人拿到一张角色卡，列出所扮演角色的基本能力，持卡人按照这些能力条件去“找工作”。可以用彩色卡纸自制。

比如，团建游戏中“诺亚方舟”的制作：将教室布置成“黑屋”，一组 50cm × 200cm 的仿绸布幔做船体，一组 10cm × 200cm 的窄木板或长竹片做骨架，强力胶带（金色或银色）五卷，三角旗帜五个，三角船帆五块，1 米长的竹竿十根。

3. 沙盘教具

沙盘模拟教学以一套沙盘教具为载体。沙盘教具主要包括沙盘盘面六张，代表六个相互竞争的模拟企业。如沙盘盘面按照制造企业的职能部门划分四个职能中心，分别是营销与规划中心、生产中心、物流中心和财务中心。职能中心覆盖了企业运营的所有关键环节：战略规划、市场营销、生产组织、采购管理、库存管理和财务管理等，是一个制造企业的缩影。

第三节　环境营造

一、不同类型课程的座位安排

培训课堂座位的安排要根据学员与学员、培训师与学员之间预期的交流类型来确定，恰当的座位安排可以保证每位学员的学习效果。

1. 排式座位

如果培训的目的主要是向学员灌输知识，学员以听为主，那么，传统的教室形座位安排就比较合适，如图 7-1 所示。这样的座位安排可以让受训者集中注意力，全神贯注地听讲。

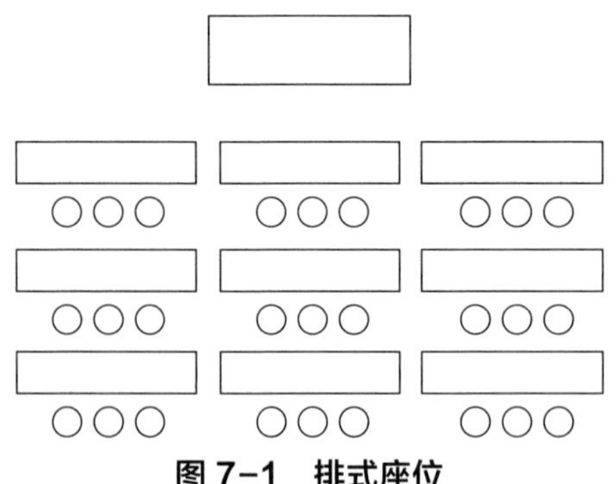

图 7-1　排式座位

2. 扇形座位

这种座位摆放形式让学员在教室内能从任意一个角度观看，可快速地从倾听角色转向讨论角色，很容易地与教室里的每个人交流。扇形座位有利于学员积极参与小组和团队的讨论，共同分析问题，交流信息。如图 7–2 所示。

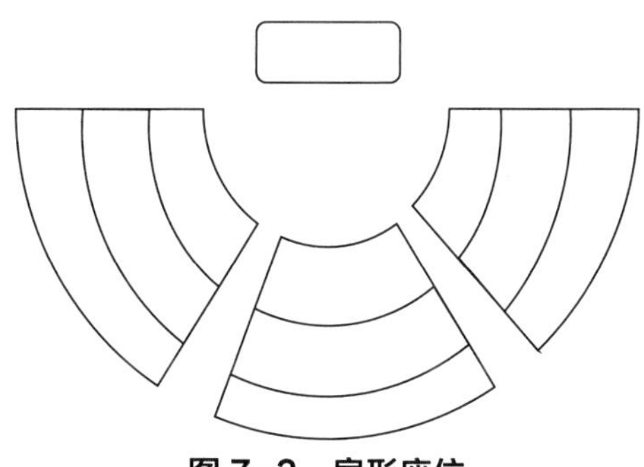

图 7–2　扇形座位

3. 岛形座位

如果培训目的强调的是学员的互动讨论，或者团队的合作，那么，岛形座位摆放方式最有效，如图 7–3 所示。

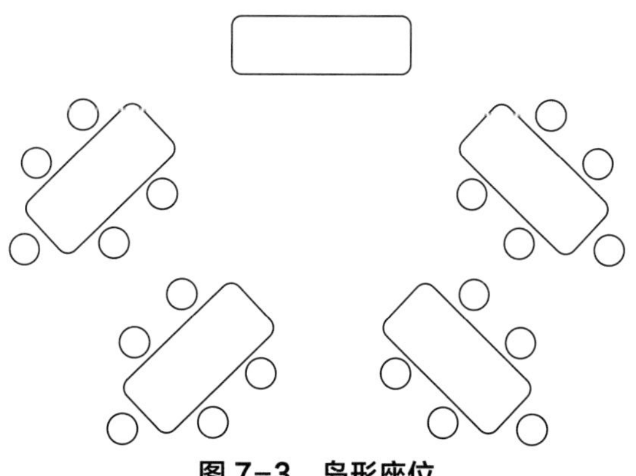

图 7–3　岛形座位

4. U 形有台式座位

如果培训的目的是希望既有专人的演讲，又有分组讨论，那么，U 形有台式座位摆放方式最好，如图 7-4 所示。

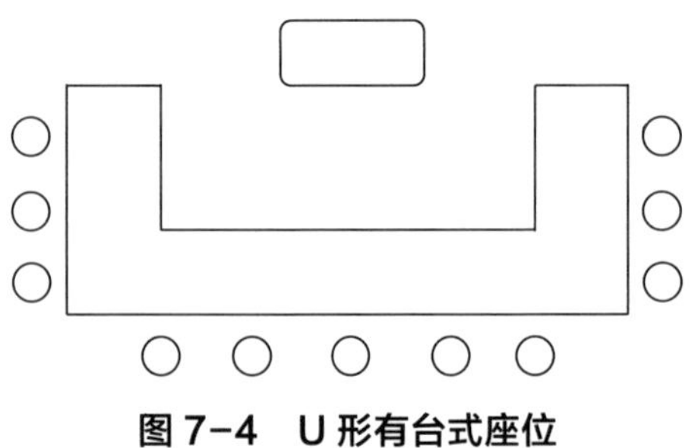

图 7-4　U 形有台式座位

5. U 形无台式座位

利用 U 形无台式座位，可以随时分享与互动，适合展开浸入式教学，如图 7-5 所示。

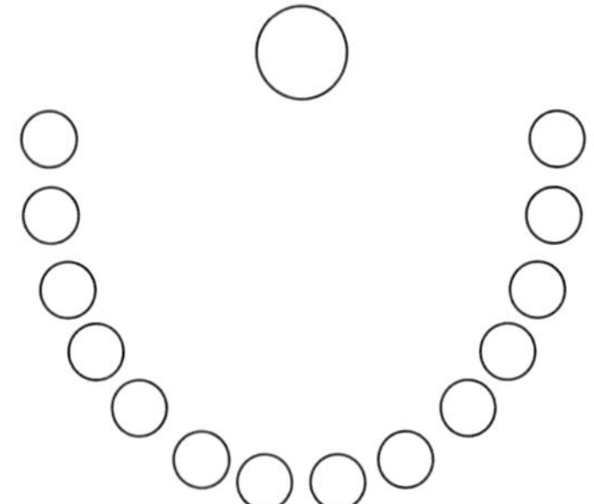

图 7-5　U 形无台式座位

二、竞赛奖惩机制的设立与管理

人是好胜的，好的竞赛机制能有效地激发学员的竞赛热情，好的奖惩机制能有效催化学员的战斗力。

不同的竞赛表传递的竞赛压力不同，比如很多课堂使用小组竞赛，就需要设置团队竞赛榜，如表 7-2 所示。

表 7-2 团队竞赛榜

团队竞赛榜	
组别	**成绩**
第一组	
第二组	
第三组	
第四组	

从表 7-2 可以看到的是小组成绩，如果让按序号编制的小组变为让学员自己命名的小组，再让大家设计一句团队口号，会增强小组对抗性，这源于人性中的好胜因素。如表 7-3 所示。

表 7-3 细化到团队命名和口号的团队竞赛榜

团队竞赛榜		
队名	**口号**	**成绩**
雄鹰队	展翅翱翔	
精英队	所向披靡	
战神队	战无不胜	
领先队	遥遥领先	

利用 NBA 式计分方式，会将团队竞赛榜再细化到个人贡献。如表 7-4 所示。

表 7-4 细化到个人贡献的团队竞赛榜

团队竞赛榜		
队名	**口号**	**成绩**
雄鹰队	展翅翱翔	张 3、李 4、王 5、赵 6
精英队	所向披靡	

（续表）

团队竞赛榜		
队名	**口号**	**成绩**
战神队	战无不胜	
领先队	遥遥领先	

还可以设计成更直观的方式，如图 7-6 所示。

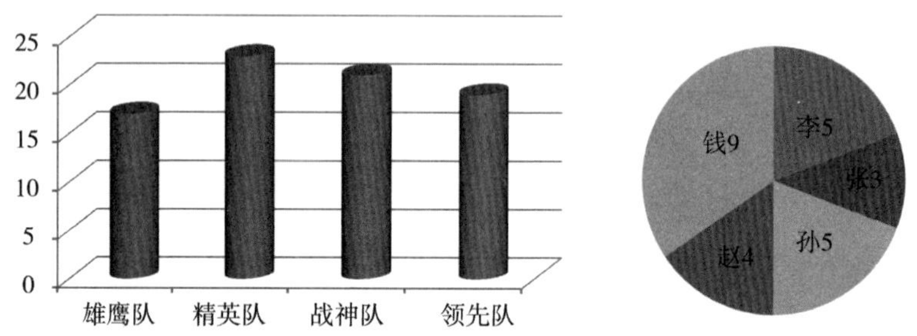

图 7-6　细化的团队竞赛榜单图

还有课堂 MVP 的设置，在奖励优胜团队的同时，让非优胜小组中的优秀成员也有获胜通道，最大范围地激发全体学员的学习动力。

设置逆袭环节，将课程中的重点内容加大权重，让后进的组有翻盘的机会。在某些课堂中，成绩有较大差距时，领先的组有机会锚定胜绩，落后的组有希望缩短分差，这个环节设置在后半段，可以让全体学员始终保持竞赛热情。

设置了竞赛，也需要设置和兑现赛后的奖惩，完整的程序才能起到催化学员战斗力的作用。

奖书奖物。实物奖励是最通用的方法，培训通常会将与课堂内容相关的或授课老师所著的书籍作为奖品，将学习进一步延伸至课下。

学员互奖。学习是轻竞赛，奖项的设置荣誉体验高过物质价值，因此可以设计一些趣味性的奖品，比如让最后一组完成冠军组的一个小愿望，在课堂之初就加以约定。一些学习团队中有自己独特的文化，在这个环节中也呈现出很多差异，比如有表演节目、花式点赞冠军、购买企业最新产品、分享案例及成果、协助调研等五花八门的方式，都为课堂增添了学习乐趣。

三、以灯光、音效强化学习氛围

课堂的灯光分为两类。一类是适合学习氛围使用的，主体灯光明亮柔和，无论是听讲、记笔记还是研讨都可以满足。但要注意讲台灯光的设置不能过于明亮，使学员看不清 PPT 上的文字；也不能过暗，让学员看不清培训师的面部表情和形体。

另一类是适合播放视频和体验环节使用的，对灯光的控制会直接影响效果。比如在 PTT 职业培训师的课堂里有这样一个设计。首先，主持人提问引导开场，视频文件《春之精灵》导入，在短片中，有象征培训师的春之精灵，有象征培训师导师的东方神鹿，有象征愚昧的坚冰，有象征谬误的地火，有融化坚冰的艰难，有对抗谬误遭受挫折的困境，还有终获万紫千红的灿烂和辉煌。这些角色和情节都浓缩在短短几分钟影片中，需要学员全神贯注，仔细观看和领悟。学员在整个过程中会经历一个完整的情感起伏：从开始的平和、喜悦到中间融化坚冰遭受挫折时的低落，尤其是谬误之火肆虐而春之精灵被吞噬到灰飞烟灭时，冲突达到了极致，心情沉到了谷底，再到后来获得东方神鹿的指引，春之精灵重焕生机，让大地一片春意盎然的结局，大家在欣慰中情感得到了升华。

这个过程对音效和灯光的要求是非常严格的，最理想的情况是主持人做引导时有追光，类似舞台剧，把大家的注意力都吸引到讲台上，而后播放短片，灯光全部熄灭，只有屏幕在闪烁，类似影院效果，大家的注意力全部都集中到影片上。如果在这个过程中灯光控制失误或者音效跟不上，就会破坏学习的趣味，效果就大打折扣。比如有一些课程体验需要在黑暗中进行，这时对灯光的控制水平决定了学员能否收敛所有的意识沉浸其中，也基本决定了课程的成败。

课堂中使用音乐来影响和辅助学习，也是非常重要的手段。

音乐是有频率有规律的波动，人的大脑在不同的情绪下，脑波是不同的，所以音乐能给人不同的感受，有的让人轻松，有的让人昂扬，有的让人感动，也有的让人释放。每个人在特定的环境下有“心理锚点”，特定的视觉、听觉和嗅觉都会和当时的场景建立起“心理链接”，好音乐可以起到引导情绪、润滑衔接、画龙点睛的作用。用好音乐，在课堂上能帮助培训师更好地与学员和谐互动，为学员创造积极的氛围。

好的音乐还可以给大脑“升级”，促进人的记忆能力、想象能力和情感体验能力等的提高。因此，把音乐有机地组合于培训的过程中，对增强培训效果很有帮助。当然，这不是说在培训过程中要连续不断地播放音乐，而是借助音乐达到以下目的：

暖场音乐以轻松、亲切类型为主，耳熟能详和具有特定意义的音乐能让学员尽快融入课程氛围，一般用在课前等待学员签到、入座的环节。

课堂开场音乐一般是在正式开课前，或者有开班仪式的情况下使用，有振奋精神、提高注意力和关注度、渲染会场气氛、引发生理和心理共鸣的作用，也有郑重其事暗示开始的作用。一般越重要的课程越用大曲，常用经典大气富有激情的交响乐，更正式的场合会用进行曲。

主持人上场音乐的节奏要鲜明强烈、欢快并有气势，伴随上下场时长，干净不拖泥带水。

课堂休息音乐以舒缓轻柔的为主，使学习环境变得比较温和、人性化和充满生机。

课堂讨论音乐使人的情绪放松，思维敏捷而开放。比如听莫扎特的音乐据说能让人聪明。有研究表明，是因为莫扎特作品的那种音频节奏和大脑右脑的波动很契合。

上课召回音乐是培训课堂独有的环节，代替了传统的喊人进场，《你快回来》几乎成了经典版本，还可以用节奏紧凑的进行曲。

课后颁奖音乐以喜庆、欢快的为主，励志、激发行动力或者具有特定意义的音乐，如配合领导上台颁奖的企业之歌。

课后散场音乐用纯音乐，亲和柔美、和谐流畅。

音乐影响情绪，而情绪影响学习。适当的音乐有助于大脑放松、活跃，从而使人更好地发挥出自己的学习潜能。

音乐可以创造一种亲切、温馨的气氛，使学习的环境变得柔和，使烦躁的心平静下来，激发学员的学习兴趣，让学员在轻松的气氛中充满活力地学习。

好的音乐可以提高学习的效率，选择的音乐应根据学员的情况和文化程度而有不同，不要太教条，不要太僵化，这是非常重要的。音乐是否合适，主要还是看其是否帮助学员提高了学习的效果、提升了个人素质。

四、用仪式感增强获得感

童话《小王子》里有段对话触动人心：

小王子驯养狐狸后，第二天又去看它。

“你每天最好相同时间来。”狐狸说。

小王子问:“为什么？”

“比如，你下午四点来，那么从三点起，我就开始感到幸福。时间越临近，我就越感到幸福。我就发现了幸福的价值……所以应当有一定仪式。”

“仪式是什么？”小王子问。

“它就是使某一天与其他日子不同，使某一时刻与其他时刻不同。”狐狸说。

想活得美，就要懂得制造仪式感。

仪式感对于生活的意义在于，它能唤醒我们对内心的尊重，因而去尊重生活。所谓郑重其事，仪式郑重，人的内心才会报以神圣、崇高的感情。仪式感这一重要的创作元素具有了某种符号效应。

1. 氛围和环境的仪式感

场地选择：各类培训场地的氛围和环境传递出的仪式含义不同，比如学习目的是深造，可以选择在高校，如各地的大学、研究生院进行培训，有学术气氛；有的学习是与会议叠加的，比如有招生性质的公开课和企业年会培训，可以选择在酒店或者集团自有的会议厅、报告厅举行；比如学习是企业常设的技能培训，可以选择在企业的会议室或者培训室进行。

教学服务：无论是哪种场地，都需要有学习的氛围，比如交通便利、指引清晰，方便学员及时抵达课堂；有条件的还可以在场地中布置一些教学挂图；再比如后勤服务完备。

2. 教学材料的仪式感

教学设备：投影、白板、视频和音频等设备齐全精良。

教材印制：完备及印刷精良的学员手册。

材料准备：课前资料发放和课中使用印有机构或企业专属的logo，有专用的演练纸、表格和工具。

3. 学习环节的仪式感

领导开营：提高重视度。培训是自上而下的企业行为，领导越重视，学员越投入，很多企业有自己的企业大学，在开营时都会请领导讲话。

学习宣言：郑重承诺，如私董会的宣言。

助教主持：重要的培训可以安排助教。

班级管理： 设置班主任、班委，并竞选班长。

作业分享： 优秀作业被公示、被嘉奖。

优胜表彰： 针对优胜团队有颁奖仪式。

结业结营： 结业有证书，积学分，有结营短片。

职业规划，谋定速动

管理大师彼得·圣吉说："未来唯一持久的优势是，比你的竞争对手学习得更快。"在摩尔定律不断缩短周期的今天，知识更替的频率空前加快，培训和再教育是人在职业生涯中不断进取的必要条件。在商业竞争日趋激烈的今天，从企业领导、中高层管理者到普通员工，都面临着更新观念、提高技能的挑战，因此需要不断学习。员工情况的多样化、管理逐步制度化、企业迅速成长，以及激烈的市场竞争等因素，都影响着企业的整体发展，也都强化企业对培训的需求。

培训是企业人力资源开发战略的重要组成部分，已经成为提升企业核心竞争力的一条重要途径。随着竞争压力的不断加剧和从外部获取人才难度的加大，企业对学习型组织建设的重视程度日益提升。组织中人的能力提升最初是外求于职业培训师，而今许多企业有了培养适合自己企业发展的职业培训师的计划，培养一批懂管理、会组织有效培训的职业培训师是企业和社会发展的需要，这个职业将成为高薪高职的新白领职业。而这个需求让无论是外部的还是内部的培训师都有了更广阔的舞台，终将形成一个外部培训师以高度和新度见长，而企业培训师以深度和效度见长的互补格局，以及外部培训师走入内部引领企业学习型组织建构，内部培训师走向外部成为行业和社会的"公共财产"的整合格局。

职业培训师是随着企业培训业的迅速发展而出现的一个全新的职业，它是一个对个人综合素养和资历都要求极高的职业。目前，国内优秀职业培训师极其缺乏。据统计，如今中国拥有千亿元级的培训市场，而这个数字还在不断递增。按美国企业对培训的投入计算，1983 年用于正式培训的支出是 396.66 亿美元，而在 1991 年已经达到了 633.33 亿美元，年增幅达到 19.99%。在美国，公司一般拿出其销售收入的 1% ~ 5%或工资总额的 8% ~ 10%用于培训工作，这一直是世界员工培训方面的典范。按这个标准，培训市场在中国的成长空间是巨大的，而且近二三十年内，中国企业也越来越意识到培训工作在企业发展过程中的重要作用，也开始提高对培训工作的认识，加大对培训工作的投入。培训业在全民的重视下得到飞速的发展。

这就需要大量的职业培训师。不管是解决企业目前面临的问题如营销和管理方面的职业培训师，着眼于构建企业发展的未来能力如领导力和创新能力的培训师，还是调适人的工作和职业状态的心态类和心理学类培训师，都将会成为各个组织青睐的对象。不论是在企业内做一名企业内训师，还是做一名自由职业培训师，他们的前景都是非常光明的。在将来很长一段时间里，职业培训师都会是一个热门职业。

大家都关注职业培训师的收入，在这个行业中收入的跨度很大，往往相差数十倍。这与所有商品和服务都相同，能满足市场需求，满足企业需求，能解决问题、创造价值的培训师的收入就高，而故步自封、自说自话的就没有市场，其中关注了市场热点的固然报酬高，但能够潜心研究且敏锐地捕捉市场盲点的培训师必然能等到下一个风口。

全球化的今天，经济的竞争、企业的竞争，实质是人才的竞争，是人才实力的竞争，是从有形资本的竞争转化为无形资本的竞争。企业要想在市场竞争中求得发展，就要加强对人力资源能力的建设，不断提高职工队伍技能素质，增强员工的就业、创新、创业“三个能力”。这就需要创建以终身学习和终身职业培训为核心的运行机制，以确保人力资源功能的最优化。而职业培训师是创建学习型社会这座高楼大厦的建筑工程师，他们是使全员素质与时俱进、适应竞争发展需要的重要保证。

职业培训师也需要培养自己的就业、创新和创业能力，就业是能够在培训岗位上立足，创新是有自己的独到之处，创业是能够与“企”共舞，在组织发展的大平台上成为与之共荣的不可或缺的部分。

职业培训师不是传统意义上的教师，而是致力于培养企业的领导和工作人员的思维方式，教他们以一种全新的视角，用更先进、更有效率的工具和方法去处理工作中遇到的问题。衡量一个培训师的价值要看他的学员取得的业绩。从这个角度上看，职业培训师包括专门从事职业训练的培训师、企业内部担负职业训练工作的内部培训师和以职业训练手段来引导职工成长的各级各类管理者等。凡是能够结合经济、技术发展和就业要求，研究开发针对新职业（工种）的培训项目，以及根据企业生产、经营需要，掌握并运用现代培训理念和手段，策划、开发培训项目，制订、实施培训计划，并培训咨询人员和从事培训教学活动的人员，都属于培训师这个范畴。

第一节 “六个一”工程

如何成为一个职业培训师呢？从平凡走向卓越，从教员变成导师，需要的是脚踏实地、一步一个脚印的历程。用我们的说法是，培训师职业生涯的规划是“六个一”工程。

一、定位——做与不做

首先，选择比努力更重要，欲从事培训行业的人要掂量一下自己是不是适合做这项工作，如果不适合，则不要在这一行久留，以免浪费自己的宝贵时间。最好的工作是社会需求、兴趣和天赋的交集。对于培训师来说，社会需求是确定的，这个时代需要优秀的培训师，但需要关注的是对社会需求是否有足够的敏感度，自己的兴趣和天赋能否在社会需求中找到实现价值的舞台，这三者缺一不可。

培训师被形象地喻为爆发型的运动员。他们的工作方式是以一个课程为一个项目，每做一个项目都要充满激情，有极强的和快速的学习能力。如果没有快速的学习能力，没有爆发力，那就不适合做培训，而只能被培训了。

培训师在整个职业生涯中需要保持足够的耐力。学习是终生的，是持续的，培训师非异也，只是要做到后人发而先人至，就需要驽马十驾、功在不舍的坚毅，否则职业生涯就会昙花一现。

二、目标——做到什么程度

确立了定位，就要制订目标，即要做到什么程度。可能很多培训师会说自己的目标当然是做一流培训师，但并不是每个人都能顺利地实现这个目标。目标的制订要切合实际，实事求是，分步实施。

能够成为行业一流，当然最好。如果暂时做不到行业一流，那么先从二流做起。根据自己的特长，细分培训市场，在自己擅长的领域里去谋求市场的份额。比如讲“人力资源”课，我做不到一流，那我就讲“人力资源”下的“绩效考核”;还可以再细分，只讲某一个领域的绩效考核，如IT行业的绩效考核、广告公司的绩效考核等，努力在细分市场里做到一流。

三、产品——做什么

做什么样的产品，要根据确定的目标来设计。要先做好一门课程，做出品牌效应来，这对于培训师来说非常重要。一门课程有了突破，就会产生晕轮效应，再扩展就相对容易了。人有“能力锚”，产品也是，由于受个人阅历、学识和能力的限制，培训师的产品的起步应从自己最熟知、最有分享价值的领域做起，千条线，一根针，不求大而全，只在点上能够帮助更多的人成长足矣。

四、品牌——职业声誉

培训师塑造品牌、提高名气的办法之一是经常参加行业的一些评比活动，但最重要的还是做一流的课程，做德艺双馨的培训师，在客户中树立良好的口碑。口碑好，美名传天下。

品质的累加就是品牌，对每一次课程都全力以赴，力争做到最好，而且要不断迁善，快速迭代。

还可以著书，这也是提高知名度的一种办法。出版一本好书，其扩散效应是很大的。当然，写书是对自己实践经验的总结和升华，不能胡编乱造、随意拼凑、误人子弟。

五、起点——如何着手

从一门课程开始，从企业内部开始，从小范围开始，我们可以先找一些适合自我发展的平台，比如从做企业内部培训开始，再慢慢发展到社会的平台上。我有一个朋友是学习心理学的，走上培训的讲台，他先从心理学工具在职场沟通中的应用开始，解决人际沟通的问题，然后延伸到解决组织群体沟通的问题，再发展到如何运用心理学来建构组织文化，课题越做越大，受众越来越广，最终在社会的大舞台上完成起飞。

六、资源——如何加速

“三人行，必有我师。”要善于利用各种资源，借助别人的成熟经验来发展、提高自己是一条捷径。找到益友，找到良师，物以类聚，人以群分，不妨多加入一些群体组织，比如企业家集群、培训行业集群，去倾听和发现需求，也就找到了机会。找到培训行业的带头人，跟随他们一起去探索和实践，也是加速成长的好方法。

以上几方面集中起来，我们简单地称为“六个一”：一个定位，一个目标，一个产品，一个品牌，一个起点，一个资源。把这六个方面做好了，成为一个优秀的职业培训师的进程就会大大加快，职业生涯的美好图景——先当专家，后做教练，最后成为导师——就会一步步成为现实。

第二节　好先生必先是好学生

一、取之有道：培训师应读这六本书

培训师应该读好六本书，如图 8-1 所示。

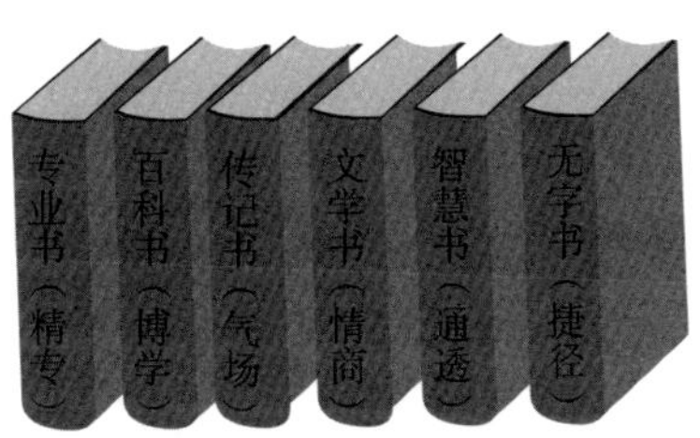

图 8-1　培训师必读的六本书

专业书让你精专。无论是哪个领域，要想研究得深入都有赖于专业知识的提升。

百科书让你广博。培训工作接触的行业有很多，人不可能经历所有的行业，那么就需要博闻强记，这样口才才能更好；能尽量多地与学员对话，职业之路才能更宽广。在浩如烟海的百科书中，培训师应建立四个方向的能力：高度、精度、深度和宽度。

关于国家战略和产业趋势的、企业运营和管理的书籍，能让培训师更好地与企业同频，让培训的绩效建立在更现实的国家和企业发展现状之上，因此要有选择地学习和引进西方的实践经验，建立职业“高度”。

不断修炼职业技能，同时建构领导力，培训师就能真正成为课堂中引领职业方向的“向导”，强化职业“精度”。在组织行为学、心理学、现代教育学的专业“深度”中加入文史哲的“宽度”。有高度、有精度、有深度，也有宽度，涉猎宜广，日益精进。如图8–2所示。

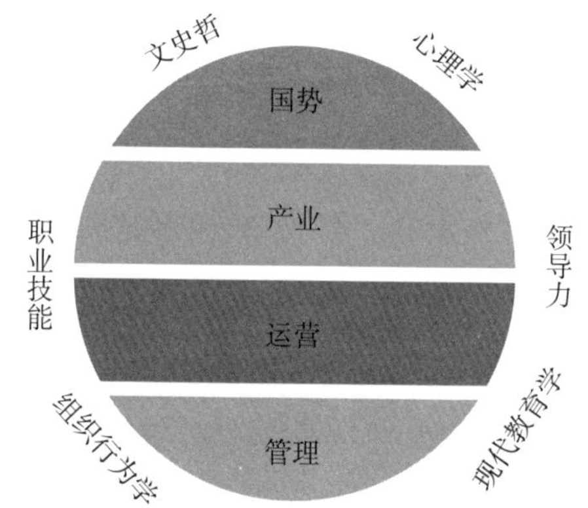

图 8–2　读百科书与培训师的能力提升关系

传记书能提升你的气场。培训是因成就他人而成功的职业，在课堂中你就是领导者，是导师，学员听从你不仅因为你是专家，更因为你有责任感和使命感。

文学书能提升你的情商。培训是人与人的对话，学员有不同的动机和行为模式，良好的情商会增进对学员的理解，更好地走进学员的内心，从学员的角度去观察，才能更有效地引导学员。

智慧书包括哲学类书籍。培训的智慧不仅来自知识和技能，更源于思维与心灵的构建与传达，所有学问的底层都是哲学，哲学代表了事物发展的基本规律。

无字书是最容易获得却最容易被忽略和排斥的书，但高手与普通人的分别就在于这本书能不能读好。你的老师、你的同行，你能从他们那里获得是“听君一席话，胜读十年书”的高效。但输入是有窗口和阀门的，而这个窗口和阀门就装在自己身上，学习要有赤子心，看人要看人之所长，往往名师在侧，入宝山空手而归，何也？自我、自大、自以为是蒙蔽了发现美的眼睛，而只有非我、忘我，才能有大收获，何必踏破铁鞋。有限的生命不是用来从零探索，而是能够站在巨人的肩膀借力。

二、得之有方：“找一抄一超”的智慧

找到是能力，学习是能力，超越就是竞争力，只学习和借鉴最多是山寨，只有形成超越才能完成学习的目标。乔布斯曾经说过“做与人相同的产品是耻辱”，但他又指出“近十年来近乎厚颜无耻地在抄袭人类百年来的成就”，这是创新的两段路程，缺一不可，第一段解决原始积累，第二段达成一骑绝尘。

培训师的成长也有这样的捷径，先找到你的标杆，然后模仿和借鉴，但这绝不是终点，要结合自己的特点进行改良和创新，标杆可以不止找一个，先做一个伟大的模仿者，而后做一个卓越的创新者。模仿不是问题，关键在于超越。怎么超？可以有两个方向。

1. 顺向超越——同向深入，比标杆做得更细致

就拿“培训师的培训”这门课来讲，最初引进市场的只是一门课程，育人无数，很多人由此成为职业培训师或者企业内训师。

其中有一部分老师学习了这门课程后进行了结合现状的发展，让这门课程分化为一类培训师培训的课程群；有的老师在行业中深耕，比如保险行业、生产制造业、IT行业；有的老师延伸课程的范围，从招募到学习管理，到最终验收，以及课程升级，成为企业培训部门最好的外包服务商；有的深研其中的关键环节，精工课程研发，也为企业当下的培训体系建构达成起到了关键的作用。这些老师的探索属于在同一个方向上的延伸和掘进，实现了顺向超越。

2. 逆向超越——批判思维，另辟蹊径

所有问题的答案都不会只有一个，诚如埃隆·马斯克秉持的第一性原理，回到最初的需求，面对现状，有一个全新的视角。当大家都在痴迷于先构建能力素质模型而后培训的路径时，你何不以终为始，转变为基于业务问题和典型工作任务而进行的培训，以降低学习难度，增加直接培训成果；从传统的上课、讲授，转向更关注学员的起点和终点，为之设计一条学习路径图，用体验心电图的方式在课程触点上扫除学习的障碍。柯氏四级评估是标准版的评估方式，但只解决了知与行。那么企业员工还需要什么改变才能更贴近企业持续发展对人的需求？于是，我们就加入了思维模式与心灵成长的要素。精益生产关注的是产品，而产品是人制造的，产品品质的源头是人的品质，为企业打造一条人才生产线比任何培训产品都更具现实价值。

第三节　不会教导何以领导

一、走向第四代领导模式

作为培训师，或许有一天你也会成为管理者，现在就让我们先来了解一下有哪些管理模式。我们认为，我国改革开放以来的管理发展大约经历了四种模式，我们称之为四代领导模式。

第一代领导叫业务承担者，他们本身是业务精英，基本的领导方式是身体力行、率先垂范；第二代领导叫组织管理者，他们的领导方式是全面管控、亲力亲为；第三代领导叫团队训练者，他们的领导方式是以教练的身份培养下属的技能；第四代领导叫团队引导者，他们的领导方式是提供咨询和服务，提出方向和思路，在关键的时候把把关。

1. 起点——业务承担者

第一代领导，作为团队的精英，业务上很能干，比方说某销售员的业绩一直是部门里面最好的，部门的业绩主要靠他，于是，上级任命他为销售经理，把整个销售团队都交给他管理。这样的销售经理是什么角色？是业务承担者。同样，生产班长，手下有三五个人，他并不需要多少管理能力，但是，他一定是这个生产班组的业务能手，操作他最熟练，设备他最了解。谁不在岗了，他都能顶上去，他就是业务精英。

在我们的市场经济早期，大部分创业者采取的都是这种“业务承担者”的领导模式。通过自身的能力来引领组织的发展，其中个人力量的作用很大。随着组织的发展，管理对象的增多，这样的领导方式难免显得捉襟见肘。那么，如何才能放大自己的力量，为组织创造更多的价值？这就要求领导者要从业务承担者向组织管理者转变，走向第二代“全面管控式”的领导模式。

2. 基准——组织管理者

通过管理来创造价值，这是组织管理者与业务承担者最主要的不同。在曹操和刘备煮酒论英雄的故事中，曹操在白门楼杀了有万夫不当之勇的吕布，又和刘备来讨论谁是英雄的问题：

> 曹操曰:“夫英雄者，胸怀大志，腹有良谋，有包藏宇宙之机，吞吐天地之志者也。”玄德曰:“谁能当之？”曹操以手指玄德，后自指，曰:“今天下英雄，唯使君与操耳！”

别看玄德手无缚鸡之力，曹操却称之为英雄；吕布神勇无敌，却沦为该杀的匹夫。业务承担者和组织管理者的本质区别就在这里：吕布只能运用一个人的力量，而刘备运用的是一个团队的力量。

具有全面管控的能力，这是对组织管理者的基本要求。一些领导人凡事亲力亲为，不敢授权，正是管理能力不够的表现，实际退化成了第一代的业务承担者。

但是，光有全面管控的能力还不行，如果管理者不具备培养下一代接班人的教导能力，就不能为公司增添新鲜血液，公司就会有破产的危险。所以，一个合格的组织管理者，还需要具备培养下属的能力，把企业教练的角色做好。

3. 优秀——团队训练者

作为教练式领导，已不再局限于对组织的全面管控了，需要转换角色——由自己做变成教别人怎么做。这时的领导以团队训练者的身份出现，工作的重点是培养下属的技能。我们现在许多优秀的企业领导人，已经把“带队伍”作为自己的第一位任务，培养出一批优秀的年轻领导者，打造基业长青的企业。

但是，教练式领导的缺点是不可避免地对下属实施“全面照看”，下属的成长在很大程度上依赖于作为教练的领导，从而在一定程度上限制了下属个性的充分发挥和能力的拓展。

对于处于成长期的企业来说，这样的领导方式是可行的，能够使企业迅速发展起来。而对处于成熟期的企业来说，如果教练给下属过多的“教诲”，不仅会限制下属的成长，更会限制企业的发展。所以，这时候的领导应该向导师转变。

4. 卓越——团队引导者

第四代领导，即导师，是从教别人怎么做转向引导别人怎么做。给下属指点方向，提供咨询，留给下属很大的空间，让他们自己去尽情发挥。

处于这个层次的领导者，更多关注企业的未来和战略。只有当下属遇到自己解决不了的困难或者重大障碍的时候，才给予必要的支持，包括智力支持和资源支持。与传统的领导模式相比，第四代作为“导师”的领导模式的主要优势在于：一是具有信息优势，“置身局外”会比当事人更清楚问题的所在；二是动能优势，激发当事人自我解决问题的意愿；三是策略优势，一般都提供两种以上的备选方案供下属选择；四是成效优势，擅长将项目方案变成项目行动。

这四种领导模式，就好比打桥牌：第一代领导方式，是自己在打牌；第二代领导方式，是与别人合伙打牌；第三代领导人，开始教别人打牌；第四代领导人，已经是让别人做“替身”替自己打牌，自己离开牌桌，四处转转，甚至到对家那里看了牌，再为自己的“替身”支招儿，胜算当然是不言而喻了。

简单概括一下，以上所说的领导的四个阶段，我们可以将其称为“带”“领”“教”“导”。最初阶段是“带”——师傅带学徒，然后是“领”——率领一个团队，再后来是“教”——培养接班人，最后是“导”——提供智力支持和资源支持。要成为一名优秀的管理者，就要努力向第四代领导迈进。

二、培育能力决定组织未来

博达克咨询有限公司的总裁布兰达·本斯任宝洁总部的外籍顾问时，曾问时任宝洁董事局主席和首席执行官的约翰·白波：“为什么有些领导人可以继续沿着梯子一路平步青云，而另一些却停滞不前了？”白波的回答是：“那些没能到达最高层领导席位的人是那些无法再被‘训练’的领导，他们不再接受训练，也没有办法在自己的职位上成为一个好的教练，而这两点是成为一个成功领导人的基础条件。”

管理者和领导人的培育能力决定了企业的未来。管理者和领导人成了团队的教练，这个职业的突破是革命性的，就同企业在不同阶段对管理者和领导人的要求一样，最终的发展是追求企业的基业长青。何以长青？就是企业发展后继有人。能不能培育出适应企业发展的人才队伍会成为领导人单一业绩指标后的另一项无法回避的领导能力，不仅是自己学习，更是带着团队一起学习。每一位管理者和领导人都应该是一个好的培训师，杰克·韦尔奇在自己 20 年职业生涯中从未缺席过的岗位就是培训师，在他的推动下，通用电气公司拥有了让其他企业难以比拟的人才优势，克劳顿学院成为其核心竞争力，不只为一个企业，更为整个企业界输送了大量的人才。未来培训师的职业与非职业的界限不再是清楚的，离学员最近的老师应该是管理者，而独立工作的职业培训师也必须在促进企业发展的工作前提下离企业的实际问题越来越近。未来处处都会有培训师的身影，因为组织需要发展；人人都要有培训师的思维，因为必须薪火相传，才能支持组织的发展。